Stephen Knight

# Jack l'Éventreur

# La solution finale

OMNIA VERITAS

# Stephen Knight

*Jack the Ripper the final solution*

Publié pour la première fois en Grande-Bretagne
par George G. Harrap & Co. LTD,
182-184 High Holborn,
Londres – 1976

## Jack l'Éventreur
## La solution finale

Traduit en français et publié par
OMNIA VERITAS LTD

www.omnia-veritas.com

© Omnia Veritas Ltd - 2017

Tous droits réservés. Aucune partie de cette publication ne peut être reproduite par quelque moyen que ce soit sans la permission préalable de l'éditeur. Le code de la propriété intellectuelle interdit les copies ou reproductions destinées à une utilisation collective. Toute représentation ou reproduction intégrale ou partielle faite par quelque procédé que ce soit, sans le consentement de l'éditeur, de l'auteur ou de leur ayants cause, est illicite et constitue une contrefaçon sanctionnée par les articles L-335-2 et suivants du Code de la propriété intellectuelle.

| | |
|---|---|
| AVANT-PROPOS | 9 |
| PRÉFACE | 12 |
| **CHAPITRE PREMIER** | **17** |
| Une lumière nouvelle sur un vieux mystère | 17 |
| **CHAPITRE II** | **42** |
| L'histoire de Sickert | 42 |
| **CHAPITRE III** | **56** |
| Toute la vérité, rien que la vérité ? | 56 |
| **CHAPITRE IV** | **66** |
| Les meurtres | 66 |
| **CHAPITRE V** | **96** |
| Le boucher fou infernal | 96 |
| **CHAPITRE VI** | **106** |
| Le mobile | 106 |
| **CHAPITRE VII** | **125** |
| Cleveland Street | 125 |
| **CHAPITRE VIII** | **143** |
| Enterrer l'affaire | 143 |
| **CHAPITRE IX** | **191** |
| Tous les chemins mènent à Dorset Street | 191 |
| **CHAPITRE X** | **203** |
| Les tueurs francs-maçons | 203 |
| **CHAPITRE XI** | **244** |
| Sir William Gull | 244 |
| **CHAPITRE XII** | **288** |

| L'ABOMINABLE COCHER | 288 |
|---|---|
| **CHAPITRE XIII** | **297** |
| Votre serviteur, Jack l'Éventreur | 297 |
| **CHAPITRE XIV** | **305** |
| Fous et misogynes | 305 |
| **CHAPITRE XV** | **318** |
| Les secrets des archives | 318 |
| **CHAPITRE XVI** | **334** |
| Le troisième homme | 334 |
| **ÉPILOGUE DE JOSEPH SICKERT** | **362** |
| **POST-SCRIPTUM** | **366** |
| **BIBLIOGRAPHIE** | **368** |
| *Livres* | 368 |
| *Annuaires et répertoires* | 371 |
| *Journaux* | 371 |
| *Pamphlets* | 373 |
| *Documents* | 373 |
| **DÉJÀ PARUS** | **374** |

*Pour Margot, ma belle Marguerite*

« *Voici venir ma noble faiseuse de dupes.* »

William SHAKESPEARE, *Le Soir des rois*

Stephen Knight

## AVANT-PROPOS

Jack l'Éventreur... Un nom d'anthologie qui brille au noir panthéon des criminels de légende – probablement le meurtrier anonyme le plus connu de la planète. Sa célébrité durable repose sur son anonymat bien gardé. Plus d'encre a été répandue à son sujet qu'il n'a versé de sang dans tous ses meurtres ; des millions et millions de mots qui, si nous les mettions ensemble, nous conduiraient... nulle part. Oui, *nulle parte*, parce que, quand tout a été dit, les indices accumulés et éprouvés, les théories décomptées et mises en balance, les arguments pour tel ou tel suspect passées à l'eau et au crible de l'analyse, nous en arrivons toujours au point exact d'où nous sommes partis : l'épais brouillard de l'incertitude.

*Toujours...* jusqu'à maintenant.

Aujourd'hui, M. Stephen Knight nous donne la solution la plus aboutie, la plus plausible et même la plus brillante dans ce livre profond et à l'importance certaine. Je parle avec émotion, car j'ai moi-même poursuivi avec ardeur cette ombre rougeâtre à travers ruelles tortueuses et culs-de-sac lugubres 35 années durant. À cette époque, j'avais lu toute la documentation disponible et incessamment étudié l'affaire. J'eus la chance de pouvoir d'emblée examiner les lieux des meurtres quand ils étaient encore en grande partie inchangés, et j'eus l'occasion de parler avec nombre de vieilles gens qui avaient vécu dans l'East End au cours de la décennie 1880 et pouvaient me donner des souvenirs contemporains, tout simples, des événements de cette terreur automnale. J'ai incorporé le résultat de ces recherches interminables à mon analyse critique de l'ensemble des faits connus et des hypothèses émises jusqu'alors : *A Casebook on Jack the Ripper*. Je suis allé jusqu'à ce que je tenais pour les limites extrêmes de la conjecture. Je ne pouvais, d'après moi, rien faire de plus. Au demeurant, il semblait que le mystère était destiné à rester tel que je l'avais trouvé : insoluble.

Mais est-ce vraiment le cas ? Stephen Knight ne le pense guère. Il est sûr d'avoir trouvé la solution. Et il mène à bien des fouilles très réussies pour dévoiler au grand jour sa trinité peu sainte, car, selon lui, Jack l'Éventreur n'était pas un assassin solitaire frappant au hasard de ses pulsions sanguinaires et incontrôlables, mais un complot de trois individus qui passèrent à l'acte, non de façon irréfléchie, mais selon un plan minutieux, et ce pour des raisons bien précises.

Ses recherches ont été approfondies et méticuleuses, et il a composé un ouvrage qui – même pour moi-même qui suis imprégné de menus détails et désabusé par la lecture et la relecture du pénible ensemble des écrits disponibles à ce sujet – ne manque jamais d'intérêt, n'ennuie jamais et réussit à causer constamment de nouvelles surprises.

Ce succès n'aurait pu être atteint si son auteur n'avait trouvé le moyen, par son ingéniosité et sa persévérance, de recueillir de nombreux faits inédits pour les analyser et de donner des interprétations originales et fructueuses à des données plus anciennes. Au cours de ses recherches, il a joui du privilège de pouvoir jeter un coup d'œil sur les archives secrètes de Scotland Yard, officiellement fermées jusqu'en 1992, et, par un travail acharné dans la traque de sources jusque-là insoupçonnées, il a pu s'appuyer sur nombre d'éléments nouveaux.

Son rejet de tous les suspects canoniques me paraît absolument irréfutable – mais il est vrai que je n'ai jamais été un *pedachenkiste*, un *druittiste*, un *calenritiste* ou un *stéphéniste*… Après avoir suivi l'inculpation puissamment argumentée par M. Knight de ceux qu'il place au banc des accusés, il est difficile de résister à la tentation de devenir un *gulliste* convaincu.

Une grande partie de la fascination pour l'affaire Jack l'Éventreur a toujours résidé dans son mystère persistant ; un jeu de casse-tête sur la possibilité – et l'impossibilité – séduisante de conjectures sans fin en est né, promettant d'affreuses migraines. La règle du jeu, après tant de temps, est peut-être celle-ci, inconsciemment du moins : *Je ne veux pas que la solution soit trouvée*. Car qu'y a-t-il de plus mort qu'une énigme résolue, qu'une grille de mots croisés terminée ? S'il en est ainsi, je suis – je reconnais être – tout sauf impartial. Mais, au moins, je suis suffisamment souple dans mes préjugés, assez sage, pour admettre que vous avez entre les mains un livre à l'importance capitale, que toute personne ayant ne serait-ce qu'une once de curiosité pour les meurtres de Jack l'Éventreur ne doit pas négliger de lire et considérer avec une attention de tous les instants.

Sa lecture promet d'être passionnante. Et celle-ci offre de façon alarmante une *solution finale* des plus convaincantes.

Richard WHITTINGTON-EGAN

# PRÉFACE

Faire des recherches pour écrire cet ouvrage a été l'une des tâches les plus ardues de ma carrière, mais ça a parallèlement été l'une des plus gratifiantes. Ce projet m'a conduit vers des personnes que je n'aurais probablement pas rencontrées sans cela, personnes qui ont commencé par être de simples relations et que j'ai désormais l'honneur de compter parmi mes amis. Ce traditionnel hommage, qui s'adresse à ceux « sans qui ce livre n'aurait jamais existé », s'applique en l'espèce à tellement de monde que j'ai bien du mal à savoir par où commencer dans mes remerciements.

Paul Bonner et Ian Sharp apparaissent en tête de la liste des individus auxquels je dois une profonde gratitude. Sans leurs premières recherches, et celles de Karen de Groot et Wendy Sturgess, j'aurais commencé avec un lourd handicap mon enquête sur Jack l'Éventreur. Je leur suis reconnaissant d'avoir mis à ma disposition leur très précieuse documentation et pour avoir si généreusement donné de leur temps et de leurs conseils en dépit des exigences de leur quotidien et de leur devoir d'état.

Je souhaite remercier Joe Glaute, non seulement pour ses encouragements et ses conseils d'expert, mais aussi pour son ouverture d'esprit dans sa promptitude à écouter un néophyte pensant avoir quelque chose d'important à partager. Je voudrais dire merci à Ken Thomson à bien des titres, notamment pour sa disponibilité, ses précieux conseils et ses nombreuses suggestions, toujours pertinentes, au sujet du texte et des illustrations. C'est à Ken que revient le mérite du titre adopté, plus approprié et facile à retenir que mon *Le Véritable Jack l'Éventreur* de départ…

Pour avoir lu et fait des commentaires essentiels sur mon manuscrit et sa présentation, je dois remercier Robin Odell, dont *Jack the Ripper In Fact and Fiction* est l'un des rares ouvrages véritablement bons sur Jack l'Éventreur.

Richard Whittington-Egan, le plus audacieux et le plus acharné des détectives littéraires contemporains, a contribué au présent travail par un avant-propos. Pour le charme et l'amitié de Richard, pour sa perspicacité digne de Sherlock Holmes et son esprit critique des plus éclairants – toujours offert avec le désir d'aider –, je ne peux que dire, le plus sincèrement du monde : merci !

Pour presque tout auteur, vient un moment où il se demande si le livre sur lequel il a travaillé dur sera publié ou non, tellement les obstacles semblent nombreux et insurmontables. Ma gratitude va aux aimables mots d'encouragement que Donald Rumbelow m'a adressés lorsque je traversais cette période d'incertitude, heureusement assez courte dans mon cas. Nombre d'idées de Donald, sa considération et son intérêt constant ont dans une large mesure contribué à la forme actuelle de l'ouvrage.

Mon grand ami Bernard Taylor doit être remercié pour avoir décelé quelles erreurs grammaticales, subtiles et moins subtiles, fautes que personne d'autre n'avait remarquées.

D'autres personnes qui ont lu des parties de mon œuvre encore inachevée, ou qui se sont proposées pour la relire à ma place, et dont les impressions furent très précieuses, sont Harry Jackson, mes frères Leonard, Richard et Adrian, le D$^r$ Anthony Storr, John Wilding, mes belles-filles Natasha et Nicole, ainsi que ma mère. L'inspiration prodiguée par mon amie Joan Moisey fut d'une importance toute spéciale. Sans elle, il est peu probable que ce livre ait jamais été écrit.

Les individus qui suivent ont contribué en donnant de leur temps pour des entrevues parfois très longues : Karen de Groot, Wendy Sturgess, Michael Parkin, Alan Neate, Robert Mackworth-Young, Harry Jonas, Elwyn Jones, William Ifland, Anthony Storr, Terese Stevens, Emily Porter et, bien sûr, Joseph Sickert. J'ai passé des heures et des heures avec Marjorie Lilly, et ses souvenirs m'ont fourni une importante documentation de base. Il est cependant important de signaler ici que toutes les conclusions auxquelles je suis arrivé dans cet essai sont de mon propre fait.

Bien des personnes m'ont aidé en prenant la peine de m'écrire des lettres, parfois extrêmement longues et pleines d'informations, d'autres fois plutôt courtes, mais toujours courtoises. Je peux citer Michael Harrison, Timothy d'Arch Smith, H. Montgomery Hyde, Frederick Bratton, Alan Neate, le marquis de Salisbury, Donald McCormick, Wendy Baron, sir John Gielgud, M$^{me}$ Peggy Ashcroft, Donald Rumbelow, le D$^r$ J. Mason, G. Lüdemann, Nigel Morland, Michael Thomas, Algernon Greaves, T. Tindal-Robertson, John Symonds, le D$^r$ Alan Barham Carter, Martin Cresswell, lady Muriel Dowding, Thomas Orde, sir Philip Magnus-Allcroft, Mavis Pindard, le Barreau, l'Honorable Société de l'Inner Temple, le directeur des poursuites pénales, H. G. Pearson du Bureau de l'Intérieur, Nellie J. Kerling et Constance-Anne Parker.

Je suis reconnaissant à M$^{me}$ Edwina Browning et aux nombreux employés du service des archives de Scotland Yard pour leur accueil des plus charmants, sans oublier l'aide apportée par M. T. H. East du Bureau de l'Intérieur. Mes remerciements vont aussi à M. Eric Harvey, responsable des archives de New Scotland Yard, pour l'autorisation qu'il m'a donnée d'étudier les dossiers du Bureau de l'Intérieur sur cette affaire, ainsi qu'à Sa Majesté la reine pour la permission de consulter une partie de la correspondance privée, jamais publiée, de la reine Victoria.

J'adresse de vifs remerciements au Collège royal des médecins pour m'avoir habilité à reproduire des extraits d'une lettre de sir William Gull ; à Michael Joseph Ltd. pour m'avoir permis de citer *Jack the Ripper* de Daniel Farson ; à Joseph Sickert pour la possibilité d'inclure plusieurs photos de famille dans mon ouvrage ; et à Faber and Faber pour la permission de reproduire le portrait de Walter Sickert jeune, tiré de *The Life and Opinions of Walter Richard Sickert* de Robert Emmons. Des photographies et des copies de documents du Bureau des archives publiques, dont les droits appartiennent à la Couronne, sont publiées avec l'accord du responsable du Stationery Office (Bureau de la papeterie) de Sa Majesté.

Je souhaite faire part de mes remerciements les plus sincères à mon ami Harry Jackson pour m'avoir apporté son aide à chaque fois qu'elle était nécessaire. Deux de ses remarquables clichés figurent dans le présent ouvrage. Je n'ai rencontré personne qui ait fait preuve de plus d'enthousiasme pour mon sujet d'étude qu'Harry, et j'ai passé d'excellents moments en parlant de l'Éventreur avec lui et Belinda, sa ravissante épouse.

Je suis reconnaissant envers mes amis en général pour avoir accepté mon attitude sociopathe au cours de la composition de cet ouvrage… J'ai négligé la plupart d'entre eux pendant près de dix-huit mois. Je dois en particulier remercier Terry et Janice Sweeney qui, comme toujours, furent présents au moindre besoin, surtout quand le papier est venu à manquer. Plusieurs personnes m'ont prêté des livres qui se sont avérés fort utiles. Je pense à Dave Bootle, Brenda Lyons, Richard et Leonard Knight, Harry Jackson et Joe Gaute.

Deux francs-maçons de haut rang ont participé par des informations et des remarques. Je leur en suis reconnaissant, et je me conforme à leur souhait de rester anonymes.

Ont également contribué à la rédaction de cet ouvrage : Ron Rothery, Rod Southwood, Margaret Adey, Jack Hammond, Pauline Silver, Christopher Falkus, David Newnham et l'équipe pleine de ressources des salles de lecture du British Museum et des bibliothèques de Tower Hamlets – de la bibliothèque d'histoire locale et de la bibliothèque de musique et d'art de Whitechapel notamment.

M. R. F. Armitage et Joyce Hatwell m'ont apporté une aide plus précieuse qu'ils ne pensent. Roy Minton a fait nombre de recommandations, d'ordre pratique aussi bien que spéculatif. J'ai une dette envers son expertise.

Les deux vies de l'auteur, lequel occupe parallèlement un emploi à plein temps, ne sont pas toujours compatibles. Je dois remercier Chris Coates pour son aide et sa compréhension lorsqu'il m'a accordé du temps afin de mener à bien mes recherches. Je n'aurais pu demander meilleur rédacteur en chef !

Enfin, je ne peux qu'exprimer une profonde gratitude à ma femme Margot et à nos filles Natasha et Nicole. Elles ont écouté avec patience et donné leurs encouragements à de longs monologues, parfois compliqués, sur les meurtres de Whitechapel. Je dois beaucoup à leur affection qui leur fit accepter Jack l'Éventreur pour invité pendant presque deux années. Surtout, je suis reconnaissant à Margot pour sa confiance en moi, inflexible même aux instants où je ne croyais plus à mon projet. Sans elle, ce livre n'aurait jamais été envisagé.

Stephen KNIGHT, le 31 août 1975

# CHAPITRE PREMIER

*Une lumière nouvelle
sur un vieux mystère*

J ack l'Éventreur est bien mal nommé. Son nom fait songer à un assassin solitaire traquant ses victimes sous les becs de gaz embrumés de Whitechapel. C'est précisément cette idée reçue, presque uniquement inspirée par ce surnom terrifiant, qui a rendu impossible la résolution du meurtre de cinq prostituées de l'East End en 1888. Car Jack l'Éventreur, ce n'est pas un seul homme, mais *trois* : deux tueurs et un complice. Les faits entourant leurs exploits n'ont jamais été isolés de l'écheveau confus de vérités, de demi-vérités et de mensonges qui a été tissé autour de cette affaire. Des impostures volontaires et accidentelles ont complètement obscurci la vérité. La thèse d'un meurtrier solitaire a été reproduite auteur après auteur, chacun s'évertuant à prouver que *son* suspect était sans aucun doute le criminel le plus célèbre de l'histoire. Cela explique l'abîme des incohérences dans lesquelles chaque démonstration « logique » de ces théoriciens a fini par tomber. C'est la racine de tous les désaccords sur le sujet, y compris sur un point aussi fondamental que le nombre de meurtres perpétrés. Certains affirment qu'il n'y en a eu que quatre ; d'autres, plus de vingt. Toutefois, la plupart des experts sont du même avis que sir Melville Macnaghten, qui rejoignit Scotland Yard en tant que chef de police adjoint du département d'enquêtes criminelles de Scotland Yard en 1889, l'année qui suivit les meurtres. Dans des notes confidentielles, il écrivait :

> Le meurtrier de Whitechapel a fait 5 victimes et 5 victimes seulement.

Les notes officielles de Macnaghten donnent la liste de ces cinq victimes :

> I. 31 août 1888. Mary Ann Nichols – à Bucks Row – qui fut découverte la gorge tranchée – et avec une (légère) mutilation abdominale.
>
> II. 8 septembre 1888. Annie Chapman, Hanbury Street : gorge tranchée – ventre et parties génitales grièvement mutilés et une partie des intestins placée autour du cou.
>
> III. 30 septembre 1888. Elizabeth Stride, Berner Street : gorge tranchée, mais rien qui ne prenne la forme de mutilations ; et, à la même *date*, Catherine Eddowes, Mitre Square : gorge tranchée, et une très violente mutilation, aussi bien du visage que de l'abdomen.
>
> IV. 9 novembre. Mary Jane Kelly, Miller's Court : gorge tranchée, et l'ensemble du corps mutilé de la plus horrible des façons.

Macnaghten avait vu juste en identifiant ces cinq femmes pour victimes de Jack l'Éventreur, mais pas pour les raisons que de précédents auteurs ont retenues. Elizabeth Stride, par exemple, a été considérée comme une victime de l'Éventreur sur un indice des plus fragiles : elle fut tuée la même nuit qu'une victime avérée et sa gorge avait été tranchée. Dans ce raisonnement superficiel, il n'y a rien pour relier Stride à cette série de meurtres : elle ne fut pas mutilée de la façon habituelle de procéder de l'Éventreur et – de nombreux auteurs l'ont énoncé – sa gorge ne fut pas tranchée de gauche à droite comme chez les autres victimes, mais dans le sens contraire. Le fait que le meurtre de Stride soit bien de Jack l'Éventreur est mis en lumière par une preuve inédite, trouvée dans les archives secrètes du gouvernement et de la police ainsi que dans un compte rendu *post mortem* qui fut étouffé, y compris lors de l'enquête. Ce dernier montre que la gorge de Long Liz Stride avait été tranchée exactement dans le même mouvement de gauche à droite que pour les autres victimes.

Il y a encore une autre preuve inédite et plus concrète qui implique Stride dans l'affaire et renverse tête-bêche les lieux communs concernant ces crimes : quatre des cinq victimes se connaissaient entre elles. Il ne s'agit pas d'assassinats perpétrés au hasard par un maniaque sexuel, mais de l'élimination systématique de cibles prédéfinies. Mary Kelly avait en commun avec nos quatre autres femmes de ne pas avoir été une prostituée malchanceuse à qui il serait simplement arrivé de rencontrer par hasard Jack l'Éventreur. Elle était *destinée* à être la dernière victime. Et c'est dans son histoire jusqu'à présent obscure que se trouve notre solution.

Parmi les nombreux détails en apparence inexplicables entourant le meurtre de Stride, il y a le massacre de Catherine Eddowes très peu de temps après. De toutes les théories proposées avec beaucoup de désinvolture, aucune n'a à ce jour expliqué comment Eddowes a pu être retrouvée à pas moins de huit cents mètres de Stride moins de trois quarts d'heure plus tard, et pourtant elle fut tuée et savamment mutilée par la même main. La réponse a enfin été trouvée.

C'est un fait notoire qu'il existe un dossier secret au sujet des meurtres de Whitechapel dans quelque recoin de Scotland Yard. Des colporteurs de rumeurs ont répété que la solution de l'énigme, jusqu'au nom de l'assassin, s'y trouve. J'ai eu accès aux documents de Scotland Yard, lesquels auraient dû rester confidentiels jusqu'en 1992, ainsi qu'aux archives secrètes du Bureau de l'Intérieur sur l'affaire, qui ne seront pas ouvertes au public avant 1993. Aucun document n'identifie

Jack l'Éventreur, mais ces deux fonds donnent des preuves essentielles à l'appui de la thèse soutenue dans notre enquête. Les passionnantes informations contenues dans ces documents secrets sont publiées ici en exclusivité.

La vérité au sujet de Jack l'Éventreur est épouvantable. Beaucoup auraient préféré ne pas la connaître ; d'autres la vilipenderont.

Mais c'est la vérité.

Le scénario qui présida à la genèse de cet ouvrage ne repose pas sur l'imagination fantaisiste d'un inconnu désespéré de gagner en notoriété, étant donné que la source de la documentation présentée n'est autre que New Scotland Yard. Celle-ci ne fut pas partagée sous la forme d'une déclaration officielle, mais par des fuites furtives et intelligentes grâce à ceux qui avaient des années durant répété qu'ils n'avaient rien à faire savoir. Les informations inédites glanées auprès de la police conduisent en fin de compte à un artiste méconnu vivant dans un joyeux anonymat avec sa famille et ses animaux dans une grande mais banale maison du nord de Londres. Il ressasse une incroyable et déplaisante histoire que lui racontait son père, un peintre célèbre et un conteur renommé. Cet artiste n'a aucune preuve de la véracité de l'histoire, mais simplement une conviction inébranlable de ce que son père ne mentait pas.

Les premières étapes de cette enquête furent franchies début janvier 1973. Un regain d'intérêt pour Jack l'Éventreur amorcé plus de deux années auparavant et ne montrant aucun signe de perte de vitesse incita la BBC à envisager une série d'émissions sur les meurtres. Jack a dès le départ tourmenté la fébrile imagination de l'opinion publique, comme nul autre tueur. Il est la vedette de plus d'une centaine de livres, de nombreux films et pièces de théâtre, d'innombrables revues et articles de presse. En novembre 1970, au moment précis où il semblait qu'il n'y avait plus rien à ajouter, l'intérêt pour cette question redoubla avec la publication d'un article à sensation et sans fondement dénonçant le petit-fils de la reine Victoria : le prince Albert-Victor, duc de Clarence. Ce billet fut reproduit et débattu par trois mille journaux à travers le monde, et, entre fin 1970 et le moment où la BBC s'intéressa aux assassinats de Whitechapel, il y eut presque chaque semaine de nouvelles publications dans des gazettes et périodiques britanniques. Deux grandes théories – dont une totalement inédite – furent émises sous forme de livres.

Après une longue discussion, la BBC ne convint pas tant de suivre le mouvement que de s'interroger sur les raisons de cette recrudescence continue de l'*engouement* pour Jack l'Éventreur, et donc de chercher à produire un traitement exhaustif de l'affaire. Les producteurs auront probablement songé, aux instants les plus excitants, qu'ils pourraient même résoudre l'énigme. Ce devait être une grande commémoration pour le 85ᵉ anniversaire des meurtres.

Pour la première fois de son histoire, la BBC décida d'associer dans cette entreprise son service des longs métrages et celui des séries. Ces dernières devaient être complètement authentiques, mais la documentation présentée et discutée par des personnages de fiction – les détectives Barlow et Watt – pour diffuser un documentaire sérieux ayant le pouvoir d'attraction et l'audience d'un thriller.

Du côté des longs métrages, Paul Bonner – qui a supervisé plusieurs projets importants, comme une enquête polémique sur la tragédie du *Lusitania* – fut désigné pour réaliser la série. Il fut chargé de rassembler tous les faits repris par la série et devait diriger une équipe de chercheurs partageant tous son enthousiasme pour le sujet. Les sources habituelles d'information – telles que journaux, bibliothèques, archives publiques, British Museum, articles et écrits contemporains – devaient être minutieusement examinées. Mais ce devait être le dernier mot de l'histoire de Jack l'Éventreur, et non un amalgame de précédentes études habilement déguisées.

85 années plus tôt, le centre des opérations avait été Scotland Yard, quartier général de la police métropolitaine. Il semblait que ce fût l'endroit tout désigné pour le lancement de nouvelles investigations. Scotland Yard, ayant déménagé de ses locaux de l'époque victorienne (Whitehall) vers un imposant édifice tout neuf (Victoria Street, à Westminster), avait pendant des années gardé le silence sur l'affaire, sauf pour faire des remarques quelconques à des enquêteurs de métier à qui l'on disait invariablement : « L'affaire est classée. Nous ne savons rien qui n'ait déjà été publié. » Mais Bonner déduisit que cette stratégie d'évitement cachait des éléments. Ils devaient bien savoir quelque chose, ne serait-ce que les détails d'une enquête infructueuse. Bonner se rendit à New Scotland Yard – en compagnie d'Elwyn Jones, le créateur de Barlow et le scénariste des séquences – pour voir si la police était disposée à l'aider d'une façon ou d'une autre.

Ils déjeunèrent avec un haut gradé de Scotland Yard, que Jones connaissait déjà. Même si son nom ne pouvait être divulgué, il était considéré comme une source fiable. Ils exposèrent rapidement leurs projets. Une heure tendue suivit pendant laquelle ils subirent un long interrogatoire sur les intentions sous-jacentes au documentaire projeté. Leur contact était désireux de ce que leur traitement du sujet fût extrêmement consciencieux et de ce qu'ils espéraient sincèrement produire un compte rendu exhaustif des meurtres de l'Éventreur. Une fois satisfait que ce fût bien le cas – mais ce ne fut pas une tâche facile que de le convaincre –, il sortit un bout de papier de sa poche. Celui-ci était couvert de quelques notes écrites à la main. Il ne spécifia pas la source de l'information qu'il était sur le point de délivrer, mais il se contenta de l'attribuer à « l'un des nôtres ». Il exigea en outre que ce qu'il leur dirait ne le serait que sous forme de confidences.

Il leur demanda s'ils avaient quelque contact avec « un homme dénommé Sickert, qui a des rapports avec l'artiste ». Il précisa que cet homme avait connaissance d'un mariage entre le duc de Clarence, fils d'Édouard VII et héritier présomptif du trône avant de mourir en 1892, et Alice Mary Cook. La cérémonie avait eu lieu en secret à « St Saviour's »[1] et les deux témoins qui y assistèrent furent plus tard les victimes de Jack l'Éventreur. Alice Mary est morte en 1920. Aucun autre élément ne fut délivré. Ian Sharp, un assistant de recherche qui travailla sur la série, raconte ce qui suit :

> Pensant que ce pouvait être un test pour voir à quel point nous étions sérieux dans nos recherches, nous étions déterminés à découvrir, à partir du peu d'informations que nous avions, s'il y avait un acte de mariage pouvant apporter des preuves à l'appui de ce récit. Le plus gros problème consistait à trouver l'endroit où le mariage était censé avoir eu lieu. À cette époque, même les hôpitaux et les dispensaires avaient leur propre chapelle ! Mais comme Elwyn aussi bien que Paul n'étaient plus sûrs que leur informateur ait évoqué un « dispensaire » ou une « église », il parut bon d'essayer d'abord côté *église*. Il y avait une paroisse St Saviour, à ce moment au sud de la Tamise. Je me suis alors rendu à la cathédrale de Southwark, dont l'ancien nom est Saint-Sauveur, et j'ai rencontré le sacristain Philip Chancellor. Il m'a gentiment montré les registres pour les années 1880 à 1889, mais il n'y avait pas la moindre trace d'un acte contenant l'un au moins des noms évoqués.
>
> L'Association médicale britannique fut plus efficace : après quelques jours, elle répondit à mon appel téléphonique en parlant d'un dispensaire St Saviour à Osnaburgh Street, non loin d'Euston Road. Malheureusement, il n'existait plus et son emplacement avait été recouvert de bureaux et d'appartements. Le bureau des archives de Marylebone n'avait aucune trace de documents ayant

---

1   Église Saint-Sauveur (N.D.T.).

appartenu à la chapelle du dispensaire, qui se trouvait pourtant dans son quartier, et on nous assura qu'elles devaient bien être quelque part.

Entre-temps, deux autres chercheurs et moi-même avons personnellement mis sens dessus dessous Somerset House pour tenter de trouver un élément sur ce mariage, et l'existence d'une Alice Mary Cook. Il y avait de la paperasse de partout. Au bout de quinze jours, nous en sommes ressortis en connaissant simplement l'existence d'un dispensaire St Saviour qui se trouvait de toute façon loin de l'endroit où nous pensions qu'il serait – les environs de Whitechapel ou, au moins, en un lieu où trois prostituées de l'East End auraient été susceptibles de vagabonder.

Il fut donc convenu de chercheur à obtenir de notre indic de Scotland Yard davantage d'informations, et notamment où habitait Sickert, s'il était toujours en vie. Je me souviens très bien de Paul Bonner téléphonant à notre informateur et l'informant de manière aussi courtoise que diplomatique que nous n'avions rien trouvé, sans toutefois le dire tout à fait. Il demanda ensuite si Sickert était toujours vivant. Alors, à la stupéfaction de Paul, il lui donna le numéro de téléphone de Sickert en quelques secondes ! Comme deux semaines étaient passées depuis leur rencontre et qu'il n'y avait eu aucun contact tout ce temps, il semblait très étrange qu'il ait pu alors mettre la main sur ce numéro de téléphone de façon instantanée. Il devait probablement l'avoir sur son bout de papier, mais pourquoi ne le leur avait-il pas donné tout de suite ? L'excitation était à son comble, et l'équipe prit un repos salutaire.

J'ai appelé Sickert le soir même et je lui ai dit ce que j'avais appris, sans divulguer mes sources, si ce n'est le fait que la BBC était concernée, étant donné qu'elle réalisait une série de documentaires sur le sujet. Il a paru très surpris et il m'a demandé de répéter ce que j'avais dit à un autre homme qui avait une élocution soignée et semblait beaucoup plus âgé ainsi qu'un peu sourd. Le vieux bonhomme rendit ensuite le téléphone à Sickert et nous prîmes rendez-vous pour le lendemain matin.

L'adresse convenue était un atelier d'artiste de Myddelton Square, à Islington, appartenant à M. Harry Jonas, le vieux bonhomme. L'atelier était d'un autre monde : un endroit fabuleux, vieillot, tout en fouillis. Il y avait des toiles, des peintures, des pinceaux, des pots, des bouteilles vides, des emballages de lait abandonnés, des boîtes de peinture et autres ; et, au centre, un remarquable vieux poêle avec un conduit traversant le plafond. Il n'y avait aucune fenêtre, et l'unique source de luminosité naturelle était deux grands puits de lumière. Harry Jonas et Sickert étaient bien présents.

Pendant trois heures, je fus soumis à un interrogatoire serré quant à la façon dont j'avais obtenu mes informations, ce que l'on m'avait dit exactement, et qui me l'avait dit. Ils ne révélèrent absolument rien, mais je me rendis compte à cette occasion des raisons pour lesquelles les semaines précédentes avaient été gâchées par des recherches infructueuses. Les noms, lieux et événements décrits par notre informateur de Scotland Yard étaient légèrement erronés. Jonas et Sickert passèrent beaucoup de temps pour essayer de savoir si Scotland Yard nous avait délibérément donné de fausses indications, de sorte que nous trouvions préférable de nous passer de la police et de contacter directement Sickert. Ils m'assurèrent n'avoir aucune correspondance avec Scotland Yard.

Ils avaient créé une extraordinaire atmosphère de conspiration, et je dois avouer qu'ils paraissaient inquiets et qu'ils étaient extrêmement prudents. Sickert insistait sur le fait que c'était une histoire personnelle, et que son rôle dans celle-ci n'était qu'« un court chapitre dans un très gros livre ». Ils étaient d'accord pour dire que, si le récit nous était raconté, la BBC ne pourrait pas le rendre public.

À la longue, nous nous quittâmes sur cet arrangement : je devais apporter des renseignements plus détaillés sur notre source d'information. Dès que je l'aurais fait je devais les contacter, et nous nous rencontrerions de nouveau. Je partis en pensant que je travaillais sur un véritable jeu d'énigme !

Quelques jours plus tard, je revins au même endroit. Cette fois, l'ambiance était plus détendue. Nous nous rendîmes dans un café du coin et Sickert passa commande, en dépit du fait que je me fusse signalé au serveur à l'aide de mon mouchoir de poche.

Petit à petit, l'histoire prit forme : la saga de l'Éventreur avait pris racine à Cleveland Street qui, à cette époque, était le cœur artistique de Londres où le père de Sickert, Walter Richard Sickert, avait son atelier. Au numéro 22, il y avait le magasin de tabac et de confiseries où travaillait Annie Elizabeth Crook. Son assistante, ou la fille qui travaillait au magasin avec elle, était Mary Kelly – celle-là même qui devait être la dernière victime de Jack. C'était là que le prince Eddy, duc de Clarence, avait rencontré Annie Elizabeth au cours d'une de ses visites secrètes dans le quartier.

> Il y avait eu un mariage dans la chapelle St Saviour, mais il n'y en avait qu'un témoin officiel : Mary Kelly. En 1888, il y eut une descente de police à Cleveland Street et deux personnes furent prises, le duc de Clarence et Annie Elizabeth, cette dernière étant devenue folle et ayant été détenue dans diverses institutions jusqu'à sa mort en 1920. Mary Kelly avait vu ce qui s'était passé et avait également pris soin d'un enfant : Alice Margaret. Elle s'enfuit vers East End où elle se cacha dans un couvent. On entendit de nouveau parler d'elle, le 9 novembre.
>
> Toutes ces données ne vinrent pas selon un ordre clair, précis ou chronologique, mais je dus les glaner dans des radotages et des discours parfois confus où noms et lieux arrivaient par douzaines. Ils venaient dans tous les sens, et – honnêtement – j'étais désorienté. Mais, avec tout ceci, l'histoire commençait à prendre forme. L'épisode de l'Éventreur en lui-même était à peine mentionné et aucun nom ne fut révélé quant à son ou leurs identités – mais j'eus l'impression de ce que plus d'une personne était impliquée dans l'affaire.

Et ainsi de suite. Sharp, Bonner et compagnie poursuivirent patiemment leurs recherches et rendirent plusieurs fois visite à Sickert et Jonas avec le dessein d'obtenir plus d'informations grâce à leurs confidences timides. Jonas ne disait rien sans la permission de Sickert et, malgré sa confiance d'origine à l'égard des hommes de la BBC, Sickert semblait dorénavant enclin à garder le silence. Mais l'équipe semblait si professionnelle dans son approche de l'affaire qu'après une discussion plus longue que de coutume la patience eut sa récompense. Sickert, un homme réservé et soucieux, finit par réaliser qu'il pouvait faire entièrement confiance en ses nouveaux amis, et sentit qu'il pouvait citer, à titre confidentiel, quelques noms. Mais même alors le récit ne fut pas conté intégralement, ne serait-ce que sous forme de résumé. Les mêmes conversations décousues continuaient, avec nul désir de *convaincre*, mais simplement de *parler*. En fin de compte, il sembla trouver quelque soulagement à raconter son histoire. Et, finalement, l'incroyable intrigue que son père lui avait transmise commença peu à peu à prendre sens.

*Le Prince Eddy*

Mais Sickert restait catégorique quant au fait que son récit ne devait pas être rendu public. Il ne voyait aucun intérêt, mais uniquement des désavantages, au dévoilement de la vérité aussi longtemps après les faits. Autant laisser les curieux se chamailler et se quereller à leur sujet. Pourquoi donc ? Il dit qu'il commençait même à penser que ç'avait été une erreur d'avoir parlé. S'il s'était tu, son histoire serait morte avec lui, et « les péchés des parents auraient été cachés à leurs enfants », pour reprendre sa formule énigmatique. L'équipe de la BBC ainsi que les amis intimes de Sickert, Jonas en particulier, se mirent à batailler pour lui démontrer que, s'il connaissait la vérité, il était de son devoir de parler. Son Église, l'Église catholique romaine, s'opposait rigoureusement à la dissimulation de la moindre faute. Il ne pouvait découler que du bien de la proclamation de la vérité. Après bien des semaines de cajolerie, de câlinerie, de raisonnement et de persuasion, il arriva à regret à la conclusion qu'il vaudrait peut-être mieux que son récit longtemps gardé secret fût dévoilé. Aussi, le vendredi 17 août 1973, Joseph Sickert fit office de témoin surprise dans le dernier épisode de la série consacrée à Jack l'Éventreur.

J'ai rencontré Sickert le mois suivant, lorsque je me suis rendu dans sa demeure de Kentish Town pour l'interroger au nom de l'*East London Advertiser*. Il avait été circonspect au téléphone, mais il accepta de me voir après que j'eus signalé que l'*Advertiser* était l'un des derniers journaux subsistants couvrant la zone où les meurtres de Whitechapel avaient eu lieu, de sorte que ce titre leur portait un intérêt particulier. Il convint de ce qu'après son apparition à la télévision il n'avait plus rien à perdre en présentant plus longuement son récit aux habitants de l'East End. Je l'ai trouvé petit de taille et tendu, charmant mais introverti. Ses cheveux coiffés en arrière et sa barbe élégante étaient gris argent, et son visage sévère et aristocratique. Il ressemblait – je trouve – à un délicieux corsaire. Sa voix était en elle-même une contradiction, à la fois distinguée et rugueuse. Il prononçait mal certains mots, mais les employait avec élégance. Il disait « *'arsh* » au lieu de « *harsh*[2] » : il était trop nonchalant ou peu instruit pour marquer le *h*, mais il faisait comme si « *'arsh* » était la bonne prononciation. Il utilisait de tels raccourcis avec une élocution

---

2   Cet adjectif peut être traduit par « rigoureux », « dur », « sévère » ou un équivalent. Rappelons que le *h* initial, en anglais, est aspiré (N.D.T.).

irréprochable. Ses amis le surnommaient affectueusement « Hobo[3] ». Il ne semblait pas désireux d'avoir davantage de notoriété.

Après plusieurs cafés et un long débat sur le bien-fondé de dévoiler à tout prix la vérité, il parut s'échauffer contre moi et me dit : « Je me suis peut-être tu trop longtemps – je ne sais pas. Mais plus le temps passe et plus je suis convaincu qu'aucun bien ne sortira de ces révélations. J'avoue ne pas me sentir soulagé maintenant que j'ai fait part de ce que je sais. »

Puis il me raconta toute l'histoire. Sa mère était une femme anxieuse dont les peurs et la tristesse étaient nées dans la redoutable séparation causée par une enfance passée dans un hospice. Congénitalement sourde, elle avait commencé dans la vie avec un lourd handicap. Les mauvais traitements dont elle avait fait l'objet une grande partie de ses plus tendres années s'étaient alliées à son handicap physique pour la rendre anormalement réservée au contact d'inconnus. Elle surprotégea Joseph et, depuis ses tout premiers jours, le garçon eut l'impression que d'affreux souvenirs hantaient la vie de sa mère. D'étranges mots prononcés, des bribes de conversations accidentellement entendues, la tension visible de sa mère lorsqu'un policier était en vue : tout cela convainquit le perspicace et jeune Joseph qu'il y avait dans son passé quelque chose qui jetait un voile ténébreux sur le présent.

Des années plus tard, autour de ses 14 ans, son père – le célèbre peintre impressionniste Walter Sickert – le prit un jour à part et, sur le ton de la confidence, il lui raconta une histoire que le garçon trouva d'abord impossible à croire. Son récit commençait, dit-il en glissant

---

3   Dans certaines contrées anglophones, ce mot sert à désigner un sans-le-sous, un manœuvrier vagabond ou un SDF (N.D.T.).

dans son fauteuil, à la cour de la reine Victoria au début de la décennie 1880.

Le petit-fils de la reine, le prince Eddy, bientôt duc de Clarence et Avondale, était un garçon compliqué. En 1884, alors qu'il avait 20 ans, sa mère – la princesse Alexandra – se montra soucieuse de son épanouissement. Son père le prince Édouard, qui deviendrait le roi Édouard VII, le rejetait. Il ne l'aimait pas, et il ne se souciait guère de le cacher. Pour lui, son fils était un imbécile et n'importe lequel de ses camarades d'école aurait pu faire un meilleur monarque. Pour une mère dévouée, les cercles trop restreints de la cour semblaient être un environnement trop étouffant pour y voir son fils grandir. Si Eddy devait être roi, il fallait qu'il apprît les réalités auxquelles étaient confrontés les sujets qu'il gouvernerait un jour. Comme il avait une tournure d'esprit plus artiste qu'intellectuelle, Alexandra regarda vers le monde de l'art, y voyant une voie de salut pour Eddy. Là, il pourrait être lui-même ; sa personnalité se forgerait ; il pourrait mettre en valeur quelque chose du noble charisme Saxe-Cobourg qu'elle avait jadis tant aimé chez son époux, mais qui avait été submergé par l'immoralité chez ce dernier alors qu'il ne s'était encore jamais manifesté chez Eddy. Surtout, Eddy pourrait échapper au cercle étroit de la cour et à l'antipathie destructrice de son père.

En se tournant vers l'univers des arts, les yeux d'Alexandra ne pouvaient manquer de se fixer sur l'élégant et jeune peintre Walter Sickert. De quatre années l'aîné d'Eddy, c'était un peintre de la troisième génération : son père et son grand-père avaient été des artistes de la cour royal du Danemark, d'où Alexandra elle-même était venue 20 ans plus tôt. Alexandra écrivit à Sickert et lui demanda de prendre Eddy sous son aile. La princesse avait l'habitude d'agir à sa guise, et le peintre était toujours avide de favoriser ses propres intérêts en gagnant en influence. Il se soumit volontiers à l'exigence que les coups d'essai d'Eddy dans le vrai monde ne devaient pas être ébruités auprès de son père et de sa grand-mère.

« Maman serait pénible », confia l'indocile Alexandra à Sickert, qui savait bien que les colères de Victoria ne devaient pas être prises à la légère.

À cette époque, aux premiers moments de sa carrière après sa sortie anticipée de la Slade School of Art et son apprentissage chez le grand peintre américain Whistler, Sickert louait des locaux dans une imposante maison en brique rouge au 15 Cleveland Street, au cœur d'un quartier qui était devenu le Montmartre de Londres. Cleveland Street courait parallèlement à Tottenham Court Road. Ses chemins détournés formaient un petit village pour la vie de bohème, une société fermée d'artistes, d'écrivains et de commerçants se blottissant dans un oubli volontaire entre deux des voies de circulation les plus empruntées de la métropole. Le quartier attirait les jeunes, les esprits créatifs et les révolutionnaires. Le mélange de leurs personnalités, dont le seul dénominateur commun était le rejet des conventions, avait créé une colonie de beatniks de la classe supérieure, dont faisaient partie William Morris et le jeune Bernard Shaw.

Au cours de ses longues vacances de Cambridge et pendant ses absences illicites dans le courant l'année universitaire, le jeune prince aurait rendu secrètement visite à Sickert. Quittant le palais dans un carrosse portant les armes royales, il changeait de véhicule en un endroit prédéfini et il continuait son trajet vers la demeure de Sickert dans une voiture ordinaire, devançant de la sorte de 50 années le stratagème qu'Édouard VIII employait pour déjouer les chiens du garde de son palais et courtiser M$^{me}$ Simpson. Le cocher d'Eddy pour la seconde partie du parcours était un sympathique mais impitoyable jeune coureur de jupons répondant au nom de John Netley, un individu désireux de se trouver à tout prix une bonne place au service des puissants.

Eddy s'épanouissait dans l'ambiance décontractée de la communauté, et il pressa vivement Sickert de l'introduire auprès de nombreuses personnalités que le peintre connaissait. Le talent inné de Sickert à percevoir la qualité de ses interlocuteurs dépassait les frontières des classes sociales. Il était bienvenu où qu'il aille, dans la haute société comme dans la plus médiocre. Il était aussi à l'aise avec un marin-pêcheur qu'avec un monarque. Eddy finit par l'aimer comme un maître et un ami, et il mettait toute son ardeur à s'identifier au pseudonyme qu'il prenait lors de ses visites. En se faisant appeler « Albert » et passer pour le petit frère de Sickert, il disposait de plus de liberté qu'il n'en avait jamais eu, et il se délectait de la pointe romanesque avec laquelle il était appelé « petit M. S. » par ses nouvelles relations.

Au cours de l'étouffant été 1884, Sickert présenta Eddy à une jeune vendeuse qui posait souvent pour lui. Son nom était Annie Elizabeth Crook – également appelée « Cook ». Elle travaillait dans un tabac au 22 Cleveland Street, distinctement visible depuis les fenêtres de l'atelier. Bien qu'illettrée, la jouvencelle avait beaucoup de charme. Elle était d'origine écossaise et elle était arrivée à Londres depuis son village rural des Midlands, son imagination rustaude débordant du rêve de faire fortune dans cette grande ville. La misère de la capitale l'avait d'abord déçappointée, mais elle fut assez intelligente pour se ressaisir. Elle était loin d'être belle, mais Eddy fut sur-le-champ attiré par elle en raison de la ressemblance qu'elle avait, à ses yeux, avec sa mère chérie. Dire qu'Eddy souffrait d'un complexe d'Œdipe serait exagérer les choses, mais les rapports entre Alexandra et lui avaient toujours été très intimes. La proximité naturelle de toute mère avec son fils était aiguisée à la fois par l'isolement dont il souffrait à cause de son père et par le manque de contacts avec l'extérieur, chose inévitable pour tout membre d'une maison royale. Sa dépendance tout sauf saine vis-à-vis de sa mère était exacerbée par l'affection possessive de celle-ci.

Annie fut flattée par les égards qu'elle recevait du frère de son ami peintre. Son air mélancolique, qu'Annie – d'après Sickert – devait trouver romantique, et son attrait manifeste pour ses charmes suscitèrent une réaction immédiate. Eddy confia plus tard à Sickert que, lors de leur première rencontre, une partie de lui la désirait tandis que l'autre, plus réservée et prudente, le refrénait. Annie ne pouvait avoir aucune idée des pincements de cœur et des désirs qui hantaient sans cesse Eddy au cours de ses joyeuses visites à Cleveland Street et qui brouillaient son récent bonheur par des accès de dépression. Derrière toutes les aspirations de l'adolescent à la liberté, il revoyait l'ombre du trône qui le poursuivrait incessamment jusqu'à la tombe. La couronne devait être son unique souci. Toute autre ambition était censée être subordonnée à l'accomplissement de sa destinée royale.

Mais, avec Annie, il pouvait se tromper lui-même et, dans ses bras, être convaincu par la devise réconfortante de la prieure de Chaucer : « *Amor vincit omnia* ». Il s'abandonna bientôt complètement à ses passions juvéniles et ne considérait plus qu'à demi ses devoirs pour se laisser consumer par la montée d'un amour dévorant. Leurs sentiments s'épanchèrent, et chacun chercha à convaincre l'autre qu'ils étaient profondément amoureux. Et ils l'étaient sans doute.

Annie tomba presque aussitôt enceinte et, au mois d'avril, elle donna naissance à l'hospice de Marylebone à une fille, Alice Margaret. Le bébé fut baptisé deux fois, selon le rite anglican puis catholique. La liaison était toujours un secret jalousement gardé par les deux jeunes gens et par Sickert. Annie continuait de vivre dans un sous-sol du 6 Cleveland Street et à rendre service au magasin. Une jeune fille qui y avait travaillé avec elle, une catholique irlandaise appelée Mary Kelly, fut rémunérée par Sickert pour renoncer à son emploi et déménager chez Annie pour servir de nurse au nouveau-né. Kelly fut encline à obtempérer, car ç'avait été Sickert qui lui avait trouvé sa première place. Le propriétaire du magasin avait eu besoin d'aide, et Sickert avait contacté l'un de ses nombreux amis, un juriste qui dirigeait à East End un refuge pour les ouvrières pauvres. En l'espace de quelques jours, l'homme de loi avait emmené Kelly à Cleveland Street et celle-ci commença à travailler au magasin.

La nécessité de garder le secret de la liaison d'Eddy et Annie fut imposée à tout le monde par Sickert, averti par Alexandra de ne pas permettre que son fils fût « mis en difficulté ». Ils s'unirent ensuite catholiquement par le sacrement de mariage dans une chapelle privée, St Saviour. Sickert et Kelly furent leurs témoins. Sickert avait quant à lui épousé Ellen Cobden en 1885 et, depuis lors, il se rendait régulièrement à Dieppe, le port normand où il devait produire plusieurs de ses meilleures peintures. Lorsque Eddy était loin – ce qui arrivait souvent –, Sickert se serait promené entre la France et l'Angleterre, en compagnie d'Annie et de son bébé. Kelly se joignit à eux au moins deux fois au cours de l'été 1886. Pendant son séjour, elle se prit d'affection pour les sonorités éminemment romantiques de la langue française et, même après, elle insistait en riant pour qu'on l'appelât « Marie Jeanette ».

L'union d'Annie et Eddy était dès le départ condamnée. Trop de personnes en étaient arrivées à connaître la véritable identité d'Eddy, et même les langues les plus intimes se mirent à parler à tort et à travers. Quand les rumeurs insidieuses et les bruits déformés par le téléphone arabe parvinrent finalement jusqu'aux hautes autorités de Whitehall, la réaction fut d'abord de l'incrédulité, puis de la stupéfaction et, en fin de compte, de l'horreur. Le marquis de Salisbury, alors Premier ministre, accueillit péniblement la rapide note l'instruisant de s'occuper de l'affaire écrite par la reine aussitôt la nouvelle apprise, dans un accès de colère. Mais les intérêts de Salisbury étaient différents de ceux de la reine, qui voulait simplement que l'affaire fût classée et le rôle d'Eddy dans celle-ci étouffé.

Pour Salisbury, les nouvelles arrivant de Cleveland Street étaient beaucoup plus qu'un scandale familial. Victoria était furieuse, non parce qu'elle s'attendait à ce que le comportement d'Eddy déchaînât des cohortes infernales sur le trône, mais parce qu'un membre de sa maison s'était abaissé à avoir des sentiments privés et un esprit d'indépendance, et que des choses graves s'étaient passées sans la permission de Sa Majesté impériale. Après sa première crise de fureur, elle regarda l'épisode comme guère davantage que des peccadilles de fils prodigue, digne de réprimande, mais rien de plus. Toutefois, Salisbury, doué de discernement, put remarquer qu'Eddy n'avait pas semé que de l'ivraie, mais des germes de révolution.

Nombre de critiques pensaient déjà que la monarchie mourrait avec Victoria. Le socialisme faisait de nouveaux adeptes à un rythme alarmant, et il y avait dans l'esprit intensément patriote que les Britanniques avaient toujours eu une défiance voilée à l'égard de leur dynastie royale germanique. Ce ressentiment inactif était sans vergogne attisé par les républicains et, alors que les années 1870 allaient céder le pas à la décennie 1880, il semblait évident que l'Angleterre était en train de connaître ses dernières années en tant que nation monarchique. La misère et les maladies faisaient des ravages dans les classes populaires, pas davantage que par le passé, mais, désormais, sous l'action des républicains, les pauvres avaient quelqu'un à accuser : le riche paresseux. Il n'y avait que peu de place pour l'amour de la reine dans les cœurs des misérables ; les Irlandais parlaient d'elle avec mépris comme de la « reine de la famine ». Au bout du compte, il y eut des tentatives d'assassinat. L'implication de son fils Édouard dans des affaires d'adultère et l'insatiable appétit sexuel de ce dernier rendaient la situation infiniment plus périlleuse.

Eddy semblait être le seul espoir restant pour conserver quelque once d'affection pour la famille royale chez l'homme du peuple. Jeune et séduisant, il était communément considéré comme un futur roi qui pourrait rendre de nouveau le trône sûr. Si lui aussi dégringolait sur la pente de l'immoralité et de la dissipation, Salisbury craignait que la fin de la royauté fût des plus proches.

Par ses aventures de Cleveland Street, Eddy avait créé un danger plus grand encore que s'il avait suivi les traces sinistres de son père, car il avait courtisé et épousé une catholique, et même eu un enfant d'elle. Ce siècle était empoisonné par un sentiment anticatholique tellement intense que, même sans la menace lancinante du socialisme, le mariage d'Eddy aurait pu à lui seul précipiter une révolution. Le premier gouvernement de Salisbury, ponctué de troubles, avait été formé en 1885. Peu après, il y eut des actes de violence à Londres, et à Trafalgar Square des émeutiers se heurtèrent violemment à la police et à l'armée au cours du Bloody Sunday[4]. L'Irlande avait explosé avec une ferveur accrue. Salisbury se retrouvait dans la situation la plus désespérée qu'il ait connue depuis son arrivée au pouvoir. Mais il n'était que peu soucieux de la question du régime : c'était superflu à un moment où la monarchie et l'édifice même de la politique britannique semblaient sur le point de s'écrouler. N'importe quel potin ou bruit était utilisé par les

---

4 « Dimanche sanglant » de 1887 (N.D.T.).

socialistes et les républicains pour embarrasser et souiller la Couronne ou pour discréditer le gouvernement. Salisbury pouvait sans difficulté comprendre que le comportement d'Eddy était suffisant pour déclencher le feu de la révolution en cette période incertaine de l'histoire.

Pour mettre rapidement fin à l'affaire, il organisa une descente à Cleveland Street en 1888. Sickert décrivit plus tard ce raid à son fils. C'était en fin d'après-midi. Alors qu'il se promenait dans la rue en arrivant de Maple Street, il vit un groupe de vauriens près d'Howland Street. C'étaient tous des étrangers, leur apparence détonnant au sein d'un quartier britannique. Il comprit à leur présence qu'il y avait quelque chose d'anormal, mais il était trop plongé dans ses pensées pour donner corps à ses soupçons. Plus tard, mais *trop* tard, il prit conscience des faits. Ils avaient probablement été habillés en vauriens, mais, en réalité, il s'agissait d'une équipe de professionnels *imitant* des misérables.

*Les émeutes du 'Bloody Sunday' à Trafalgar Square, novembre 1887*

Soudain, un cri s'éleva et une bagarre de rue commença. Il y eut aussitôt, au bout de la rue, un fatras d'hommes en train de se battre. Ils criaient et proféraient des injures. Ce spectacle pitoyable tira les gens des maisons et des magasins. Sickert n'arrivait toujours pas à mettre un nom sur ses craintes, mais il ressentit une vague impression de malheur imminent quand il leva les yeux et vit que le bout de la rue, devant son atelier, était enfin désert. Il marcha à une allure soutenue jusqu'à l'atelier pour s'assurer que tout allait bien pour Eddy, qui y séjournait à ce moment-là. Avant d'être arrivé à mi-chemin, deux voitures tournèrent dans la rue depuis Tottenham Street. L'une se rangea devant l'atelier, l'autre alla directement devant le sous-sol d'Annie, au numéro 6. Deux hommes en costume de tweed marron entrèrent dans l'atelier, tandis qu'un gros bonhomme et une femme se rendaient dans le sous-sol. Sickert comprit alors la signification de la comédie qui se jouait devant lui, et il savait qu'il était trop tard pour faire quoi que ce soit sans s'attirer de sérieux ennuis. Les deux hommes sortirent de l'atelier, escortant Eddy.

« Il savait de quoi il en retournait », dit Sickert, « je pouvais lire la peur imprimée sur son visage. Je restais dans l'ombre près du magasin et je le surveillais avec la pleine conscience de l'inéluctabilité de cette tragédie absurde, identique dans la vraie vie à ce qu'elle est sur scène. Rien ne peut empêcher ce qui est inévitable. »

L'homme et la femme ressortirent presque aussitôt du sous-sol. Ils conduisaient vers la chaussée Annie qui se débattait. Les amants échangèrent un dernier regard dépité, et leurs ravisseurs les placèrent chacun dans un attelage. Ce voyant, Eddy eut conscience de l'abîme qui se creusait entre eux et il se lamenta en hurlant. Annie resta silencieuse, mais les sanglots prolongés d'Eddy, bientôt étouffés par les fiacres, exprimaient la terrible peine qui les affligeait tous deux. Puis les attelages s'ébranlèrent en direction d'Oxford Street, l'un tournant à gauche ; l'autre vers la droite. Sickert ne revit plus jamais Eddy, mais une fois – voire deux – Annie. Il ne vit cependant plus jamais l'insouciante Annie de Cleveland Street : une vieille sorcière l'avait remplacée. L'opération avait été bouclée en une minute. Quand la dernière voiture eut tourné, la rixe se termina dans son dos aussi rapidement qu'elle avait commencé. Les charlatans se dispersèrent. Il passa son chemin et alla boire pour noyer sa peine.

Eddy fut renvoyé à la cour et placé sous une surveillance étroite. Annie fut enfermée pendant 156 jours au Guy's Hospital, puis dans plusieurs hospices et hôpitaux. Elle mourut 32 ans après, folle à lier. Mais Mary Kelly avait pris la fuite, sans que Sickert sût comment, et elle retourna à East End, prenant l'enfant avec elle. D'une façon ou d'une autre, par des moyens détournés, l'enfant fut retourné à Sickert qui le confia à des proches peu fortunés. Il ne fallut cependant pas beaucoup de temps pour que l'infortune conduisît la gamine à l'hospice. Un long périple à travers diverses institutions s'ensuivit. Plus tard, vers 1895, Sickert l'emmena à Dieppe, où elle passa le reste de son enfance. C'est là que prenait fin l'histoire de Sickert, selon son sobre commentaire, mais il avait eu vent de détails concernant la suite de l'aventure pour Kelly.

Dans les faits, n'avoir fait disparaître qu'Annie aggravait le dilemme de Salisbury, car Mary Kelly fit la connaissance d'un groupe de prostituées de l'East End abonnées au gin, et elle leur fit part de ce qu'elle n'aurait point dû savoir. Sickert continuait d'affirmer qu'il n'avait jamais vraiment connu les détails de l'affaire, mais il semblait qu'avec le soutien de son entourage Kelly eût tramé un ambitieux chantage à l'origine de son élimination. Salisbury était désormais confronté, non seulement au besoin urgent d'étouffer les écarts de conduite d'Eddy, mais, bien pire, il devait dissimuler les fâcheuses conséquences que son mariage avait entraînées. Les quelques petites boules de neige jetées par Eddy avaient formé un début d'avalanche. Salisbury en était certain, d'après les dires de Sickert. Kelly et ses complices devaient être réduites au silence.

Cette mission fut confiée à sir William Gull, médecin ordinaire de la reine Victoria, un noble et loyal serviteur qui avait plusieurs fois pratiqué des avortements clandestins dans les somptueuses chambres à coucher de Windsor. Des personnes gênantes avaient plus d'une fois été désarmées grâce à Gull qui les déclarait folles. Il venait de signer un faux certificat de ce genre pour Annie. Il avait un sens de l'humour étrange, et le désir d'être encensé. Il était en outre franc-maçon, et de haut rang. Sickert fit la déclaration surprenante que ni la famille royale ni le gouvernement se trouvaient derrière le projet de réduire Kelly au silence : l'opération fut réalisée à l'instigation de Salisbury – l'un des francs-maçons les plus influents du pays –, par et au nom de cette société secrète. Car la franc-maçonnerie était le pouvoir véritable qui se cachait aussi bien derrière le trône que derrière le gouvernement. Si le trône était renversé, et que la Grande-Bretagne devenait une république, les francs-maçons seraient eux aussi renversés. Kelly et ses commères devaient être neutralisées si l'on voulait que les rênes du pouvoir restent fermement aux mains de la maçonnerie, mais le vieux Sickert trouvait invraisemblable que lord Salisbury ait jamais voulu assassiner qui que ce soit ou imaginé ne serait-ce qu'un moment que sir William Gull inventerait Jack l'Éventreur. Il était plus plausible qu'il parla avec la même imprudence qu'Henri II au sujet de Becket, et qu'il laissa échapper des mots furieux du genre : « N'y aura-t-il personne pour me débarrasser de ces prostituées insolentes ? »

Tout cela semblait hautement improbable.

# Chapitre II

## *L'histoire de Sickert*

Je m'assis et regardai Joseph Sickert en silence. Mon esprit était engorgé d'une multitude de questions si touffues qu'énoncer l'une d'elles aurait immanquablement obscurci les autres. Il avait parlé confusément et sans ordre, comme à son habitude, pendant près de quatre heures. J'étais saturé de noms et de dates, et j'avais du mal à saisir où se terminaient les faits et où commençaient les conjectures. J'avais besoin de temps pour m'imprégner de ces éléments et pour comprendre la portée réelle de son récit. Mais, en dépit de mon trouble et de la conviction grandissante que son histoire n'était pas – et ne pouvait pas être – vraie, j'étais suffisamment fasciné par celle-ci pour désirer un nouvel entretien. J'étais certain d'une chose : Joseph Sickert pouvait s'être grossièrement trompé, mais il croyait sincèrement au moindre détail de sa narration. Si c'était vraiment la résolution ultime de l'affaire, lui dis-je, ce n'étaient pas des émissions de télévision ou des articles de journal tels que celui que je me proposais d'écrire qui pouvaient faire justice de l'histoire. Il y fallait un livre. L'expression animée que ses traits rugueux avaient prise lorsqu'il s'impliquait progressivement dans le récit de son histoire sembla s'évanouir derrière un masque de fer. Il me remit en mémoire qu'il n'avait accepté de me rencontrer que dans le cadre de mes fonctions de reporter pour l'*East London Advertiser*. Il ne cherchait pas la notoriété, et il avait déjà décliné des offres pour que son histoire fût publiée par de grands auteurs.

Il accepta toutefois de me revoir en vue de reprendre d'éventuels éléments que je n'aurais pas bien saisis. Il connaissait ce récit depuis si longtemps qu'il ne pouvait concevoir qu'il ne m'en manquât plus d'un ou deux détails sans importance. En ce qui me concernait, si son histoire était un genre de puzzle, c'étaient la plupart des pièces qui me manquaient, tandis que les autres n'étaient guère assemblées. Mon esprit était littéralement embrouillé.

Je le revis le dimanche suivant et nous nous rendîmes à Cleveland Street. Quand nous eûmes parcouru le quartier où la plupart des premiers faits de la saga Jack l'Éventreur étaient censés s'être déroulés, il me donna des détails supplémentaires. Ensuite, entre des averses, nous allâmes à East End et nous arpentâmes les ruelles sales et les voies détournées pour approcher chacun des lieux des meurtres. J'écoutais ses souvenirs pendant que nous marchions, et il paraissait suffisamment à l'aise en ma compagnie pour, désormais, me parler assez librement. Tandis que nous faisions notre bonhomme de chemin à travers des rues humides, encombrées de tous les habitants de l'East End marchant péniblement vers ou depuis Petticoat Lane Market, puis dans un petit café de Commercial Street avec la tasse de thé la plus forte que j'aie jamais bue, la lumière se fit peu à peu dans mon esprit.

Après l'enlèvement d'Annie Elizabeth et l'assagissement du naïf Eddy grâce à une sévère mais paternelle leçon de lord Salisbury, la situation était un tant soit peu apaisée. Pour la reine, le problème était résolu. Il ne lui restait plus qu'à parler à son fils le prince de Galles le plus énergiquement possible. Les diatribes de Victoria échouaient rarement à produire l'effet désiré sur un Bertie bluffeur mais pas très résistant. De la réticence, mais une obéissance totale : telle était la tradition de la famille. Ç'avait été le cas avec le baptême du fils aîné de Bertie et Alexandra : c'était Victoria qui avait choisi Albert, Victor, Christian, Édouard pour prénommer le nourrisson. Le courroux qu'elle dirigea sur son fils au sujet de l'affaire de Cleveland Street garantissait qu'une discipline des plus strictes serait imposée au récalcitrant Eddy, au moins pour quelques mois.

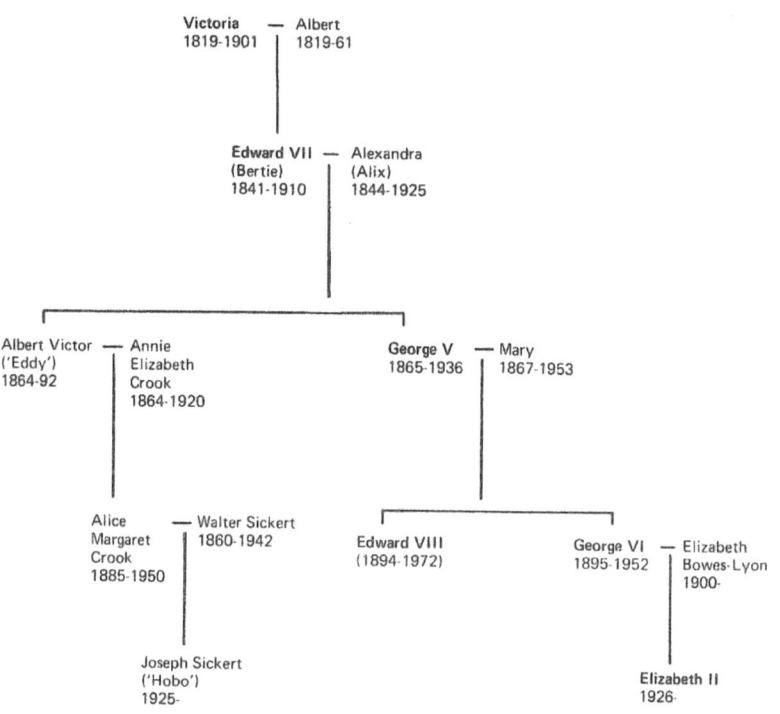

*L'arbre généalogique de Joseph Sickert tel que décrit par son père*

Mais Salisbury avait parfaitement conscience de la menace représentée par la nourrice, Mary Kelly. Dans un climat politique normal, l'embarras qu'elle était susceptible de causer aurait pu s'avérer négligeable. En 1888, cependant, ses révélations sur les événements de Cleveland Street pouvaient être facilement instrumentalisées par les marchands de ragots des mouvances socialistes et républicaines. Le contexte politique troublé recrutait de redoutables ennemis du gouvernement et de la couronne. Si les termes du scandale venaient à la connaissance de ces adversaires à cause de Kelly, sa piste serait remontée jusqu'à Annie Elizabeth. Le cruel traitement dont elle avait fait l'objet, associé au comportement regrettable d'Eddy, avait de quoi doper la cause des révolutionnaires. L'ombre détestable d'une société sans classes se profilait lentement à l'horizon…

L'idée était extrême, et elle avait pris forme dans l'esprit d'un homme qui pensait que sa mère patrie tant aimée était dos au mur. En des temps plus sereins, Salisbury était aussi humaniste que ses fonctions le permettaient, mais nous étions alors en des jours difficiles, et la tension de l'époque se reflétait dans sa politique. Le genre de démocratie que privilégiaient tantôt les libéraux sous Gladstone, tantôt les conservateurs sous sa direction, était le seul fondement, croyait-il, d'une société saine. Ce n'était pas sa place de Premier ministre, ni même le rôle prédominant des Tories, que Salisbury pensait être dans le devoir de protéger. Qui dirigeait le gouvernement ou qui était dans l'opposition à tel ou tel moment n'était que de peu d'importance quand le système politique tout entier de la Grande-Bretagne semblait menacé. Ce que l'on devait protéger, c'était le sacro-saint duo libéraux-conservateurs : l'*Establishment*. La monarchie était la base de cet *Establishment* qui, d'après Sickert, devait toujours occuper dans la liste des priorités de Salisbury la première place, devant toute considération touchant aux personnes. D'où l'enlèvement d'Annie Elizabeth et de mesures imminentes contre Mary Kelly.

Pendant plusieurs mois, Kelly ne fit pas parler d'elle, et Walter Sickert pensait qu'elle était retournée à Limerick, où elle était née. Elle avait quitté l'Irlande encore jeune, lorsque son père, John Kelly, confronté à un chômage sans espoir de l'autre côté de la mer d'Irlande, plia bagage pour fuir le malheur, déracina sa famille de six garçons et deux filles, et mit les voiles vers le nord du pays de Galles. Il y trouva un emploi dans la métallurgie, et devint à la longue contremaître. Marie épousa un mineur, Davies, quand elle eut 16 ans, mais, quel que soit le bonheur qu'elle ait pu trouver dans la rude vie, hantée par la mort, d'épouse de mineur, il ne dura guère : trois années plus tard, son époux périssait dans une explosion. Elle passa huit ou neuf mois dans un dispensaire de Cardiff pour se remettre d'un mal non identifié, puis elle s'y installa avec une cousine habitant dans la région. Son existence avait toujours été simple et souvent pauvre, mais la pauvreté et la noire misère de ces premiers temps de veuvage étaient infiniment pires que tout ce qu'elle avait connu jusque-là. Comme tant de jeunes déshérités le faisaient depuis deux siècles et demi, la fable *Dick Whittington and His Cat* ayant jadis dupé les pauvres gens, elle dirigea ses regards, l'esprit toujours innocent, vers Londres, ce joyeux rassemblement d'individus au bout de l'arc-en-ciel… Elle y arriva en 1884 et n'en repartit jamais. Au bout de quelques mois seulement, elle côtoyait la lie de l'humanité à East End, même si elle était toujours bien au-dessus de la déchéance qui lui serait par la suite causée par le gin, la peur et un anonymat vital. Peu après son arrivée à Londres, elle trouva à East End un couvent qui lui donnait le gîte et le couvert contre les maigres sous qu'elle gagnait grâce à de petits travaux ménagers. En 1885, elle trouva un poste pérenne dans un tabac de Cleveland Street. Elle quitta East End, déterminée à n'y jamais retourner. Trois années plus tard seulement, dans le sillage de la descente de police évoquée *supra*, les circonstances exigèrent son retour à Whitechapel, où elle se cacha.

Les investigations de Salisbury établirent qu'elle n'était pas repartie en Irlande, où l'un de ses frères était censé servir dans un bataillon de *Scots Guards*. De discrètes enquêtes y furent diligentées, ainsi qu'au pays de Galles, et à tous les endroits de son séjour londonien par lesquels on pensait qu'elle avait pu passer. Mais personne ne connaissait vraiment son histoire, à l'exception de Sickert, dont les démonstrations d'ignorance rendirent les recherches de plus en plus vaines. En l'absence de renseignements tout frais, il semblait que plus aucun espoir n'était permis. Le petit poisson s'était échappé d'entre les dents du requin, et il n'allait pas facilement se laisser prendre. À la manière – singulière et paradoxale – des hommes politiques, Salisbury considéra cet échec comme un succès. Car Kelly s'était si bien soustraite à ses filets qu'elle s'était tue. Aussitôt qu'elle briserait son silence, quelles qu'en fussent les conséquences, sa position serait facile à découvrir, et elle pourrait être neutralisée. Et si l'on n'entendait plus jamais parler d'elle, ce ne serait que parce qu'elle aurait tenu sa langue. Si elle choisissait cette voie, elle resterait inoffensive. Et hors de danger.

Fin juillet ou début août, il y eut des signes, inéluctables et attendus de longue date. Une mesquine et naïve tentative de chantage était amorcée. Le vieux peintre ne dévoila jamais qui avait été la cible de la demande, mais n'était en jeu qu'une somme dérisoire – en d'autres circonstances, il aurait été possible d'en rire. Le chantage venait de l'East End. Il semblait qu'il n'était pratiqué que pour rétribuer la protection d'un groupe de maîtres chanteurs mieux organisé. Sickert était peu au fait des détails, mais on découvrit que Kelly s'était associée à trois prostituées, dans le monde desquelles elle était tombée à cause de la faim, et elle en vint au chantage à leur instigation. C'était un acte désespéré. Elle en avait vu assez du raid de Cleveland Street pour pouvoir prédire son propre sort si elle était découverte. Mais la peur est relative. Il était facile de prendre le risque d'un danger lointain si le pari pouvait la délivrer d'un autre péril, plus proche. Les périls à dissiper étaient de mourir de faim et les menaces sinistres de la clique mafieuse qui l'avait coincée. Il s'agissait probablement du *Old Nichol Gang* qui réclamait de l'argent et promettait des violences et même la mort à quiconque ne payait pas. La vie ne fut jamais moins chère qu'à Whitechapel dans les années 1880. Il fut établi que trois femmes – Nichols, Chapman et Stride – faisaient partie du cercle pathétique de Kelly, et elles devaient être rendues inoffensives. L'opération commença le 31 août.

La mission fut confiée à sir William Gull. Candidat improbable à bien des égards, il était – dans l'opinion de Salisbury – le plus qualifié pour s'acquitter de cette tâche, et ce pour plusieurs raisons. Parmi les plus significatives, il était l'un des francs-maçons les plus importants du pays, et il avait joué un rôle de premier plan dans les réunions maçonniques de haut rang convoquées par Salisbury afin de discuter de la meilleure façon de gérer l'affaire de Cleveland Street. Comme Sickert l'avait rappelé à son fils, la franc-maçonnerie était le véritable pouvoir se cachant derrière le gouvernement, et c'était l'influence occulte des grands francs-maçons – et certainement pas la sympathique façade des débats parlementaires – qui dictait les principales orientations politiques. Comme Gull s'était déjà fermement engagé, il n'était pas nécessaire de chercher quelqu'un d'autre. Un fidèle serviteur de la maçonnerie qui pouvait comprendre l'importance de la couronne pour cette société secrète était tout à fait indiqué pour la besogne. Gull résumait en lui ces qualités. Grâce à son ascension jusqu'aux degrés les plus élevés de la maçonnerie, il avait en 1871 été introduit auprès de la princesse Alexandra lorsque son mari le prince de Galles était terrassé par la fièvre typhoïde. C'était dix ans seulement après la mort du père du prince, le prince Albert, à cause de la même maladie. Il était donc stupéfiant à l'époque, et il n'a jamais été expliqué de manière satisfaisante depuis, que cet inconnu de Gull, fils d'un propriétaire de péniche à la campagne, eût pu être appelé pour s'occuper du prince, et que le médecin royal – sir William Jenner – ne fût convoqué que pour donner un *second* avis. La supériorité de Gull chez les francs-maçons explique sa promotion soudaine aux dépens du meilleur médecin d'Angleterre. Avec l'aide de Jenner, il permit la guérison de Bertie, mais il fut seul à en glaner les honneurs, devenant baronnet l'année suivante. En 1888, on lui rappela à plusieurs reprises la dette qu'il avait envers la franc-maçonnerie, et sa subtile manipulation de ceux qui sont au pouvoir. Il avait déjà piégé Annie Elizabeth Crook dans les asiles avec un faux certificat d'aliénation mentale, et il ne fait aucun doute que Salisbury s'attendait vraiment à ce qu'il agît de la même façon avec Kelly et ses associées.

Ce qui n'avait guère été pris en compte, c'était le goût très marqué de sir William pour le mystérieux et sa détermination sans faille à procéder selon un plan d'action qui fût totalement sien. Il avait toujours été persuadé du fait que sa ressemblance avec Napoléon allait au-delà de l'apparence physique. Depuis une attaque bénigne en 1887, sa fermeté à demeurer fidèle à toute décision prise, même absurde, était quasiment obsessionnelle. Il décida qu'arrêter les prostituées et les incarcérer comme Annie Elizabeth pouvait s'avérer presque aussi imprudent que de les laisser libres. Une pauvre femme hurlant pour faire entendre ce qu'elle sait et suppliant inspecteurs, médecins et visiteurs de croire qu'elle était l'épouse d'un prince pouvait facilement passer pour folle. Mais quatre soi-disant démentes tambourinant le même récit, même si elles étaient des traînées de l'East End, dessineraient un canevas que plus d'un aurait facilement pu détricoter et interpréter. Si les vouer à l'asile ou les emprisonner était hors de question, et les laisser dans la nature évidemment impensable, les supprimer restait la seule option possible pour l'âme sans pitié de Gull.

Il se mit, racontait Sickert, à éliminer ces femmes en se conformant rigoureusement à un rituel maçonnique, et bien que Salisbury fût troublé par l'embarras que les meurtres causaient à son gouvernement, il était en même temps satisfait de la démonstration tapageuse de la suprématie franc-maçonne qu'ils incarnaient. Gull respectait une tradition maçonnique surannée, et rien ne pouvait être fait pour le détourner de sa route.

Il se rendit à East End pour plusieurs voyages de reconnaissance dans l'attelage de John Netley, lui aussi choisi parce qu'il était déjà très impliqué dans l'affaire, ayant conduit Eddy vers et depuis Cleveland Street. Les démarches plus poussées de Netley permirent de connaître les lieux de résidence des victimes, et Kelly elle-même fut repérée à l'aide d'un portrait. Le troisième membre de l'équipe – et ceci semble être le ressort le plus étonnant de l'incroyable histoire de Sickert – n'était autre que l'assistant du commissaire du bureau d'investigation criminelle et un énième franc-maçon de haut rang, de la même loge que Gull et Salisbury : sir Robert Anderson. Gull s'était réservé un mois entier pour que l'opération fût terminée. Dans cet intervalle, il avait l'intention de tuer les quatre gêneuses : Nichols, Chapman, Stride et Kelly. Dans l'esprit de quelque étrange principe maçonnique, il trouva le moyen de répandre une panique et une terreur qui atteindraient un effrayant apogée avec le dernier meurtre. Mais quelque chose ne tournait pas rond et, à cet égard, Sickert ne sut jamais comment Catherine Eddowes avait été confondue avec Kelly et morte à sa place.

À cause de la panique délibérément provoquée qui tenait à la gorge East End après l'assassinat d'Eddowes, il était hors de question de reprendre aussitôt la piste de Kelly. Ainsi, Jack l'Éventreur se tapit dans l'ombre 39 jours durant, et beaucoup pensaient que ses forfaits étaient terminés. Mais, le 9 novembre, le matin du *Lord Mayor's Show*[5], lorsque la plus grande partie des forces de police était absorbée par les à-côtés

---

5   Chaque année le deuxième samedi du mois de novembre, le lord-maire de Londres défile en grande pompe (N.D.T.).

de cet événement remarquable, Mary Kelly fut à son tour réduite au silence. Et Jack l'Éventreur s'évanouit dans le néant d'où il était si violemment sorti seulement dix semaines auparavant.

Au cours de l'accalmie suivie du dernier meurtre, Annie Elizabeth fut enlevée au Guy's Hospital, continua Sickert. Là encore, ce qu'il savait était imprécis, mais il était certain que c'était pour une opération abominable – il soupçonnait là aussi Gull. Il ne pouvait que supposer que ç'avait été une tentative de gommer de dangereux souvenirs de sa mémoire ; mais, en tout cas, quand il put la revoir une ou deux fois après cela, sa personnalité avait changé. Elle semblait n'être qu'à demi consciente et elle ne le reconnaissait plus. Inexplicablement, elle était en outre devenue sujette à de violentes crises d'épilepsie. Elle passa presque tout le reste de sa vie enfermée dans des asiles, des prisons et des hôpitaux. Quelle que fût l'expérience perpétrée sur elle, elle n'oublia pas entièrement son passé. Car, en une occasion, elle parvint d'une façon ou d'une autre à s'échapper d'une institution et, par une ferme détermination, elle trouva les amis de Sickert qui s'occupaient d'Alice Margaret près de Cleveland Street. Elle fut vite arrêtée, et elle retourna à l'asile.

« *Audaces fortuna juvat* – la fortune sourit aux audacieux », disait Walter Sickert, succombant à sa manie de s'exprimer en d'autres langues. « Les crimes de l'Éventreur rencontrèrent un épouvantable succès en raison de l'audace avec laquelle ils furent commis. »

Il racontait que les meurtriers repéraient leurs victimes et que, dans les cas de Nichols, Chapman, Stride et Eddowes, ils leur avaient proposé un tour en voiture. Elles furent toutes – sauf Stride – tuées à l'intérieur du véhicule, pendant que Netley secouait son équipage à travers les grandes rues animées. Les assassins laissaient ensuite Netley déposer les corps où ils furent trouvés. Stride était trop soûle pour raisonner, et elle titubait le long de la chaussée lorsque que l'attelage s'arrêta près d'elle. Netley cacha la voiture dans une ruelle sombre au sud de Commercial Road, et Gull resta dedans. Anderson et Netley suivirent Stride jusqu'à Berner Street et, là, elle fut abordée par Netley pendant qu'Anderson faisait le guet – selon la description faite par Sickert. Le cocher la maîtrisa, la jeta par terre et lui trancha la gorge. Ils revinrent rapidement sur leurs pas, jusqu'à la voiture où Gull les attendait, et ils galopèrent vers Aldgate pour assassiner la putain sans défense qu'ils pensaient être Kelly. L'un des deux hommes – Sickert ne précisa pas s'il s'agissait de Netley ou d'Anderson – avait appris que Kelly était détenue au commissariat de police de Bishopsgate pour ivresse publique et manifeste. Ils savaient qu'elle pouvait être relâchée d'un moment à l'autre après minuit, conformément à la politique humaniste et réaliste de la police municipale dont les cellules n'étaient pas assez nombreuses pour qu'ils pussent garder tous les ivrognes arrêtés en une nuit. Kelly était toutefois toujours en liberté, puisque la victime d'Aldgate s'avérerait être Eddowes. Quand elle fut en fin de compte retrouvée, Kelly – la seule des victimes à avoir son propre appartement – fut assassinée chez elle.

« Seul le fait, élémentaire mais jamais envisagé, que les meurtres de Nichols, Chapman et Eddowes ne furent pas perpétrés là où les corps furent retrouvés explique l'invraisemblable rapidité avec laquelle ces tueries cruelles furent minutieusement exécutées, et l'étrange insuffisance de sang près des corps », expliqua Sickert.

Le peintre fut amené à garder le silence sur toute l'affaire, selon ce qu'il avoua franchement à son fils, par peur pour sa propre sécurité. Il en savait plus que quiconque sur Jack l'Éventreur, les participants de la conspiration mis à part. Il était soulagé de pouvoir rester en Angleterre, même s'il passa autant de temps que possible sur le continent pour être loin de la tourmente. Il s'acheta même une maison à Dieppe, titillé par l'idée de quitter définitivement la Grande-Bretagne. Aucune menace véritable ne lui fut adressée, mais il reçut des avertissements étranges et déroutants, qu'il ne décrivit jamais vraiment.

Son silence fut encore plus assuré une journée où il travaillait dans son atelier de Dieppe. Il était en train de retoucher une vue de rivière trop rapidement peinte : un bateau de pêche flottant sur un ressac tranquille. Soudain, sans le moindre préambule, la porte s'ouvrit et lord Salisbury entra. Sans examiner le tableau placé sur le chevalet, ni même jeter un coup d'œil aux autres peintures disséminées à travers la pièce, il offrit sur-le-champ à Sickert 500 £ pour une œuvre. Cet épisode étonna Sickert, mais il ne lui fallut que peu de temps pour en comprendre la raison. Aucune allusion à Cleveland Street ou aux meurtres de Whitechapel n'avait été faite, mais il aurait été bien bête de ne pas avoir saisi que ce pourboire exorbitant était destiné à acheter son mutisme. À une époque où il devait résister à une autosatisfaction dommageable s'il recevait trois pounds pour une toile, l'avertissement était presque bienvenu. Quel que fût son désir de le refuser, il accepta le pot-de-vin et se tut jusqu'au jour où il se sentit obligé de raconter à Joseph tout ce qu'il savait.

Il y eut des prolongations brutales et inattendues avec le détestable Netley qui croyait à tort qu'il trouverait faveur auprès des puissants en continuant l'opération par une traque solitaire d'Alice Margaret. S'il la tuait, se prit-il à imaginer, il éliminerait la dernière tache qui pût obscurcir l'avenir de ses maîtres. Alice Margaret avait d'abord été reprise à Sickert et reléguée à Windsor, où elle devait avoir trouvé un endroit pour vivre et être soignée en tant qu'enfant de la famille royale, bien que non désirée. La gêne occasionnée par sa présence devint à la longue trop profonde et, principalement à cause des manigances de ceux qui se trouvaient derrière les tueries de l'Éventreur, elle fut renvoyée à Sickert. Il la confia à des connaissances peu fortunées et, par la suite, il la garda à Dieppe. Netley essaya par deux fois d'assassiner l'enfant du péché en jetant sa voiture sur elle – une fois en 1888 à l'apogée du règne de terreur de l'Éventreur, et une autre en février 1892. La première fois, il fonça sur Alice Margaret alors qu'elle traversait Fleet Street ou le Strand avec un parent âgé. Quand l'attelage la heurta, il passa juste au-dessus de son corps. Le conducteur fut ensuite décrit à Sickert par le parent témoin, et il savait qu'il ne pouvait s'agir que de Netley. Sickert disait que dans la confusion produite par le second « accident », à Drury Lane, Netley s'enfonça à travers la foule et s'enfuit vers le pont de Westminster, poursuivi par plusieurs spectateurs de la scène. Il se jeta dans la Tamise et se noya. Quand Alice Margaret eut grandi, elle épousa un homme, Gorman, qui se révéla être impuissant. Les relations de la jeune fille avec Sickert avaient toujours été intimes, et la solitude désespérante qui la touchait à cause d'une surdité s'aggravant et un mariage privé d'amour physique suffit pour pousser la pupille de Sickert à devenir sa maîtresse le plus naturellement du monde. Elle fut son amante pendant plus de 12 années, lui donnant un fils – Joseph – et passant de vie à trépas en 1950. Sickert mourut quant à lui en 1942.

Comme les ans passaient et les événements de 1888 ne réussissaient pas – à l'instar des autres souvenirs de Sickert – à se fondre dans un néant d'imprécision seulement nuancé par une avalanche de détails distinctement mémorisés, des faits étranges se produisirent. Sickert se retrouva, à moitié spontanément et à moitié inconsciemment, à peindre sur ses toiles des allusions subliminales à la réalité se cachant derrière les meurtres de Jack l'Éventreur. Des années durant, disait-il, ce fut sa manière de vivre avec ce savoir effrayant et, d'une façon détournée, d'essayer de rétablir la vérité.

*Walter Sickert en 1884*

*Joseph Sickert en 1973*

# CHAPITRE III

## *Toute la vérité, rien que la vérité ?*

Dans un article sur Jack l'Éventreur paru dans la *Pall Mall Gazette* en décembre 1888, le comte de Crawford et Blacarres déclarait :

> En s'efforçant de passer au crible un mystère tel que celui-ci, on ne peut se permettre de laisser de côté quelque théorie que ce soit, y compris extravagante, sans examen minutieux, parce que la vérité pourrait, après tout, résider dans la plus invraisemblable entre toutes.

Aussi improbable que l'histoire de Sickert pouvait être, il aurait été insensé de la rejeter simplement parce qu'elle paraissait absurde – elle demandait d'être étudiée. Pour être juste, toutefois, *absurde* n'est qu'un euphémisme. Elle semblait être le plus grand bobard, bien qu'amusante, jamais inventé au sujet de Jack l'Éventreur, si l'on excepte peut-être l'hypothèse selon laquelle le meurtrier était un gorille...

Si les détails de la piste à suivre étaient flous, ses tendances générales étaient quant à elles très nettes : chaque point du récit de Walter Sickert devait être vérifié pour voir si tout ou partie de celui-ci était authentique. Il pouvait tout à fait s'agir d'un formidable roman. Il semblait significatif que Walter n'ait fourni aucune preuve à l'appui de ses allégations. Il avait avec inquiétude imploré Joseph de ne pas en répéter un seul mot, de sorte qu'il ne s'était pas attendu à ce que son histoire parvînt jusqu'au grand public. C'était peut-être là la raison pour laquelle il n'avait point apporté de preuves. Ou alors ce récit tout entier n'était qu'un tissu de mensonges, et il ne *pouvait* y avoir la moindre preuve.

Certes, plusieurs faits étaient d'emblée évidents et contribuaient à asseoir le crédit de Sickert. Une surdité héréditaire touchait les Sickert aussi bien que la famille royale. La princesse Alexandra transmit son infirmité à son fils Eddy. Si Eddy avait eu une fille comme Sickert le prétendait, il est presque certain qu'elle aurait hérité de cet handicap. Alice Margaret Crook, l'enfant que Sickert prêtait à Eddy, était sourde. Les registres du St Pancras Board of Guardians[6], sous la surveillance duquel elle fut placée en 1902, faisaient cette observation laconique : « sourde comme un pot ». Le fait que ce handicap était permanent est confirmé par un compte rendu réalisé par l'officier suppléant de l'hospice de Westminster Union le 11 octobre 1905, date à laquelle Alice Margaret présenta sa candidature dans cette institution parce qu'une blessure au pied l'empêchait de gagner de quoi vivre. Dans la rubrique intitulée « Cause de la détresse, temporaire ou permanente », sa surdité était une nouvelle fois remarquée. Son fils Joseph est presque complètement sourd d'une oreille, et sa fille cadette n'entend pas du tout. Il n'y a aucun indice faisant penser qu'Annie, la mère d'Alice Margaret, souffrait de quelque forme de surdité : cette infirmité doit presque certainement avoir été héritée du père. Les photographies des trois filles de Joseph Sickert lorsqu'elles étaient petites font montre de plus d'une ressemblance physique avec un portrait des trois sœurs d'Eddy peint en 1883 par S. P. Hall et aujourd'hui exposé au National Gallery. Joseph est quant à lui le portrait craché de Walter Sickert, et il semble n'avoir aucune ressemblance physique avec des membres de la

---

6   Ce qui pourrait être traduit par : « Office des tuteurs Saint-Pancrace » (N.D.T.).

famille royale. Un cliché d'Alice Margaret, cependant, manifeste une similarité remarquable entre ses traits et ceux de la princesse Alexandra. Les plus visibles sont les yeux très espacés, une bouche de petite taille et un menton robuste et arrondi. L'allusion à la crainte de Walter Sickert pour sa propre sécurité dans les années suivant les meurtres donne sens à une phase déroutante de sa vie, que même ses amis avaient du mal à comprendre, avec des séjours soudains et fréquents sur le continent. L'une de ses amies les plus proches, Marjorie Lilly, évoquait sa nervosité inaccoutumée, ses départs imprévisibles pour Dieppe et ses retours tout aussi inattendus. Ces disparitions étaient toutes difficiles à expliquer parce qu'elles causaient du tort à son influence dans la formation de nouvelles tendances en peinture. Il pouvait et aurait dû entraîner des changements considérables dans les choix artistiques de l'Angleterre. Au lieu de cela, après de longues absences, il revenait dans une Grande-Bretagne où il était boudé et considéré comme « démodé ».

*La ressemblance entre la princesse Alexandra (à gauche) et Alice Margaret Crook (à droite), relève-t-elle d'une filiation ?*

Ces faits épars qui émergeaient de l'épopée compliquée de Sickert ne constituaient cependant pas des preuves. La première chose à faire était d'enquêter sur Walter Sickert lui-même et de découvrir si, par exemple, il est un tant soit peu probable qu'il eût pu être choisi par Alexandra pour donner son amitié à son fils. Cela paraissait inconcevable.

Mais Sickert n'était pas – selon ce que j'ai toujours cru – un artiste de seconde zone dont les représentations pénétrantes de la vie des plus humbles reflétaient ses propres moyens de subsistance. Il avait des relations avec la couronne. Il était né à Munich le 31 mai 1860. Il était le fils aîné d'Oswald Adalbert Sickert. La peinture coulait dans ses veines. Un talent artistique remarquable vit le jour dans cette famille avec Johann Jürgen Sickert, grand-père danois de Walter, qui était né en 1803 à Flensbourg, dans le Schleswig-Holstein. Walter écrivait à son sujet :

> Il était à la fois un peintre et le chef d'une compagnie de décorateurs que le roi Christian VIII de Danemark fit travailler dans ses palais. Il vivait et exerçait sa profession à Altona.

Johann Jürgen fut l'un des premiers lithographes, et il envoya son fils Oswald – le père de Walter – étudier à Paris. Oswald, qui était né à Altona en 1828, retint l'attention du roi Christian VIII par l'entremise de son père qui fut mis en étroite relation avec la famille royale au cours de ses travaux au palais. Christian fut tellement impressionné par le talent du jeune Oswald – talent qui se manifesta d'abord (d'après Walter) dans « un autoportrait à l'âge de 16 ans tout bonnement ahurissant » – qu'il lui donna une pension pour se rendre à Copenhague où il est censé être devenu peintre royal. C'est probablement là qu'il en vint à connaître la famille royale à un degré personnel, liens qui se seraient rompus en 1848 avec la mort de

Christian et l'avènement de l'instable Frédéric VII. Lors de ses passages au palais, Sickert avait dû se familiariser avec toutes les branches de la dynastie et vraisemblablement fait des séjours au palais Jaune, une résidence d'été nichée au sein des hêtraies de Bernstorff. C'était la demeure de l'héritier présomptif du trône, le prince Christian de Schleswig-Holstein-Sonderbourg-Glücksbourg, qui devint le roi Christian IX, et de son épouse Louise de Hesse. Leur fille Alexandra – surnommée « Alix » – vit le jour en 1844.

Alexandra arriva en Angleterre pour se marier avec Édouard, prince de Galles – « Bertie » –, en 1863, alors qu'elle avait 19 ans. Cinq années plus tard, Oswald Sickert débarquait à Londres avec sa famille et s'installa définitivement en Grande-Bretagne, exposant fréquemment ses œuvres à l'Académie royale. Il continua à peindre jusqu'à sa mort, survenue en 1885, et il n'y a aucune raison de penser que les relations amicales qui avaient pu exister au Danemark entre l'artiste et Alexandra aient pu d'une façon ou d'une autre être oubliées lorsqu'elle devint princesse de Galles, à deux pas du trône. Au contraire, Alexandra, quoique très populaire auprès de ses sujets, resta toujours une étrangère au sein de la famille royale britannique, car elle ne triompha jamais complètement de sa nostalgie profonde pour sa mère patrie bien-aimée. Elle fit tout son possible pour être acceptée en tant que membre de la formidable dynastie de Victoria, mais elle tenait en parallèle étroitement à ses rares vieux amis qu'elle pouvait encore fréquenter. Oswald Sickert et Walter, son fils talentueux, sont susceptibles d'avoir fait partie de ce groupe de privilégiés.

En effet, il y a lieu de soupçonner, en s'appuyant sur les commérages de la cour de l'époque, qu'un lien étroit reliait Walter à la ravissante Alexandra. Un auteur a décrit son penchant pour un jeune peintre qui se parfumait et se coiffait à l'anglaise. Même si aucun nom n'était mentionné, quiconque connaissait Sickert était à même de comprendre que l'objet de son affection ne pouvait être que Walter. À la fin de la décennie 1870, il passa quatre années à s'entraîner au théâtre, et il rejoignit finalement la compagnie d'Henry Irving au Lyceum. Il était si habile dans l'art du maquillage qu'il mit sa propre mère au défi de le reconnaître au sein d'une foule d'acteurs sur les planches. Sa fausse apparence de vieillard ridé et édenté la trompa sans mal. Cette attirance pour la comédie ne quitta jamais Sickert et, même après avoir cessé de jouer, il coula une vie d'homme de scène plutôt que d'artiste peintre. Il changeait d'apparence presque aussi fréquemment que ses bons amis avaient pu le voir sur la scène du Lyceum chaque soir dans un rôle différent. Un jour, ses cheveux châtain retombaient sur ses épaules comme en une cascade de boucles et il se baladait avec des vêtements désinvoltes et extravagants. Le lendemain, il avait coupé et coiffé sa chevelure en brosse, et il se montrait pendant plusieurs semaines avec des habits d'un noir ou d'un gris plus que conventionnel.

Dans ses dernières années, Sickert était si bien introduit dans le milieu royal que sa seconde femme, Christine Drummond-Angus, reçut le privilège de broder un habit de cérémonie dessiné par Sickert et devant être porté en des circonstances officielles. Le vêtement, appelé « tunique bleue », est conservé dans l'abbaye de Westminster et a été utilisé pour tous les couronnements, obsèques et mariages royaux depuis qu'il en fut fait don en 1920.

En outre, l'un des tableaux de Sickert contenant une référence voilée à la vérité sur les crimes de l'Éventreur (c'est ce que celui-ci a dit à son fils) fut à un moment donné détenu par la reine mère Élisabeth.

Sickert fut accusé de répandre plusieurs versions contradictoires quant à l'identité du meurtrier de Whitechapel, et bien que cette accusation soit fausse, il est facile de voir comment elle a pris corps. Avec son récit sur Eddy et Annie Elizabeth, qu'il ne partagea avec personne d'autre que son fils, Sickert ne raconta qu'une seule histoire concernant l'Éventreur. Mais celle-ci fut tellement répétée et à tant de monde qu'au bout de deux à trois intermédiaires elle souffrit de déformations inévitables. Sickert devint ainsi la source d'un entrelacs de thèses incompatibles, en dépit du fait qu'il n'en ait soutenu qu'une seule.

Marjorie Lilly, qui mourut en 1976, se souvenait de Sickert comme d'« un homme mystérieux, impérieux et compliqué ».

Elle disait : « Il aimait beaucoup parler et il occupait naturellement le devant de la scène dans n'importe quel groupe, sans même le réaliser. Sa fascination pour l'affaire Jack l'Éventreur était vive et j'étais dans l'opinion qu'il connaissait peut-être la vérité. »

L'histoire dont il la régala à plusieurs reprises pendant leurs 25 années d'amitié fut invariablement la même. Et elle soutenait qu'il avait toujours donné la même version à qui que ce soit d'autre. Sickert lui-même avait dit à son fils qu'il avait délibérément inventé ce récit. Ce qu'il savait de l'Éventreur brûlait en lui à la manière d'une torche, et il ne pouvait empêcher sa conversation de dériver vers la question des meurtres. Il pensait que révéler la vérité l'aurait mis en danger. Sa « solution » inventée servait deux fins : elle satisfaisait son besoin inextricable de parler de l'Éventreur et, au fil des ans, elle lui donna un conte divertissant de fin de repas qui faisait automatiquement de lui la personne la plus séduisante de n'importe quel groupe, une place qu'il se réjouissait d'occuper.

Heureusement, Osbert Sitwell fut assez marqué par l'obsession évidente de Sickert à l'égard de l'Éventreur pour prendre note de la fausse version. Il la rappelait dans son introduction à *A Free House !*, une anthologie des écrits de Sickert. Sitwell écrit :

> Plusieurs années après les meurtres, il avait pris une chambre dans un faubourg de Londres. Un vieux couple veillait sur la maison et, quand il eut été installé depuis plusieurs mois, la femme, avec laquelle il parlait souvent, lui demanda un jour, alors qu'elle était en train de faire la poussière dans l'appartement, s'il savait qui l'avait occupé avant lui. Quand il eut dit « non », elle attendit un moment puis répondit : « Jack l'Éventreur »…
>
> Son récit disait que son prédécesseur était un étudiant vétérinaire. Un mois ou deux après son installation à Londres, ce jeune homme apparemment délicat – il était phtisique – prit goût à découcher de temps en temps toute la nuit. Ses propriétaires l'entendaient revenir vers 6 h du matin, puis faire les cent pas dans la chambre pendant une heure ou deux, jusqu'à la sortie en kiosque des premiers journaux du jour, et alors il dévalait les marches en toute hâte et se dépêchait d'en acheter un dans la rue. Il revenait tranquillement et se mettait au lit. Mais, une heure plus tard, quand le vieil homme le réveillait, il remarquait, par des traces dans la cheminée, que son locataire avait brûlé les vêtements qu'il avait portés la veille. Le restant de la journée, les millions d'habitants de Londres allaient discuter du terrible nouveau meurtre, appartenant de manière évidente à une même série, qui avait été commis au petit matin. Seul cet étudiant semblait ne jamais y faire allusion : il ne connaissait alors plus personne et ne parlait à quiconque, bien qu'il ne semblât pas particulièrement solitaire […] le vieux couple ne savait que faire de cette histoire : chaque jour, sa santé allait de mal en pis, et il paraissait improbable que ce jeune homme taciturne, souffrant et doux eût pu être responsable de crimes pareils. Ils ne pouvaient que difficilement donner du crédit à leurs soupçons et, avant qu'ils n'eussent pu s'occuper de savoir s'il fallait avertir la police ou non, l'état de leur locataire empira soudain et sa mère, une veuve qui lui était très dévouée, vint le chercher pour le ramener à Bournemouth où elle habitait. […] Depuis lors, les meurtres cessèrent. Il mourut trois mois plus tard.

Cette histoire a eu un effet remarquable : d'abord, elle inspira Marie Belloc Lowndes dans l'écriture de son best-seller *Un étrange locataire*. Par l'intermédiaire de M$^{me}$ Lowndes, Sickert a inspiré deux pièces de théâtre, au moins cinq films – dont *L'Étrange Mr. Slade* et

*Meurtres* – et d'un opéra en deux actes de Phyllis Tate intitulé *The Lodger*.

Il a été suggéré qu'une autre théorie sérieuse au sujet de l'identité de l'Éventreur, tenue par beaucoup comme étant plausiblement la plus proche de la vérité, peut aussi être attribuée à Sickert. Cette assertion, qui n'est malheureusement corroborée par aucune preuve documentaire, est faite par Donald McCormick dans son livre *The Identity of Jack the Ripper*. Il s'agit de la thèse concernant Montague John Druitt, devenu le premier suspect de l'affaire depuis la publication en 1965 d'*Autumn of Terror* par Tom Cullen et de *Jack the Ripper* de Daniel Farson en 1972. Le point de départ de leurs investigations fut un passage des notes privées de sir Melville Macnaghten, un brouillon rapide de ses minutes officielles conservées dans les archives de Scotland Yard. Cette documentation inédite fut mise à la disposition de ces deux auteurs par lady Christabel Aberconway, la fille de sir Melville, morte en août 1974.

Les recherches conjuguées de Cullen et Farson donnèrent naissance à ce qui ressemble, en apparence, à des arguments recevables contre Druitt, un avocat raté qui se recycla dans l'enseignement. En réalité, les charges retenues contre Druitt sont inexistantes, comme nous le verrons dans notre chap. VIII.

McCormick déclare avoir retrouvé un médecin londonien qui connaissait Sickert et dont le père avait étudié à Oxford avec Druitt. Ce praticien affirmait que Sickert avait un jour répété son histoire de « locataire » à sir Melville Macnaghten au Garrick Club. Sir Melville prêta l'oreille au récit, car, tout comme l'étudiant vétérinaire, Druitt avait lui aussi une mère veuve et habitant à Bournemouth. L'argument soutient que l'ajout du nom de Druitt à la liste des suspects de Macnaghten serait la conséquence directe de l'histoire de Sickert et de l'identification de cet étudiant manifestement légendaire avec l'individu dont le corps fut repêché dans la Tamise le 31 décembre 1888.

Cependant, tant que McCormick ne pourra pas donner le nom de son médecin londonien, son hypothèse ne sera toujours rien de plus qu'une énième possibilité.

Nous ne pourrons jamais savoir si oui ou non Sickert fut responsable de l'ajout de Druitt parmi les suspects, mais ce dernier joua un rôle dans le roman-fleuve décousu que le peintre légua à son fils. Sickert disait que Druitt avait dès le départ été un bouc émissaire, bien qu'il n'eût pas la moindre idée de la façon dont il avait été choisi ou de comment des arrangements douteux avaient été conclus.

La réponse à cette interrogation aurait déconcerté jusqu'à Sickert lui-même.

# Chapitre IV

## *Les meurtres*

Une histoire de meurtre ne perd que rarement quelque chose lorsqu'elle est racontée. Quand le récit est aussi épouvantable que peuvent l'être les assassinats de Whitechapel, il ne peut manquer d'être brodé et altéré au-delà de toute mesure. Jack l'Éventreur fut rapidement assimilé par le folklore de l'est londonien, et personne ne reprocherait à la tradition vivante qui en a pris possession d'avoir ajouté un peu de piment à un vieux conte. Le grand-père de l'East End, assis devant la cheminée et entouré de ses petits-enfants suspendus à ses lèvres, peut être pardonné d'ajouter une touche de romanesque, ou quelque chose qui soit de son invention, à l'histoire véritable. Ce même penchant chez ses aïeux avait fait de Robin des Bois le plus grand des héros populaires d'Angleterre, alors que ce n'était qu'un criminel.

C'est l'une des missions de l'historien que de rejeter les interpolations ajoutées au fil des ans, pour séparer le fait de la légende – sans pour autant dénigrer cette dernière, car tous deux ont leur valeur raisonnablement pris dans leur contexte. Il est attristant que, dans le cas de Jack l'Éventreur, plusieurs historiens soi-disant sérieux aient trahi leur devoir en s'abaissant à faire imprimer des détails qu'ils ont inventés de toutes pièces et des conjectures sans fondement comme s'il s'était agi de faits avérés. Leurs falsifications, perpétuées par l'imprimerie, n'ont rien à voir avec une éphémère histoire du soir des gens ordinaires, ce conte de fées raconté la nuit à voix basse au coin du feu puis oublié à tout jamais. Leur malhonnêteté a fait plus pour entraver la recherche de la vérité que les centaines de fables qui se sont répandues dans presque tous les bars et lieux de sociabilité de l'East End. Même des officiers de police de l'époque, sir Robert Anderson en particulier, inventèrent des faits au sujet de l'Éventreur pour insuffler un peu de vie, mensongère, dans leurs mémoires. Nombre d'auteurs, dans des journaux comme dans des livres en bonne et due forme, ont suivi leur exemple pour habiller d'une logique de façade des arguments souvent complètement faux. Il semblerait que le plus nuisible de ces trublions soit un fabulateur du nom de Leonard Matters. Son ouvrage *The Mystery of Jack the Ripper*, publié en 1929, ne se fonde que sur des déclarations dénuées de fondement et manifestement fausses : il consiste en digressions décousues prenant la forme de spéculations sauvages déguisées en faits. Le moindre acte malhonnête de la part d'un auteur est répréhensible, car tout en ayant l'air de vouloir faire la lumière il obscurcit les onces de vérité reçues jusque-là.

Est-il possible, d'ailleurs, après presque 90 années de suppositions et de supercheries, de revenir aux sources ? Les seuls documents vraisemblablement dégagés de toute exagération ou fantaisie semblent être les observations des policiers directement impliqués dans l'instruction de l'affaire à l'époque. Dans son *Jack the Ripper in Fact and Fiction* publié en 1965, Robin Odell émettait cette plainte :

> Il est regrettable [...] que l'inspecteur Abberline, chargé de retrouver l'assassin, n'ait jamais pris la plume. De toutes les personnes qui participèrent à la recherche du tueur, aucune ne fut plus activement en contact avec les faits que cet inspecteur.

Mais, bien qu'il n'ait jamais écrit le moindre livre, l'inspecteur Frederick George Abberline a bel et bien pris la plume. Les notes d'Abberline sur Jack l'Éventreur, ainsi que celles de ses collaborateurs dans l'enquête, n'étaient pas du baratin sensationnel devant meubler des autobiographies par ailleurs bien ternes, mais des rapports manuscrits minutieux écrits sur le terrain au moment des assassinats. Ils ne contiennent aucun détail superflu et se veulent sans ambiguïté : ils en viennent directement aux faits, même quand ils prennent leur temps. Ce sont les œuvres écrites les plus fidèles et les plus précieuses que l'on ait sur les meurtres de Whitechapel et, si elles n'ont jamais été publiées auparavant, c'est parce qu'elles sont conservées parmi les archives secrètes de Scotland Yard et du Bureau de l'Intérieur.

Même si ces dossiers confidentiels de Scotland Yard n'auraient pas dû être mis à la disposition du public avant 1992, j'ai obtenu l'autorisation de les consulter, et j'ai passé en juillet 1974 quatre jours à recopier leur contenu mot pour mot. Ils sont rangés dans une boîte en carton poussiéreuse et se composent de trois chemises gondolées en papier épais, chacune étant estampillée d'un numéro et des mots « Confidentiel jusqu'en 1992 ». Par commodité, nous appelons ces liasses « Victimes », « Suspects » et « Lettres », cette dernière contenant des centaines de missives envoyées par des excentriques du monde entier, la plupart d'entre elles écrites à l'encre rouge (quelques-unes avec du sang), la majorité portant la signature « Jack l'Éventreur ».

Entre 1888 et 1891, tous les papiers et rapports concernant des meurtres dans les environs de Whitechapel furent consignés dans le dossier « Victimes ». En 1892, le dossier fut classé et, deux ans plus tard, sir Melville Macnaghten y inséra ses propres notes avec le vain espoir de rendre plus clair tout le reste. Le dossier « Victimes », soigneusement refermé à l'aide de ruban rose, contient des sous-dossiers individuels intitulés de la sorte :

EMMA ELIZABETH SMITH, 45 ans, tuée le 3 avril 1888.

MARTHA TABRAM alias TURNER, entre 35 et 40 ans, tuée le 7 août 1888.

**MARY ANN NICHOLLS** [sic] **tuée le 31 août 1888.**

**ANNIE SIFFEY alias CHAPMAN, tuée le 8 septembre 1888.**

**ELIZABETH STRIDE, tuée le 29 septembre 1888.**

**CATHERINE BEDDOWES** [sic]**, tuée le 29 septembre 1888.**

**MARIE JEANETTE KELLY, tuée le 9 novembre 1888.**

ROSE MYLETT alias LIZZIE DAVIS, tuée le 26 décembre 1888.

ALICE McKENZIE, tuée le 17 juillet 1889.

TORSE DE FEMME, trouvé le 10 septembre 1889.

FRANCES COLES, tuée le 13 février 1891.

Seules celles que j'ai mises en gras furent victimes de Jack l'Éventreur, comme nous allons bientôt le montrer. Les rapports des dossiers individuels retracent en grande partie les faits. Mary Ann Nichols, la première victime, fut retrouvée à Bucks Row – aujourd'hui : Durward Street –, une rue sombre parallèle et proche de la Whitechapel Road de notre époque, où l'agitation ne manque ni le jour ni la nuit. L'inspecteur J. Spratling de la division J décrit les faits dans son rapport spécial écrit quelques heures après le meurtre :

> L'agent 97J Neil déclare qu'à 3 h 45 du matin, le 31 [août], il a trouvé le corps sans vie d'une femme gisant sur le dos, ses vêtements légèrement au-dessus des genoux, la gorge tranchée d'une oreille à l'autre dans une cour au niveau

de Bucks Row, à Whitechapel. Le policier obtint l'aide de Mizen (55H) et de Thain (96J). Ce dernier fit appel au D$^r$ Llewellyn, au 152 Whitechapel Road. Celui-ci arriva rapidement et constata le décès, apparemment survenu quelques minutes auparavant. Il ordonna son déplacement vers le dépôt mortuaire, déclarant qu'il y ferait un examen plus poussé, ce qui fut fait à l'aide d'une ambulance.

À mon arrivée là-bas, me faisant décrire les faits, je fis établir qu'elle avait été éventrée, et je fis tout de suite informer le médecin de cela. Il arriva rapidement et, grâce à un plus ample examen, il spécifia que sa gorge avait été tranchée de la gauche vers la droite, avec deux entailles distinctes du côté gauche. La trachée, l'œsophage et la moelle épinière avaient été sectionnés, une contusion vraisemblablement imprimée par un pouce était visible au niveau de la mâchoire inférieure sur la droite, ainsi qu'une autre sur la joue gauche. L'abdomen était lacéré depuis le centre du bas des côtes sur le flanc droit, sous le pelvis vers la gauche de l'estomac ; là, la plaie était irrégulière. L'omentum ou l'enveloppe de l'estomac était également coupée en plusieurs endroits, et deux petits coups de couteau semblaient avoir été faits avec un gros couteau, censé avoir été utilisé par un gaucher, la mort ayant été presque instantanée.

Description… Âge : environ 45 ans ; taille : près d'1 m 60 ; teint foncé ; cheveux bruns grisonnants ; yeux marrons ; contusion sur la mâchoire inférieure à droite et sur la joue gauche, légère lacération de la langue ; une dent de moins sur le devant en haut, deux sur la gauche de la mâchoire inférieure.

Vêtements : manteau brun, 7 gros boutons métalliques (représentant une femme à cheval avec un homme à côté d'elle), une robe marron, un jupon de laine grise, une culotte en flanelle, un bustier de flanelle blanche, un corset marron, des bas ajourés en laine noire, des bottines d'homme abîmées sur le dessus, et à talonnette, un bonnet noir en paille orné de velours noir.

J'ai mené des interrogatoires et appris par M$^{me}$ Emma Green, une veuve et voisine habitant à New Cottage, et M. Walter Purkis, d'Eagle Wharf, en face, mais aussi de William Louis, veilleur de nuit de l'établissement *Messrs Brown & Eagle* sur un quai à proximité, que nul d'entre eux n'avait entendu le moindre cri au cours de la nuit ou quoi que ce soit qui pût leur faire penser que le meurtre avait été commis à cet endroit.

Les gares et lieux publics d'East London et des chemins de fer du quartier, ainsi que les quais et parcs des environs ont été fouillés, mais il a été impossible d'y déceler la trace de quelque arme.

L'agent affirme qu'il a traversé Bucks Row à 3 h 15 du matin et l'agent Kirley presque au même moment, mais la femme ne s'y trouvait alors pas et leur est inconnue.

## Un compte rendu plus complet, écrit de la plume précise et plaisante d'Abberline en personne une fois l'enquête lancée, déclare :

Le 31 août vers 3 h 40 du matin, tandis que Charles Cross, voiturier demeurant au 22 Doveton Street, Cambridge Road, Bethnal Green, passait par Bucks Row à Whitechapel pour se rendre au travail, il remarqua une femme allongée sur le dos sur la chaussée (devant quelque porte donnant accès à des écuries). Il s'arrêta pour aller voir la femme lorsqu'un autre voiturier (également en train de se rendre au travail) dénommé Robert Paul et habitant au 30 Forsters Street à Bethnal Green se montra : Cross attira son attention sur la femme, mais, comme il faisait noir, ils ne virent pas de sang et continuèrent leur chemin avec le dessein d'informer le premier agent de police qu'ils croiseraient. En arrivant à l'angle d'Hanbury Street avec Old Montague Street, ils rencontrèrent l'agent 55H Mizen et le mirent au courant de ce qu'ils avaient vu, et le policier se dirigea aussitôt vers l'endroit indiqué où il découvrit que l'agent 97J Neil (qui était en ronde) avait trouvé la femme et demandait de l'aide.

Neil avait allumé sa lampe et découvert que la gorge de la femme était grièvement tranchée. L'agent 96J Thain fut également appelé et immédiatement envoyé vers le D$^r$ Llewellyn au 152 Whitechapel Road. Il arriva rapidement sur les lieux, constata le décès et ordonna le déplacement du corps vers le dépôt mortuaire. Entre-temps, Mizen avait été envoyé chercher une ambulance et de l'aide au poste de Bethnal Green, et la dépouille fut envoyée vers la morgue à l'arrivée de l'inspecteur Spratling et d'autres officiers. À son arrivée, l'inspecteur fit un second examen et découvrit que l'abdomen avait également été grièvement touché à plusieurs endroits, laissant voir les intestins. L'inspecteur en informa le D$^r$ Llewellyn qui, par la suite, fit un examen plus approfondi et établit que les blessures du ventre étaient en elles-mêmes suffisantes pour provoquer une mort instantanée, et il exprima son avis quant au fait qu'elles avaient été réalisées avant l'égorgement.

Le corps n'était pas encore identifié. En fouillant soigneusement les habits de la victime, l'inspecteur Helson trouva plusieurs sous-vêtements portant la marque de l'hospice de Lambeth, ce qui permit d'attribuer la dépouille à une ancienne pensionnaire dénommée Mary Ann Nichols, et, par ce biais, nous pûmes retrouver ses proches et confirmer son identité. Il fut établi qu'elle était la femme de William Nichols, 37 Coburg Street, à Old Kent Road, un employé de l'imprimerie *Messrs Perkins, Bacon and Co.* à Whitefriars Street dans la City, duquel elle s'était séparée près de neuf années auparavant à cause de ses addictions à l'alcool, et qu'elle avait pendant plusieurs années été de temps en temps pensionnaire de différents hospices. En mai de cette année, elle avait quitté l'hospice de Lambeth pour entrer au service de M. Cowdry, un Anglais, de Rose Hill Road à Wandsworth. Elle y resta jusqu'au 12 juillet, où elle s'enfuit après avoir volé plusieurs articles d'habillement. Un jour ou deux après, elle trouva une location au 18 Thrawl Street, à Spitalfields, dans une maison de pension ordinaire, puis dans un autre bâtiment similaire au 56 Flower & Dean Street jusqu'à la nuit du meurtre.

Ce matin-là vers 1 h 40, elle fut vue dans la cuisine du 18 Thrawl Street où elle informa la gardienne de la maison de pension qu'elle n'avait pas d'argent pour payer sa chambre. Elle demanda à ce que son lit lui fût gardé et elle partit en disant qu'elle aurait bientôt de l'argent. Elle était ivre à ce moment-là. Puis elle fut aperçue à 2 h 30 du matin au croisement d'Osborn Street et de Whitechapel Road par Ellen Holland, une pensionnaire de la même maison, qui, en voyant qu'elle était complètement soûle, la pria de retourner avec elle à la maison de pension. Mais elle refusa, faisant remarquer qu'elle rentrerait bientôt, et elle descendit Whitechapel Road en direction du lieu où son corps fut retrouvé. Il ne peut y avoir le moindre doute en ce qui concerne l'heure, parce que l'horloge de l'église de Whitechapel sonnait 2 h 30 et qu'Holland attira l'attention de la défunte sur l'heure.

Nous n'avons pu trouver qui que ce soit qui l'ait vue en vie après qu'elle eut quitté Holland. Il y a près de 800 mètres d'Osborn Street à Bucks Row. Des investigations furent lancées dans tous les endroits où elles semblaient pertinentes, en vue de suivre la trace du meurtrier, mais, à ce jour, aucun indice n'a pu être recueilli.

> **METROPOLITAN POLICE.**
>
> CRIMINAL INVESTIGATION DEPARTMENT,
> SCOTLAND YARD,
> 19th day of Sept. 1888
>
> CENTRAL OFFICER'S SPECIAL REPORT.
> SUBJECT: The Murders in Whitechapel
> REFERENCE TO PAPERS: 52983
>
> With reference to the subject named in margin. I beg to report that about 3.40. am 31st Ulto. as Charles Cross, Carman of 22 Doveton Street, Cambridge Road, Bethnal Green was passing through Bucks Row Whitechapel (on his way to work) he noticed a woman lying on her back on the footway (against some gates leading into a stable yard) he stopped to look at the woman when another Carman (also on his way to work) named Robert Paul of 30 Foster St. Bethnal Green came up, and Cross called his attention to the woman, but being dark they did not notice any blood, and passed on with the intention of informing the first constable they met, and on arriving at the corner of Hanbury St. and Old Montague St they met P.C. 55 H Mizen and acquainted
> (1)

*La première page du rapport de l'inspecteur Abberline*

Huit jours plus tard, le tueur frappait de nouveau. Il n'avait pas encore été baptisé par le déjanté anonyme qui, vers la fin du mois de septembre, enverrait au Central News Office une lettre signée « Jack l'Éventreur ». À cette heure, on ne l'appelait toujours que le « meurtrier de Whitechapel » ; sans visage, insaisissable et, même après deux assassinats *seulement*, déjà plus effrayant que n'importe quel vaurien qui ait pu émerger de l'East End, quartier sulfureux.

Le 8 septembre, à 6 h 10 du matin, l'inspecteur Joseph Chandler était de garde au commissariat de police de Commercial Street, à Spitalfields, quand il apprit qu'une autre femme avait été assassinée. Le crime avait eu lieu à Hanbury Street, une rue étroite et longue à l'est de Commercial Street. Elle devait son nom à une brasserie – *Truman, Hanbury & Buxton* – et, aujourd'hui, les bâtiments bétonnés de la brasserie Truman occupent une bonne partie de la rue, englobant l'emplacement du deuxième meurtre de l'Éventreur.

En 1888, cette route n'avait aucune caractéristique qui pût la distinguer des autres rues malfamées, bordées de maisons en brique délabrées à quatre niveaux, s'effritant et pleines de rats, gâchant le paysage dans toutes les directions. Ces bâtiments – même l'imagination la plus folle ne pourrait y voir des « habitations » – n'étaient qu'une croûte cachant une plaie purulente : la lie de l'humanité. La plupart des maisons d'Hanbury Street datent du second mouvement d'urbanisme du quartier, au XVIII$^e$ siècle, lorsque les habitants de Spitalfields étaient de riches huguenots vivant de la soie et quand, au printemps, d'innombrables ouvertures créaient une splendide explosion de rouge et de jaune dans chaque rue. Jamais la prospérité ne retomba en un tel désordre d'infortune avec des résultats aussi terribles. John Stow, dans sa *Description de Londres* publiée en

1598, décrit le quartier tel qu'il était avant que l'expansion implacable du capital ne l'engloutît tout entier :

> Les jardins et vergers des habitants, ornés de grands et beaux arbres, voisins les uns des autres, se situent à tous les endroits du faubourg dénués de constructions. Du côté nord, ce sont les pâturages et les prairies ordinaires, avec des ruisseaux coulant à travers, faisant tourner des moulins à eau en produisant un bruit agréable. Non loin de là, une grande forêt, une chasse bien boisée, riche en cerfs, chevreuils, biches, sangliers et autres gibiers. Les champs de blé ne relèvent pas de terres mauvaises et sablonneuses, mais ils sont comme les champs fertiles d'Asie, donnant d'excellentes récoltes, et remplissant les greniers de grain.

Mais l'urbanisation en elle-même n'avait pas attiré la pauvreté. À la fin du XVI$^e$ siècle, au moment où le quartier connut son premier développement important, il n'était toujours que très chic. Les miséreux affamés qui hantaient Hanbury Street dans la décennie 1880 ne pouvaient guère s'imaginer que les immeubles sordides juste en face de l'endroit où avait eu lieu le nouveau meurtre avait été à une autre époque un beau jardin fruitier, ou que pour Pâques 1559 il n'y eut aucune condescendance de la part de la reine Élisabeth I$^{re}$, mais bien un honneur, d'assister avec plus d'un millier de suivants à un bel office au sein de l'hôpital St Mary, où il y avait des danseurs et un accompagnement grandiose de trompettes, de flûtes et de tambours. Mais, depuis cette époque où Piccadilly n'était qu'une terre arable donnant sur une vaste étendue de prairies et de toits à la vue des péniches de la Tamise, n'importe quelle transformation est devenue possible. En 1649, année de l'assassinat du roi Charles I$^{er}$, le bâti de l'extrémité ouest d'Hanbury Street comprenait trois maisons, une cour, deux étables, un abri et un jardin, ainsi que le verger déjà évoqué.

L'âge d'or des huguenots connut une fin brutale avec les premières sirènes de la révolution industrielle. La puissance de la vapeur donna bientôt naissance aux métiers à tisser à vapeur. Les tisserands de soie qui faisaient fonctionner leurs métiers à tisser manuels chez eux furent placés dans des usines. Le facteur humain s'évanouit, et ce qui avait été un art dûment structuré fut remplacé par la sueur et la besogne de la production de masse. Les richesses du quartier et de ses habitants disparurent. Et ce fut vers ce gourbi déclinant, crasseux et rongé par la maladie que l'inspecteur Chandler dirigea ses pas une froide matinée de septembre...

> Je me rendis immédiatement au 29 Hanbury Street et, dans l'arrière-cour, je trouvai une femme gisant sur le dos, morte, le bras gauche appuyé sur le sein gauche, les jambes repliées, éviscérée, l'intestin grêle et la peau de l'abdomen reposant du côté droit, au-dessus de l'épaule droite, frêlement attachés au reste des intestins restés dans le corps ; deux membranes de peau issues de la partie inférieure de l'abdomen gisaient dans une importante quantité de sang au-dessus de l'épaule gauche ; la gorge tranchée à une grande profondeur depuis la gauche et jusqu'au fond, de manière irrégulière tout autour de la gorge.
>
> Je fis tout de suite appeler le D$^r$ Phillips, chirurgien de la division, ainsi qu'une ambulance et de l'aide au poste le plus proche. Le médecin constata le décès et déclara que la femme était morte depuis au moins deux heures. Le corps fut ensuite transporté dans l'ambulance de la police vers le dépôt mortuaire de Whitechapel.
>
> En fouillant la cour, je remarquai sur la paroi arrière de la maison (au-dessus du cadavre), et à près de 50 centimètres du sol, environ six taches de sang de différentes tailles allant d'une pièce de 6 pennies à un simple point, et, sur une palissade en bois, sur la gauche du corps à proximité de la tête, des taches et traînées de sang environ 35 centimètres au-dessus du sol.
>
> La femme fut identifiée par Timothy Donovan, tenancier de la maison de pension Crossinghams au 35 Dorset Street, qui signala la connaître depuis près de 16 mois comme prostituée, et qu'elle avait logé ces quatre derniers mois dans l'établissement susmentionné. Le 8 septembre à 1 h 45 du matin, elle se trouvait dans la cuisine, pour boire de l'alcool et manger des patates. Il (Donovan) lui réclama l'argent de son logement, ce à quoi elle répondit qu'elle n'en avait pas puis elle lui demanda de lui faire confiance, ce qu'il refusa. Elle partit alors en déclarant qu'elle ne sortait pas longtemps. Il ne vit aucun homme avec elle.

Description : Annie Siffey, 45 ans ; 1 m 55 ; teint clair ; cheveux bruns bouclés ; yeux bleus ; deux dents en moins à la mâchoire inférieure, nez large.

Vêtements : long manteau noir, corsage marron, jupe noire, bottes à lacets, tout étant vieux et sale.

Une description de la femme a été diffusée par télégramme dans tous les commissariats et une enquête spéciale demandée dans les hôtels meublés, etc., pour établir si quelque homme à la personnalité perverse ou ayant du sang sur ses habits se serait présenté après 2 h du matin le 8 de ce mois.

Dans un rapport minutieux de 15 pages sur les deux premiers meurtres, Abberline notait qu'il n'y avait « aucun doute sur le fait que les deux crimes avaient été commis par le même individu ». Il poursuivait :

> Dans son cas, son identification a également été clairement établie. C'était la veuve d'un cocher répondant au nom de Chapman, décédé à Windsor il y a près de 18 mois, duquel elle était séparée depuis plusieurs années déjà à cause de son addiction à l'alcool. Jusqu'à sa mort, il lui versait une pension hebdomadaire de 10 shillings. Pendant plusieurs années, elle fréquenta des pensions meublées populaires dans le quartier de Spitalfields et, quelque temps avant son décès, elle a résidé au 35 Dorset Street où elle fut pour la dernière fois vue en vie à 2 h le matin du meurtre. […] Depuis ce moment jusqu'à la découverte de son corps, aucun renseignement sérieux n'a pu être obtenu quant à ses déplacements.

L'assassin se retira dans l'ombre et laissa à des forces de police désorganisées, à une presse stupéfaite et à une opinion publique en ébullition le soin de s'embrouiller toutes seules en se lançant dans une chasse effrénée vers toutes les impasses imaginables, des plus réalistes aux plus folles. Pendant trois semaines, rien ne se produisit. Mais ce n'était que le calme avant la tempête. Le 29 septembre, le criminel revint sur le devant de la scène pour une véritable orgie de violence, et il signa son célèbre « double meurtre » en une seule nuit. La première victime fut Elizabeth Stride, âgée de 45 ans, une Suédoise dégingandée surnommée « Long Liz ». La seconde s'appelait Catherine Eddowes, de deux ans sa cadette, une petite femme pathétique qui, à cause de la boisson et de plusieurs années sur le trottoir, paraissait avoir la soixantaine, comme ses photographies *post mortem* le montrent. Pourtant, d'après les descriptions qui en ont été faites au cours de l'enquête, il semblerait qu'elle se débrouillait pour garder une certaine coquetterie.

Il est étonnant que, à côté de l'abondance des notes manuscrites concernant Nichols et Chapman dans les archives de Scotland Yard, il n'y en ait presque aucune pour les autres victimes de l'Éventreur. Dans le cas d'Eddowes, c'est compréhensible. Comme elle fut tuée dans le périmètre tombant sous la juridiction de la police municipale, Scotland Yard ne fut pas chargé de l'enquête consécutive à sa mort. Mais la rareté des éléments consignés dans le dossier de Stride est plus difficile à comprendre. Celui-ci ne contient aucun rapport brut du meurtre ou des enquêtes policières. Et le dossier de Kelly, dans lequel tout chercheur honnête s'attendrait à trouver des tas de rapports, de dépositions, de cartes et beaucoup d'autres documents, est le moins rempli de tous… Les 14 pages de notes concernant Stride offrent, néanmoins, plusieurs témoignages inédits et essentiels, que nous étudierons en détail dans un autre chapitre. Mais, pour ce qui est d'être informé quant au meurtre en lui-même, nous ne pouvons compter que sur le premier document du dossier : une coupure du *Daily News* du 6 octobre. Même celui-ci ne traite pas tant de l'assassinat que de l'enquête. Dans les archives du Bureau de l'Intérieur, toutefois, est conservé un rapport sur le déroulement du meurtre, de la main de l'inspecteur en chef Donald Swanson. Avant d'examiner le rapport de Swanson, un autre document important sur Jack l'Éventreur à n'avoir jamais été exploité jusqu'ici, tiré du *Times* du lundi 1er octobre, plante le décor :

La scène du premier crime est une cour étroite de Berners [sic] Street, une rue tranquille allant de Commercial Road jusqu'à la voie ferrée de la London, Tilbury and Southend Railway Company. À l'entrée de la cour, il y a deux grandes portes en bois. Il y a sur l'une d'elles un petit guichet utilisé quand les deux battants sont fermés. Au moment où le meurtrier accomplit son sinistre dessein, ces portes étaient ouvertes ; en effet, d'après le témoignage de personnes vivant à proximité, l'entrée de la cour n'est que rarement fermée. À une distance de cinq à six mètres en venant de la rue se dressent des murs aveugles de chaque côté de la cour, dont l'effet est d'ensevelir cet espace restreint dans l'obscurité la plus complète après le coucher du soleil. Plus loin, un peu de lumière peut atteindre la cour depuis les fenêtres d'un club d'ouvriers qui occupe toute la longueur de la cour sur la droite, et depuis les ouvertures d'un certain nombre de petites maisons surtout occupées par des tailleurs et des rouleurs de cigarettes sur la gauche. À l'heure où le meurtre fut consommé, cependant, les lumières de toutes ces maisons d'habitation étaient éteintes, tandis que les lueurs émanant du club, venant du niveau supérieur, atteignaient les habitations d'en face et ne pouvaient que renforcer l'obscurité du reste de la cour.

## Le rapport de Swanson au Bureau de l'Intérieur, daté du 19 octobre, précise :

Suivent ici les détails concernant le meurtre d'Elizabeth Stride le 30 septembre 1888 au matin.

Le 30 septembre à 1 h du matin. Le corps d'une femme fut découvert, la gorge tranchée, mais sans autre mutilation, par Louis Diemshutz (secrétaire du club socialiste) dans l'enceinte de la cour de Dutfield, à Berner Street, près de Commercial Road, qui mit la police au courant. L'agent 252 Lamb se rendit avec lui sur les lieux et envoya chercher les médecins Blackwell et Phillips.

1 h 10. Après examen du corps, les médecins constatèrent le décès. Le cadavre se trouvait comme ceci : reposant sur le flanc gauche, le bras gauche le long du corps jusqu'au coude avec un paquet de cachous dans la main, le bras droit sur le ventre, le dos de la main et le dessous du poignet parsemés de sang, les jambes repliées, les genoux collés, les pieds près du mur, le corps encore chaud, un foulard de soie autour du cou, légèrement déchiré le long de la droite de la mâchoire, la gorge profondément entaillée et, au-dessous de l'extrémité droite des mâchoires, un frottement évident de la peau d'environ trois centimètres de diamètre.

Une fouille fut faite dans la cour, mais aucun objet ne fut trouvé.

Le cœur de ce rapport contient un élément de preuve jusqu'ici inconnu et qui devient décisif s'il est examiné à la lumière du récit de Sickert sur les meurtres. Nous étudierons un peu plus loin cette preuve dans son intégralité. La dernière partie du rapport explique :

> Le corps fut identifié comme étant celui d'Elizabeth Stride, une prostituée, et il peut être tout de suite affirmé que l'enquête reconstituant son histoire n'a pas dévoilé ne serait-ce que le plus petit prétexte pour motiver sa mort, d'après les dépositions de ses amis, de ses compagnes et de quiconque l'avait connue. L'action de la police, en plus d'avoir été prolongée dans les directions mentionnées par le rapport concernant le meurtre d'Annie Chapman, fut la suivante.
>
> A. Immédiatement après l'arrivée de la police sur les lieux, tous les membres qui se trouvaient dans le club socialiste furent recherchés, leurs habits inspectés et leurs dépositions consignées.
>
> B. Une prise de renseignements élargie fut entreprise à Berner Street pour savoir si quelque individu aurait été aperçu en compagnie de la défunte.
>
> C. Des prospectus furent imprimés et distribués au sein du district H, demandant aux occupants des maisons de renseigner la police sur toute personne soupçonnable qui logerait dans le même immeuble qu'eux.
>
> D. Les nombreuses déclarations faites à la police furent consignées et les personnes dénoncées (elles étaient en grand nombre) furent sommées de rendre compte d'un alibi pour l'heure des meurtres – tout le soin possible a été pris pour vérifier leurs dépositions.
>
> Simultanément avec l'investigation décrite au point A, la cour où le corps gisait fut fouillée, mais aucun objet ne fut trouvé. [...]
>
> Concernant le point C, 80 000 brochures furent éditées pour les habitants. Une enquête porte à porte ne fit pas que recueillir le fruit des demandes de renseignements auprès des habitants : ce fut aussi l'occasion d'une recherche policière en bonne et due forme qui, outre de rares exceptions – mais pas au point de susciter des soupçons –, couvrit la zone délimitée par le ressort de la

police municipale d'un côté, Lamb Street, Commercial Street, Great Eastern Railway et Buxton Street, puis par Albert Street, Dunk Street, Chicksand Street et Great Garden Street, jusqu'à Whitechapel Road puis jusqu'aux limites de la City. Au cours de cette opération, les pensions meublées furent elles aussi visitées et plus de 2 000 locataires interrogés.

Une enquête fut également menée par la police de la Tamise auprès des marins à bord des navires à quai ou au large, et une enquête étendue aux Asiatiques habitant à Londres. Près de 80 personnes ont été gardées à vue dans les différents commissariats de police de la métropole et leurs déclarations consignées puis vérifiées par la police. Une enquête a été réalisée au sein des mouvements – leur nombre est estimé à plus de 300 – dont des membres ont été dénoncés à la police, et ces investigations se poursuivent.

76 bouchers et gens d'abattoirs ont été approchés et les personnalités des employés examinées. Cette procédure comprend tous les apprentis et ouvriers qui ont été employés au cours des six derniers mois.

Des recherches ont également été menées quant à la présence prétendue de gitans grecs à Londres, mais il fut établi qu'ils ne se trouvaient guère à Londres au moment des différents meurtres.

Trois des personnes s'appelant elles-mêmes « cow-boys », participant à l'exposition mondiale américaine, furent localisées et se justifièrent de façon satisfaisante.

Tenues à jour bien que le nombre de lettres reçues diminue quotidiennement considérablement, les autres démarches concernant les individus dits suspects continuent.

Comme nous en avons déjà touché deux mots, le second meurtre de la nuit fut celui de Catherine Eddowes à Mitre Square (Aldgate). Les raids ennemis pendant la Seconde Guerre mondiale ont tellement endommagé les locaux de la police municipale – sous la juridiction de laquelle ce meurtre tombait – que rares sont les documents subsistants à être antérieurs à 1940. Les papiers relatifs à l'assassinat de Catherine Eddowes comptent parmi les archives détruites par la guerre. Comme le dossier de Scotland Yard sur Eddowes ne contient que quelques photographies épouvantables de son cadavre à la morgue et un extrait sans importance du *Philadelphia Times* du lundi 3 décembre 1888, il semblait qu'il n'y eût plus aucun rapport contemporain du meurtre, écrit par un homme directement impliqué dans l'affaire. Mais, en février 1975, quand je fus autorisé à consulter les archives du Bureau de l'Intérieur, je trouvai des notes en abondance, dont plusieurs rédigées par un policier de la City travaillant sur l'affaire. Mais le rapport de huit pages signé par l'inspecteur James McWilliam, un détective de la police municipale londonienne, laisse de nombreuses questions en suspens. Ainsi, Henry Matthews, secrétaire de l'Intérieur, gribouilla sur un bout de papier attaché au rapport de McWilliam : « Le compte rendu dactylographié de l'enquête contient beaucoup plus d'informations que celui-ci. Ils veulent de toute évidence ne rien nous dire. »

Un rapport bien plus complet sur le meurtre, se trouvant également dans le dossier, fut compilé, ironiquement, par la police métropolitaine. Voici ce que Swanson écrivait le 6 novembre :

> Les faits concernant le meurtre à Mitre Square, tels que la police métropolitaine en a eu connaissance, sont les suivants.
>
> 1 h 45 du matin le 30 septembre. L'agent Watkins, de la police municipale, découvrit à Mitre Square le corps d'une femme, le visage mutilé au point de la rendre presque méconnaissable, un bout du nez coupé, le lobe de l'oreille droite presque sectionné, le visage lacéré, la gorge tranchée, et éventrée. L'agent appela pour le seconder un certain M. Morris, un gardien de nuit et retraité de la police métropolitaine, puis un premier coup d'œil fut jeté sur la scène du crime, et une aide médico-chirurgicale réclamée, détails qui seront longuement décrits plus loin dans ce rapport.
>
> La police municipale fut mise au courant des faits par l'agent Watkins. Voici le fruit de leurs investigations, tel qu'il est connu par la police métropolitaine :

1 h 30, l'agent dépassa l'endroit où le corps fut trouvé à 1 h 45 et il n'y avait rien de particulier à ce moment.

1 h 35 : trois Juifs, dont l'un s'appelle M. Lewin[7], vit un homme parler à une femme à Church Passage (qui conduit directement à Mitre Square). Les deux autres n'y prêtèrent pas vraiment attention et ont déclaré qu'ils ne pouvaient pas identifier l'homme ou la femme, et même M. Lawende a affirmé ne point pouvoir reconnaître l'individu ; mais, comme la femme lui tournait le dos, sa main sur la poitrine de l'homme, il ne pouvait reconnaître le corps mutilé comme étant celui de la femme qu'il avait vue de dos, mais, du mieux qu'il pouvait s'en souvenir, les habits de la défunte – qui étaient noirs – étaient semblables à ceux portés par la femme qu'il avait aperçue – c'est là le seul intérêt de son témoignage.

2 h 20 : l'agent 245A Long (il fut désigné par la division A pour aider temporairement la division H) déclara avoir à l'heure mentionnée inspecté les bâtiments de Goldstone [Goulston] Street, et il n'y avait rien à ce moment. Toutefois, à :

2 h 55, il découvrit au bas d'un banal passage conduisant du 108 au 119 Goldstone Street un bout de tissu ensanglanté, et, au-dessus, ces mots écrits à la craie : « Les Juifs sont des hommes qui ne seront pas accusés pour rien », selon ce qu'il rapporta, et la police municipale fut aussitôt mise au courant, quand il fut établi sans le moindre doute possible que le bout de tissu retrouvé correspondait exactement à celui qui manquait sur la dépouille.

Le médecin, le D$^r$ Brown, appelé par la police municipale, et le D$^r$ Phillips qui avait été convoqué par la police métropolitaine lors des crimes d'Hanbury Street et de Berner Street, firent un examen *post mortem* du corps. Ils rapportèrent que le rein gauche et l'utérus étaient manquants, et que la mutilation ne révélait guère pour l'instant des connaissances anatomiques, au sens où elle trahirait la main d'un chirurgien compétent, de sorte que la police pouvait restreindre ses recherches à certaines catégories de personnes. En outre, comme dans les cas instruits par la police métropolitaine, la preuve médicale montrait que le meurtre pouvait avoir été perpétré par un chasseur,

---

7    Le nom de cet homme était en réalité Joseph Lawende. Curieusement, Swanson orthographie correctement son nom quelques lignes plus loin seulement.

un boucher, un employé d'abattoir, aussi bien que par un étudiant en médecine ou un médecin moyennement qualifié.

Les résultats des investigations de la police municipale furent ceux-ci : à côté du corps furent trouvés plusieurs tickets de gage dans une boîte en fer et, en remontant cette piste, il fut établi qu'ils concernaient des garanties laissées par la défunte, laquelle était séparée de son mari et vivait dans l'adultère avec un homme dénommé John Kelly, au sujet duquel une enquête fut menée conjointement par les services municipaux et métropolitains de police, dont le résultat fut de montrer clairement qu'il n'était pas le meurtrier. Elle montra de plus que le nom de la défunte était Catherine Eddowes, ou Conway, qui avait été arrêtée au commissariat de police de Bishopsgate Street pour ivresse publique et manifeste le 29 septembre à 8 h 45 du soir et, une fois dessoûlée, elle fut relâchée le 30 à 1 h du matin. Une enquête fut également lancée par les polices municipale et métropolitaine quant à ses antécédents, et il fut découvert qu'il n'y avait chez ses connaissances ou amis aucun mobile pouvant motiver un assassinat.

Dans les immeubles de Goldston [sic] Street où un bout de tissu ensanglanté avait été trouvé, la police municipale mena son enquête, mais sans succès. Ses investigations postérieures sur des personnes devenues suspectes après des signalements écrits ou déposés oralement dans les commissariats de police, jusqu'à présent infructueuses, ont été portées à la connaissance de la police métropolitaine, qui de son côté a quotidiennement informé la police municipale de la nature et des aboutissements de ses propres recherches.

Concernant la découverte du graffiti faiblement écrit à la craie sur un mur, esquissé avec une faute d'orthographe au deuxième mot au milieu d'une zone principalement habitée par des Juifs, de toute nationalité aussi bien qu'anglais, sur le mur d'un passage ordinaire conduisant vers de nombreux logements presque exclusivement occupés par des Juifs, la teneur de la phrase étant de faire retomber la faute sur les Juifs, le commissaire estima bon de l'effacer. Outre ces raisons, il y avait le fait que, pendant les enquêtes policières autour des meurtres de Bucks Row et d'Hanbury Street, une certaine frange de la presse jeta de nombreux soupçons contre un Juif appelé John Pizer, alias « *Leather Apron* [Tablier de cuir] », qu'elle considérait comme étant le meurtrier, dont les faits et gestes aux dates et heures des assassinats ont été de manière satisfaisante vérifiés par la police métropolitaine, l'innocentant de tout soupçon. Il y avait également le fait que, la même nuit, un autre meurtre avait été commis dans les environs immédiats d'un club socialiste de Berner

Street fréquenté par des Juifs – considérations qui, mises en balance avec l'indice du graffiti à la craie sur le mur destiné à rabattre les accusations sur certaines personnes, étaient considérées comme étant plus décisives que les toutes premières. D'après les officiers de police qui virent le graffiti à la craie, ce dernier ne ressemblait en rien aux lettres manuscrites désormais célèbres reproduites dans un certain journal.

Des récompenses furent promises par la police municipale et par M. Montagu [membre du Parlement pour Whitechapel] et un comité de vigilance formé, présidé par M. Lusk d'Alderney Road (Mile End), et il est regrettable que le résultat en ait été l'absence de découverte de toute information pouvant mener jusqu'à l'assassin. Le 18 octobre, M. Lusk apporta au commissariat de police de Leman Street un colis qui lui avait été adressé. Le paquet contenait ce qui semblait être un bout de rein. Il l'avait réceptionné le 15 octobre et finit par le soumettre pour examen au docteur Openshaw, conservateur du London Hospital Museum, qui y reconnut un rein humain. Le rein fut tout de suite remis entre les mains de la police municipale, et la conclusion d'une double analyse médicale fut qu'il s'agissait du rein d'un être humain adulte, ferme, comme ce pouvait être le cas d'un corps donné à un hôpital pour une dissection, mais comme ce pouvait aussi être le cas d'un prélèvement sur un corps non destiné à la science. En d'autres termes, un tel rein pouvait être trouvé sur n'importe quel défunt sur qui une intervention *post mortem* a été effectuée, quelle qu'en soit la raison, comme par des étudiants ou appariteurs en salle de dissection. Le rein, ou – plutôt – le bout de rein, était accompagné d'une lettre ainsi formulée :

De l'enfer<br>M. Lusk

Monsieur,

Je vous envoi une moitié du reint que j'ai pris à une des femmes consarvé exprès pour vous l'aute morceau je l'ai frit et mangé c'était fameu. Je vous enverrai peut-être le couto plein de sang qui l'a détaché si vous attendé encore un peu

Signé : M'attrape<br>qui pourra<br>M'sieur Lusk

Les cachets de la poste sur le colis sont tellement vagues que l'on ne peut dire si le paquet a été posté dans la zone E. ou E.C., la lettre n'était pas dans une enveloppe, et la police municipale est par conséquent incapable de poursuivre toute investigation à ce sujet.

Les autres enquêtes de la police municipale sont conjointes à celles de la police métropolitaine, chaque service communiquant quotidiennement à l'autre la nature et les aboutissements des recherches menées.

Précèdent donc les faits tels qu'ils sont connus de la police métropolitaine, à l'égard du meurtre de Mitre Square.

Une ruse exquise se manifestait dans l'assassinat de Catherine Eddowes, surpassant encore le succès diabolique des premiers meurtres. Nul bruit de bagarre, nul cri ne furent entendus ; si le meurtre avait vraiment été commis à Mitre Square, il le fut moins de 15 minutes avant la découverte du corps et le timing du tueur fut incroyablement précis, puisque l'agent de police Watkins était passé sur les lieux un quart d'heure avant seulement et n'avait rien remarqué. Dans ce court laps de temps, apparemment, le meurtrier n'avait pas simplement accompli la boucherie élaborée décrite dans le rapport de Swanson : il avait aussi réalisé la délicate opération chirurgicale qui consistait à prélever un rein. Le rein est l'un des organes les plus difficiles à localiser, étant donné qu'il est caché loin à l'intérieur du corps et dissimulé par un tas de tissus adipeux. Mais la dépouille d'Eddowes fut retrouvée dans l'angle le plus obscur de Mitre Square. Aucun théoricien n'a encore été à même d'expliquer comment Jack l'Éventreur avait pu frapper avec une telle rapidité et adresse, en silence, sans que sa dextérité ne fût diminuée par une obscurité absolue...

La folle assurance de l'Éventreur semblait avoir atteint des sommets, montrant tout son sang-froid. Lors de ses premières apparitions sanguinolentes, il n'avait laissé aucun indice. Maintenant, il paraissait en laisser volontairement. Un sentiment irrationnel d'impunité a souvent été la cause de la chute de meurtriers orgueilleux. Mais ce n'est pas le cas de Jack l'Éventreur. Ce qui ressemblait à un banal acte de défi – le graffiti sur le mur – ne fit qu'ajouter de la confusion du côté de ses poursuivants.

Après le double meurtre, les journaux ébruitèrent qu'une lettre écrite à l'encre rouge et signée « Jack l'Éventreur » avait été reçue par le Central News Office. Elle avait été postée depuis la zone E.C. de Londres, deux jours avant l'événement. Un jour après le meurtre, il y eut une carte postale, avec la même signature. Le nom n'eut besoin que d'une seule publication : en l'espace de quelques heures après la sortie des premières éditions des journaux reprenant le texte des deux messages, le nom de Jack l'Éventreur avait de manière indélébile pénétré dans les esprits de l'East End.

La panique gagnait le quartier. William Ifland est un centenaire et l'une des rares personnes encore en vie sachant exactement comment était la vie à Whitechapel au cours de cet automne 1888 particulièrement macabre. Il est né en Russie en 1873. À l'âge de 13 ans, il quitta les persécutions et la pauvreté de son pays et, après être arrivé de l'autre côté de l'Europe, à mi-chemin, avec sa vieille tante et sa sœur encore bébé, il trouva un bateau qui devait naviguer vers l'Angleterre – une contrée où, autant qu'il le savait, un Juif pouvait vivre sans crainte des pogroms. Le navire accosta à Tilbury en 1886 et, en quelques jours, les trois immigrés sans-le-sou, ne connaissant pas un seul mot d'anglais, furent charitablement intégrés au quartier russe de l'East End. Ils trouvèrent, à la longue, des chambres meublées plutôt ternes à Gun Street (Whitechapel). Fin 1888, peu après que l'Éventreur eut commis sa dernière atrocité, William – qui allait maintenant sur ses 16 ans – se mit tout seul en route vers le Canada.

À l'âge de 101 ans, en septembre 1974, il eut son premier aperçu de l'Angleterre après 86 ans d'absence. Après une vie de l'autre côté de l'Atlantique, il voulait voir l'Europe une nouvelle fois avant de mourir.

J'ai rencontré Ifland, petit de taille, dans sa chambre du Kensington Hilton le dernier jour de son séjour londonien. Il était censé s'envoler le matin même pour Rome, où il devait commencer le tour complet des capitales européennes. La semaine précédente, il avait revu sa sœur Lena, qui commençait à peine à marcher la dernière fois qu'il l'avait vue, dans sa maison de Sidney Street à Whitechapel.

« Je suis l'une des rares personnes à me souvenir de la vie au cœur du quartier où Jack l'Éventreur sévissait », dit-il d'un accent encore généreusement infléchi par des influences russes.

« Un certain nombre d'individus encore en vie étaient déjà nés alors, mais peu étaient assez grands pour comprendre ce qu'il se passait. Mais j'avais 15 ans. Je comprenais très bien. »

Il rappelait la nervosité et la tension manifestées par presque tous ceux qu'il connaissait et, même si ces choses s'étaient passées 90 années auparavant, et que des détails précis s'étaient dissipés dans son esprit ou avaient été enterrés par tout un tas d'expériences postérieures, il affirmait pouvoir décrire distinctement ce « terrible silence ».

« Ce n'était pas une panique retentissante qui saisissait les habitants de l'East End que nous étions, mais un long silence. Tout le monde était tendu et taciturne, et je me souviens de chuchotements inquiets : "Jack l'Éventreur a encore frappé", "l'Éventreur est au travail". »

Un récit publié dans le *Times* le 12 novembre 1888 donne un bon exemple de la suspicion réciproque et du degré élevé de nervosité dont Ifland se souvient :

> Peu après 10 h la veille, alors qu'une femme dénommée Humphreys passait par George-Yard, à Whitechapel, elle croisa dans la pénombre et presque au même endroit où Martha Tabram avait été tuée, un homme costaud portant de grosses lunettes. Frémissant de peur, elle demanda : « Que voulez-vous ? » L'homme ne répondit pas, mais rit et se retira rapidement. La femme cria « À l'assassin ! » plusieurs fois et eut tôt fait d'alerter le voisinage. Des détectives et policiers en uniforme arrivaient de partout vers la cour. Ils pénètrent dans la maison où l'individu s'était retiré, et il y fut arrêté. Une petite foule se forma sans tarder, montrant une propension presque unanime à lyncher ce mystérieux personnage, mais la police fut heureusement à même de le protéger. Gardé à vue au commissariat de Leman Street, il justifia sa présence dans la cour par le fait qu'il rendait visite à un ami qui y habitait. Il renvoya la police vers un honorable monsieur du London Hospital, et il fut en fin de compte remis en liberté.

Puis ce fut au tour de Kelly. « Une autre horreur à Whitechapel. Une mutilation plus répugnante que jamais », titrait l'*Illustrated Police News* qui consacra toute sa une aux impressions d'un artiste sur les faits entourant le dernier meurtre.

Aucun rapport sur la mort de Kelly ne figure dans le dossier de Scotland Yard ou dans les archives du Bureau de l'Intérieur. Tout ce que les papiers de l'Intérieur ont à délivrer ici, c'est une note griffonnée par le commissaire Charles Warren, rappelant simplement qu'un autre meurtre à Whitechapel avait été signalé et qu'il était confié au commissaire adjoint. À ce moment, East End était secoué par la peur et la colère, et cette hystérie se reflétait dans la presse. Pour avoir une approche équilibrée de la situation à ce stade, les journaux doivent être utilisés avec modération : c'est à peine si l'on peut vraiment y prêter attention. Malgré l'aridité des trois principales sources d'information, il existe cependant un compte rendu officiel des événements entourant l'assassinat de Kelly. Le bureau des archives du comté du Middlesex conserve un lot de documents inédits jusqu'à ce jour : les déclarations originales des témoins, faites à la police le matin du meurtre. Ils sont tous (sauf un) de la main d'Abberline en personne :

*Déclaration de Thomas Bowyer, 37 Dorset Street, Spitalfields, employé par John McCarthy, patron de pension de famille à Dorset Street.*

Il dit qu'à 10 h 45 du matin le 9 novembre il fut envoyé par son employeur à la chambre n° 13, Millers [sic] Court, Dorset Street, pour en percevoir le loyer. Il frappa à la porte, mais, n'obtenant aucune réponse, il souleva les stores et regarda à travers la fenêtre, qui était cassée, et vit le corps de la défunte qu'il savait être Mary Jane. Voyant qu'il y avait énormément de sang sur elle et qu'elle avait été apparemment tuée, il alla immédiatement informer son patron, M. McCarthy, qui regarda lui aussi dans la chambre et dépêcha tout de suite Bowyer vers le commissariat de police de Commercial Street, et il renseigna l'inspecteur de garde (l'inspecteur Beck) qui revint avec lui et son employeur qui l'avait accompagné jusqu'au poste. Il connaissait la défunte et également un homme, Joe, qui avait occupé la chambre plusieurs mois.

*Déclaration de John McCarthy, patron de maison de pension, 27 Dorset Street, Spitalfields.*

J'envoyai mon employé, Thomas Bowyer, à la chambre n° 13, Millers Court, Dorset Street, que je possédais, pour la perception du loyer. Bowyer revint et m'appela, me racontant ce qu'il avait vu. Je revins avec lui sur ses pas et regardai à travers la vitre cassée, et j'aperçus le corps mutilé de la défunte que je connaissais comme étant Mary Jane Kelly. Je dépêchai ensuite Bowyer vers le commissariat de Commercial Street (le suivant moi aussi) pour mettre au courant la police. L'inspecteur de service revint avec nous sur la scène du crime à Millers Court. J'ai loué il y a 10 mois environ la chambre à la défunte et à un homme prénommé Joe, que je croyais être son mari. C'était une pièce meublée à 4 shillings la semaine. Je voulais réclamer le loyer parce que, depuis un certain temps, elle ne payait pas régulièrement. Depuis, j'ai entendu dire que ce Joe n'était pas son époux et qu'il l'avait récemment quittée.

*Déclaration de Joseph Barnett, résidant actuellement aux 24-25 New Street, Bishopsgate (une maison de pension ordinaire).*

Je suis porteur au marché de Billingsgate, mais j'ai été sans emploi au cours de ces trois ou quatre derniers mois. J'ai vécu avec Marie Jeanette Kelly qui occupait le chambre n° 13 à Millers Court. J'ai habité en permanence avec elle pendant près de 18 mois, dont les huit derniers à Millers Court, jusqu'à mardi dernier (30 octobre) où, en ne gagnant pas assez d'argent pour lui en donner et à cause de son recours à la prostitution, je résolus de la quitter, mais j'étais en bons termes avec elle et je me suis arrêté la voir entre 19 et 20 h jeudi (le 8), et je lui dis que j'étais vraiment désolé, que je n'avais pas de travail et que je ne pouvais pas du tout lui passer d'argent. Je l'ai laissée vers 20 h, et ce fut la dernière fois que je la vis vivante.

Il y avait une femme dans son appartement lorsque je me suis annoncé. La défunte m'avait dit, un jour, que son père – John Kelly – était chef d'équipe dans la métallurgie et habitait à Carmarthen ou Carnarvon ; qu'elle avait un frère prénommé Henry servant dans le 2$^e$ bataillon des Scots Guards, et appelé lui aussi John par ses camarades, et je crois que son régiment est actuellement en Irlande. Elle m'apprit aussi qu'elle avait gagné son pain en tant que prostituée pendant très longtemps, avant que je ne la sorte du trottoir, et qu'elle avait quitté son foyer il y a quatre ans, et qu'elle avait été mariée à un mineur qui fut tué lors d'une explosion. Je crois qu'elle disait que le nom de son mari était Davis ou Davies.

*Déclaration de Mary Ann Cox, chambre n° 5, Millers Court, Dorset Street, Spitalfields.*

Je suis veuve et infortunée[8]. J'ai connu la femme qui a occupé la chambre n° 13 de Millers Court pendant huit mois environ. Je la connaissais par le nom de Mary Jane. Vers minuit moins le quart hier soir, en entrant sur Dorset Street depuis Commercial Street, je vis Mary Jane avec un homme marcher devant moi. Ils s'orientèrent vers la cour et, tandis que je pénétrais dans la cour, ils entraient chez elle. Pendant qu'ils étaient en train de pénétrer dans sa chambre, je dis « bonne nuit » à Mary Jane. Elle était complètement soûle et pouvait à peine me répondre, mais elle me répondit « bonne nuit ». L'homme tenait une pinte de bière. Peu après, j'entendis ma camarade chanter. Je sortis peu après minuit et revins vers 1 h, et elle était encore en train de chanter dans sa chambrée. Je ressortis juste après 1 h et revins à 3 h. Il n'y avait alors aucune

---

8   C'est un euphémisme de l'époque victorienne pour dire « prostituée ».

lumière allumée dans son appartement et tout était calme, et je n'entendis pas le moindre bruit de toute la nuit.

L'homme que j'ai vu devait avoir dans les 36 ans, 1 m 65 environ, le teint frais, et je crois qu'il avait des taches de rousseur sur le visage, de légers favoris et d'épaisses moustaches, qu'il portait des vêtements sombres et usés, un pardessus noir et un chapeau en feutre noir[9].

Mary Jane était vêtue, je crois, la dernière nuit où je l'ai vue, d'une redingote épaisse, ornée de rouge tout autour des épaules, sans chapeau ni bonnet.

**La déposition suivante est la seule de la liasse à ne pas avoir été écrite de la main d'Abberline :**

*Elizabeth Prater, femme de William Prater de la chambre n° 20, 27 Dorset Street, déclare ce qui suit.*

Je suis sortie vers 21 h le 8 novembre et rentrée le 9 vers 1 h du matin, et je suis restée au bas de Millers Court jusqu'à 1 h 30 environ. J'ai brièvement conversé avec M. McCarthy qui tient un magasin à l'angle de la cour. Puis je suis allée au lit. Vers 3 h 30 ou 4 h, j'ai été réveillée par un petit chat se promenant près de mon cou et, juste après, j'ai entendu une voix de femme crier deux ou trois fois au meurtre. Je n'ai pas vraiment prêté attention à ces cris étant donné que j'en entends souvent depuis l'arrière du bâtiment où la fenêtre donne sur Millers Court. D'1 h à 1 h 30, personne n'est passé par la cour : si ç'avait été le cas, je m'en serais rendu compte. J'étais de nouveau debout et en bas dans la cour à 5 h 30, mais je n'ai vu personne sauf deux ou trois voituriers en train de harnacher leurs chevaux dans Dorset Street. Je suis allée au *Ten Bells* au croisement de Church Street et j'ai bu un peu de rhum. Puis je suis revenue chez moi pour me mettre une nouvelle fois au lit, sans me déshabiller, et j'ai dormi jusqu'à 11 h.

*Déclaration de Caroline Maxwell, 14 Dorset Street, Spitalfields, la femme d'Henry Maxwell, un employé de maison de pension.*

---

9   Cet homme à moustaches fut mis hors de cause parce que Kelly fut aperçue avec un autre individu un peu plus tard.

J'ai côtoyé la défunte ces quatre derniers mois. Elle se faisait appeler Mary Jane et, depuis que Joe Barnett l'avait quittée, elle gagnait sa vie en se vendant. J'avais une certaine familiarité avec elle, même si je ne l'avais pas revue pendant trois semaines, jusqu'au vendredi 9 novembre au matin vers 8 h 30. Elle se tenait au croisement de Millers Courts à Dorset Street. Je lui demandai : « Qu'est-ce qui vous fait vomir de si bon matin ? » Elle répondit : « Lorsque j'ai bu pendant plusieurs jours, je me sens mal après. » Je lui dis : « Pourquoi n'allez-vous pas chez M. Ringer (c'est le débit de boissons à l'angle de Dorset Street et s'appelant *The Britannia*) pour commander une demi-pinte de bière ? » Elle fit : « J'y suis déjà allée et c'est ce que j'ai fait, mais j'ai déjà tout rendu. » En même temps, elle pointa du doigt un peu de vomi sur la chaussée. Puis je m'en suis allée vers Bishopsgate pour une course, avant de revenir à Dorset Street vers 9 h. J'ai alors aperçu la défunte devant le débit de boissons de Ringer. Elle était en train de parler avec un homme, d'environ 30 ans je pense, d'1 m 65 de haut, corpulent, habillé comme un portefaix au marché. J'étais assez loin et je doute de pouvoir le reconnaître. La défunte portait une tenue noire, un corsage en velours noir, et une veste colorée sur les épaules.

L'affirmation de M$^{me}$ Maxwell selon laquelle elle aurait vu Kelly à 9 h alors que les certificats médicaux montrent qu'elle était morte depuis cinq ou six heures lorsque son corps fut trouvé à 10 h 45, est l'une des énigmes de l'affaire. Il n'a jamais été établi si M$^{me}$ Maxwell mentait, se trompait ou était ivre. La seule certitude est qu'elle était dans le faux.

*Déclaration de Sarah Lewis, n° 24 Great Pearl Street, Spitalfields, blanchisseuse.*

Entre 2 et 3 h ce matin, j'en suis venue à m'arrêter au niveau des Keylers au n° 2 Millers Court, comme j'ai échangé quelques mots avec mon mari. En remontant la cour, il y avait un homme debout de l'autre côté de Dorset Street, devant la maison de pension, mais je ne saurais le décrire. Peu avant 4 h, j'entendis un cri semblant être celui d'une jeune femme et ne pas venir de loin. Elle criait au meurtre. Je ne l'ai entendu qu'une seule fois. Je n'ai pas regardé par la fenêtre. Je ne connaissais pas la défunte.

Sarah Lewis a en outre précisé que, alors qu'elle était en compagnie d'une autre femme mercredi dernier au soir à Bethnal Green, un homme douteux l'avait accostée. Il portait un sac noir.

*Déclaration de Julia Venturney.*

J'occupe la chambre n° 1 à Millers Court. Je suis veuve, mais je vis actuellement avec un homme répondant au nom d'Harry Owen. J'étais réveillée toute la nuit et n'arrivais pas à dormir. J'ai fait la connaissance de la personne occupant la chambre n° 13, en face de la mienne, il y a quatre mois. Je connaissais l'homme que j'ai aperçu en bas de l'escalier (Joe Barnett) : on l'appelle Joe, il vivait avec elle jusqu'à il y a assez peu. Je l'ai entendu dire qu'il n'aimait pas qu'elle fasse le trottoir. Il lui donnait souvent de l'argent. Il était très gentil avec elle. Il dit qu'il ne vivrait pas avec elle tant qu'elle continuerait à vivre comme elle le faisait. Elle avait l'habitude d'être de temps à autre émêchée. Elle avait cassé un carreau quelques semaines auparavant, tandis qu'elle était soûle. Elle me disait qu'elle était attirée par un autre homme prénommé Joe et qui l'avait souvent brutalisée parce qu'elle habitait avec Joe (Barnett). Je la vis pour la dernière fois hier, jeudi, vers 10 h du matin.

*Déclaration de Maria Harvey, 3 New Court, Dorset Street.*

J'ai dormi deux nuits avec Mary Jane Kelly, lundi et mardi derniers. J'ai ensuite pris une chambre en haut dans la pension. Je l'ai vue pour la dernière fois vers 18 h 55 la nuit dernière, dans son appartement, quand Barnett s'annonça. Alors je suis partie. Ils semblaient être en très bons termes. J'ai laissé un pardessus, deux maillots en coton sales, une chemise d'homme, un jupon blanc et un couvre-chef en crêpe noire dans la pièce. Le manteau que m'a montré la police est celui que j'y ai oublié.

**Les dépositions sont accompagnées de cette note :**

L'inspecteur Walter Beck, division H, qui fut appelé le premier, conjointement avec les agents de police de garde seront au service de l'enquête, ainsi que moi-même qui parlerai de l'état de la pièce, etc., si nécessaire.

[signé] F. G. Abberline, inspecteur.

Marie Kelly fut si horriblement mutilée qu'elle n'a qu'à peine conservé une apparence humaine. Avec sa mort, Jack l'Éventreur disparut de la face de la terre. C'était comme si le tueur solitaire aliéné et sans but que tout le monde recherchait n'avait jamais existé. Sickert, bien entendu, continuait de soutenir que *celui-là* n'avait jamais existé.

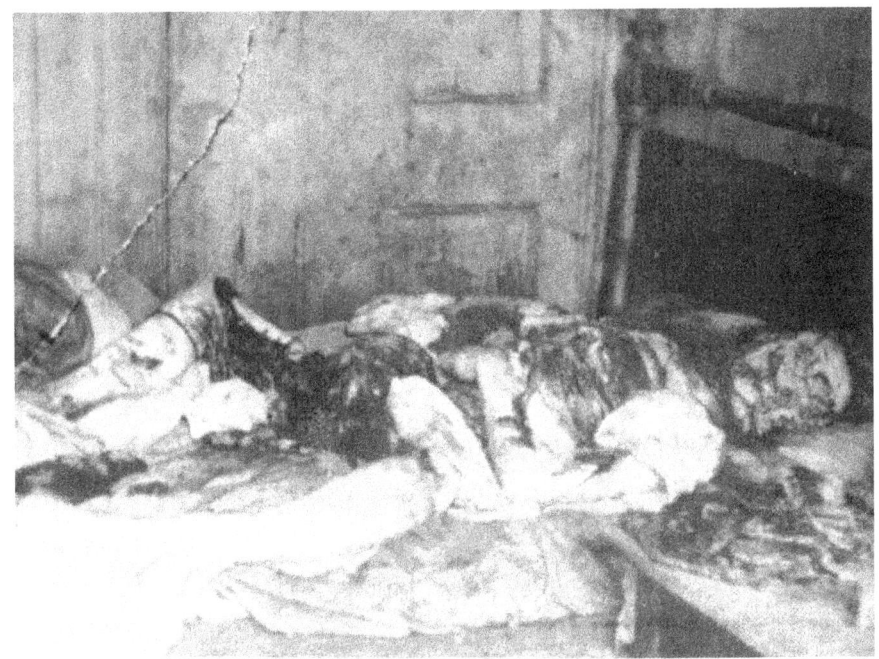

*La photo prise par Scotland Yard du corps mutilé de Marie Kelly à laquelle font référence les notes de Macnaghten*

# Chapitre V

## *Le boucher fou infernal*

Entre début septembre et la semaine qui suivit la mort de Kelly, plus de 160 individus furent arrêtés, soupçonnés d'avoir un rapport avec les meurtres de Whitechapel. Une étude de la presse de l'époque, aussi bien nationale que locale, donne le nombre d'environ 130 à 150 suspects pour la seule ville de Londres. Même si les renseignements journalistiques ne nomment pas toujours les hommes appréhendés, ce chiffre concorde avec la multitude des rapports d'arrestation des archives de Scotland Yard, de sorte que l'on peut s'y fier. En janvier 1889, Scotland Yard adressa une instruction à tous les commissariats du ressort métropolitain, exigeant qu'il soit rendu compte au quartier général de toute arrestation en lien avec les meurtres de Whitechapel. Le dossier « Suspects » est plein à craquer de propositions singulières et étonnantes quant à l'identité de Jack l'Éventreur.

Ces documents donnent vraiment l'impression que la police était en train de s'adonner à une espèce de jeu. Elle avait assurément une idée très précise de la classe d'appartenance du meurtrier, à défaut de connaître son identité. Un suspect n'avait qu'à donner des preuves qu'il n'était pas un gueux fini pour être relâché. Il lui suffisait de montrer, à la satisfaction des agents du poste, qu'il avait un domicile pour regagner sa liberté. Il ne fut jamais donné d'alibi pour les nuits des assassinats et, ce qui est étrange, personne n'en a demandé. Une histoire racontée dans une lettre au *Daily Express* et publiée le 16 mars 1931 offre un exemple typique de l'étrange politique adoptée par la police. Sous le titre « *I Caught Jack the Ripper* [J'ai attrapé Jack l'Éventreur] », l'ancien policier Robert Spicer de Woodford Green (Essex) revendiquait avoir été en poste à East End deux heures environ après le double meurtre de la nuit du 29 au 30 septembre. Soudain, il tomba sur un homme assis avec une prostituée sur une poubelle en brique. L'homme, bien habillé et ayant un sac noir, avait du sang au niveau des poignets. Il se déroba aux questions de Spicer et fut promptement arrêté. Certain d'avoir appréhendé l'Éventreur, ce policier de 22 ans escorta son suspect jusqu'au commissariat de Commercial Street. Là, lors d'un interrogatoire superficiel mené par un officier, le suspect soutint qu'il était un honorable médecin habitant à Brixton. Immédiatement après avoir donné cet élément de renseignement jamais vérifié, il fut relâché, sans qu'on lui eût demandé d'ouvrir son sac. On n'exigea même pas du suspect qu'il expliquât ce qu'un médecin respectable de Brixton faisait à parler avec une prostituée dans une ruelle de l'East End à 3 h du matin.

Cette préoccupation mystérieuse pour l'adresse des suspects est bien mise en lumière dans les rapports suivants extraits du dossier « Suspects ». Le premier fut écrit par l'inspecteur D. Fairey du commissariat de Rochester Row :

> Vers 12 h 40 le 21 [novembre], M$^{me}$ Fanny Drake (Club des conservateurs), 15 Clerkenwell Green, se présenta au poste de Rochester Row et déclara avoir mis la police sur la piste du tueur de Whitechapel et qu'elle demandait maintenant d'en connaître le résultat. Elle marchait sur le pont de Westminster quand un homme répondant à la description du meurtrier vint en face d'elle, et tandis qu'il passait, il esquissa un sourire tel qu'elle s'en souviendrait toujours. Elle revint immédiatement sur ses pas et le suivit jusqu'en face de

l'abbaye de Westminster où, en croisant un inspecteur à cheval, elle lui signala l'individu, puis se rendit au commissariat, l'inspecteur continuant de suivre et surveiller l'énergumène. Cinq minutes après environ, l'inspecteur Walsh fit irruption et spécifia qu'il avait suivi le gentleman en question jusqu'à Army & Navy Stores, à Victoria Street (Westminster) et qu'il était dès lors revenu au poste voir la dame. Il a été interrogé dans une pièce dédiée. Sur ce, il produisit tout de suite nombre de lettres et de cartes de visite attestant qu'il était sans le moindre doute M. Douglas Cow, de Cow & Co., India-Rubber Merchants, 70 Cheapside, et 8 Kempshott Road, à Streatham Common. J'ai immédiatement fait part de cette information à mon interlocutrice qui présenta aussitôt ses excuses à M. Cow pour lui avoir causé ces ennuis, et tous deux quittèrent le commissariat.

Ce rapport manifeste non seulement la croyance très profonde de ce qu'aucun individu « respectable » ne pouvait être l'Éventreur, mais aussi la peur qui tenait Londres entre ses griffes – une tension telle qu'elle poussa une femme à dénoncer un homme comme meurtrier pour avoir grimacé sur son chemin...

La « correction » du lieu de domicile d'un homme est une nouvelle fois perçue comme une référence inattaquable dans un autre rapport du dossier. L'inspecteur J. Bird de la division A écrivait :

J'ai l'honneur de rapporter qu'à 21 h 40, le 22 novembre 1888, James Connell – du 408 New Cross Road, marchand de nouveautés et de vêtements, âgé de 36 ans, taille : 1 m 76, teint frais, longue moustache brun foncé, habits : tenue de cocher marron, manteau avec cape, chaussettes rouges, chaussures Oxford, chapeau en feutre doux –, un Irlandais, fut amené à ce commissariat (Hyde Park) par l'agent 271A Fountain dans les circonstances ci-dessous énumérées. Martha Spencer du 30 Sherborne Street, Blandford Square, mariée, a déclaré qu'il lui a parlé près de Marble Arch, qu'ils ont marché ensemble dans le parc et qu'il s'est mis à converser au sujet de « Jack l'Éventreur » et des asiles de fous en disant que, lorsqu'il serait arrêté, il se ferait sans nul doute passer pour fou. Elle fut inquiétée par cette conversation et en parla à l'agent de police qui les escorta jusqu'au poste. Un télégramme fut alors envoyé au commissariat de Greenwich pour se renseigner sur la qualité de son lieu de vie et sa respectabilité. Après l'obtention d'une réponse satisfaisante, il lui fut permis de s'en aller, étant donné que rien de plus suspect n'avait transpiré.

De tous les suspects appréhendés, aucun n'était plus susceptible d'être l'Éventreur que le boucher fou arrêté à Holloway le 12 septembre, quatre jours après le deuxième meurtre. Si le véritable Jack l'Éventreur s'était évanoui après avoir tué Chapman, il ne fait aucun doute que Joseph Isenschmid aurait passé aux yeux de la postérité comme étant le meurtrier de Whitechapel. Fait peu connu, les pires atrocités de l'Éventreur furent commises après qu'Isenschmid eut été placé en sûreté, sous les verrous.

Le sort d'Isenschmid fut très tôt scellé dans l'enquête, lorsque se répandit largement le bruit selon lequel le meurtrier était un homme surnommé « Tablier de cuir ». L'inspecteur Abberline écrivait dans son long rapport particulier dédié au meurtre de Nichols :

> Au cours de nos investigations auprès des nombreuses femmes de la même catégorie que la victime, nous avons constaté qu'il y avait un sentiment de terreur à l'égard d'un homme surnommé « Tablier de cuir », qui s'est avéré depuis bien longtemps leur faire du chantage et les brutaliser si ses exigences n'étaient pas satisfaites, bien qu'il n'y eût aucune preuve pouvant le relier au meurtre. Nous avons cependant estimé qu'il était désirable de le retrouver et de l'interroger quant à ses faits et gestes la nuit et, dans cette perspective, des recherches furent faites dans toutes les pensions meublées en différents endroits de la métropole, mais l'individu avait été mis au courant de sa traque par la publicité qu'en avaient faite le *Star* et d'autres journaux. Il ne fut découvert que le 10 de ce mois [septembre], jour où il fut établi qu'il avait été caché par ses proches. Lors de son interrogatoire, il fut à même de justifier de manière satisfaisante de ses faits et gestes de façon à prouver définitivement que les soupçons pesant à son encontre étaient infondés.

Dans un rapport annexe, l'inspecteur Helston signalait que Tablier de cuir était un homme s'appelant John Pizer. La panique autour de la rumeur de Tablier de cuir avait créé un climat de ferveur insensée, façon chasse aux sorcières, et lorsque le pauvre Pizer – un bottier dont la demeure abritait cinq couteaux aiguisés – fut finalement arrêté et conduit au poste de police de Leman Street pour y être interrogé, l'opinion publique était tellement remontée qu'un attroupement immense se rassembla juste devant dans la rue, réclamant sa peau. Même après l'avoir blanchi, la police n'osa pas le relâcher et le garda dans une cellule pendant 24 heures, sans quoi la foule assoiffée de vengeance l'aurait lynché. Timide et nerveux, Pizer fut suffisamment mis en colère par l'injustice qu'il avait subie pour poursuivre en justice plusieurs journaux qui avaient imprudemment affirmé lors de son arrestation qu'il était le tueur. Il gagna son procès et toucha des dommages-intérêts non négligeables.

Même lorsque la nouvelle de son innocence se répandit, les habitants scandalisés de l'East End ne purent s'en contenter. Ils avaient plongé dans la rumeur et ils ne voulaient guère lâcher prise. Si Pizer était innocent, *il* n'était pas Tablier de cuir : c'était la logique tordue de leur chasse. D'où l'entrée en scène d'Isenschmid. Une ambitieuse mondaine et bavarde, M$^{me}$ Fiddymont, patronne du pub *Prince Albert* à Brushfield Street, à moins de 400 mètres d'Hanbury Street, mit à profit les nombreuses rumeurs croustillantes qui étaient rapidement apparues après le meurtre d'Annie Chapman. M$^{me}$ Fiddymont raconta à plusieurs reporters qu'elle avait vu dans son pub un étranger à l'aspect épouvantable à 7 h le matin du meurtre. Selon M$^{me}$ Fiddymont, l'intrus portait un chapeau melon marron, une veste sombre et pas de gilet. Il y avait du sang sur sa main droite et sur son visage, et sa chemise était déchirée. Ses yeux, précisa-t-elle, étaient aussi farouches que ceux d'un animal.

Comme ce fut si souvent le cas, la police ne parvint à interroger M$^{me}$ Fiddymont qu'après les journalistes. Néanmoins, son témoignage fut pris et, dans l'atmosphère tendue qui pesait sur la traque de l'assassin, on y accorda plus d'attention qu'il n'y en aurait eu dans un contexte plus rationnel. Trois jours plus tard seulement, un rapport du commissariat d'Holloway fut adressé aux officiers de Whitechapel. Il ne fallut pas beaucoup de temps pour que les inventions de M$^{me}$ Fiddymont soient associées à l'objet de ce rapport. Conservé parmi les 10 rapports spéciaux des archives de Scotland Yard sur Chapman, il déclare :

POLICE MÉTROPOLITAINE

Division Y

*Holloway, 11 septembre 1888*

On me prie de rapporter qu'à 22 h, le 11 de ce mois, le D$^r$ Cowan, 10 Landseer Road, et le D$^r$ Crabb d'Holloway Road se sont présentés au commissariat et ont affirmé que Joseph Isenschmid, boucher et fou, locataire au 60 Milford Road, mais ayant quitté son logement à plusieurs reprises et à différents moments, pouvait être lié aux récents assassinats de Whitechapel. En compagnie du sous-inspecteur Rose et du sergent Sealey, CID [département d'enquête criminelle], je me suis rendu à l'adresse susmentionnée et y ai rencontré George Tyler, occupant des lieux, qui a déclaré que le 5 septembre à 21 h il avait croisé Isenschmid à Hornsey Road et celui-ci lui avait demandé s'il avait de quoi le loger.

Il l'emmena chez lui et celui-ci quitta l'appartement le 6 à 1 h du matin pour revenir à 21 h, repartit encore le 7 à 1 h du matin pour rentrer à 21 h, ressortit le 9 à 6 h du matin et revint à 18 h, et resta dans l'immeuble 30 minutes environ. Puis il partit vers Tottenham, rentra à 1 h du matin le 10, repartit dès 2 h, rentra à 21 h et ressortit le 11 à 1 h du matin. Il n'était pas revenu depuis.

Je me suis ensuite rendu au 97 Duncombe Road pour voir M$^{me}$ Isenschmid, sa femme, qui déclara n'avoir pas vu son mari ces deux derniers mois, mais qu'il était passé en ces lieux le 9 septembre, en son absence, pour y prendre des vêtements. Elle ajouta qu'il avait l'habitude de porter sur lui de gros couteaux de boucher et qu'elle ne savait pas de quelle façon il gagnait sa vie. Ses activités étant suspectes, j'ai commandé à l'agent 376 Cracknell de surveiller la maison et d'emmener Isenschmid au poste, si jamais il revenait, pour interrogatoire. J'ai également ordonné de surveiller le 97 Duncombe

Road, Upper Holloway. Je suggère respectueusement que des investigations supplémentaires soient faites par le CID.

À ce jour, on n'a pu avoir aucune description de l'individu assez précise pour être diffusée.

Jn Styles, inspecteur

Il fut tenu compte de la proposition de l'inspecteur Style et les officiers du CID prirent sa relève dans cette affaire. Dans un compte rendu daté du 13 septembre, le surintendant intérimaire J. West, de la division H (Whitechapel), écrivait :

> [...] aucun fait nouveau n'a été porté à la connaissance de la police, hormis qu'un homme a été gardé à vue au commissariat d'Holloway après son signalement, puis transféré vers l'asile de Fairfield Road, Bow, après qu'il fut établi qu'il s'agissait d'un fou dangereux. Le sergent Thick a examiné les habits de l'individu, mais ne put y déceler la moindre trace de sang. Des recherches sont en cours quant aux agissements de cet homme la nuit des faits.
>
> Le nom de l'énergumène est Joseph Isenschmid, boucher de métier, mais ayant fait faillite il y a environ 12 mois. Son arrestation fut provoquée par les renseignements donnés par les médecins Cowan et Crabb d'Holloway, leur attention ayant été attirée sur lui par un homme s'appelant Tyler, du 60 Milford Road, Holloway, qui affirmait qu'Isenschmid, qui était son locataire, avait souvent été absent de son domicile tôt le matin.

Le détective et sergent William Thick fit des recherches et, le 17 septembre, il écrivait :

> J'ai l'honneur de rapporter que je me suis plusieurs fois présenté au 60 Milford Road, Upper Holloway, dans l'intention d'interroger M. Tyler quant aux déplacements de Joseph Isenschmid, mais sans succès, et je suis également incapable de trouver où il travaille. En y repassant mercredi, je vis un garçon dénommé Briggs qui m'informa de ce que M. Tyler avait déménagé tôt ce matin, mais il ne savait pas où. Ce garçon était la seule personne présente dans l'immeuble et il déclara que plusieurs gentlemen avaient demandé à voir M. Tyler ces derniers jours. Il ne pouvait rien dire de plus. Je rendis visite à M$^{me}$ Geringher, la personne évoquée dans le témoignage de sa femme, qui déclara

ne pas connaître l'homme dont je parlais et que personne n'était venu dans son établissement – un débit de boissons –, si ce n'est les habitués. J'ai fait une enquête prudente parmi les Allemands que je connais dans les environs, mais je n'ai pu trouver la moindre trace d'un « Isenschmid » connu dans le quartier.

J'ai contacté l'asile de Fairfield Road à Bow, où « Isenschmid » est aujourd'hui encore enfermé. J'ai vu le médecin-chef qui m'informa de ce qu'« Isenschmid » lui avait dit que les filles d'Holloway l'avaient surnommé « Tablier de cuir » et qu'il leur avait dit sur le ton d'une blague : « Je suis "Tablier de cuir" », et il supposait qu'elles en avaient informé la police. Il était « boucher » de métier mais avait fait faillite. Il n'avait que peu de relations avec sa femme et l'avait quittée. Il gagnait désormais sa vie en allant au marché à l'aube, en achetant des têtes de mouton, des rognons et des pieds d'agneau, en les ramenant chez lui pour les apprêter, puis en les apportant à des restaurants et cafés de West End pour les y vendre, et c'était pour cela qu'il se levait si tôt le matin : c'était son seul moyen de gagner de quoi vivre.

Le médecin-chef aurait voulu que la police lui donne des instructions sur ce qu'il devait faire d'Isenschmid. Je me dois d'ajouter que des recherches méticuleuses supplémentaires sont en cours dans le but de remonter la piste de M. Tyler afin d'obtenir davantage de détails, ainsi que de toute autre personne susceptible d'offrir de nouveaux renseignements sur les faits et gestes d'Isenschmid aux dates des différents meurtres.

## Le lendemain, soit le 18, l'inspecteur Abberline prit la plume au sujet d'Isenschmid. Il écrivait :

J'ai la responsabilité de rapporter que des enquêtes se sont poursuivies, traitant des différentes questions connexes aux meurtres, dont celle de l'aliéné qui fut incarcéré par la police à Holloway le 12 de ce mois et remis aux autorités de bienfaisance le jour même.

Il s'est présenté comme étant Joseph Isenschmid, et sa profession était celle de boucher. Il est à ce jour enfermé dans l'asile de Bow, Fairfield Road, Bow, et – d'après son aspect – il semble être l'homme vu au bistrot *Prince Albert* de Brushfield Street à Spitalfields, avec du sang sur les mains, à 7 h le matin du meurtre d'Annie Chapman. Le D$^r$ Mickle, médecin conseil de l'institution, a été consulté pour savoir si Isenschmid pouvait être présenté à M$^{me}$ Fiddymont et aux autres témoins pour reconnaissance. Le médecin est d'avis que cela ne pourrait être pour l'instant infligé à son patient sans dommage pour lui. Il a été établi que cet homme a sans cesse quitté et regagné son domicile ces dernières semaines, et que, lorsqu'il partait de chez lui, il prenait avec lui deux couteaux de boucher. Il avait déjà été enfermé dans un asile, et il serait parfois très violent. Même si nous sommes à cette heure incapables de nous procurer le moindre indice pouvant le relier aux meurtres, il semble être la personne la plus susceptible d'avoir commis les crimes qui ait paru au cours de notre enquête, et tous les efforts nécessaires seront fournis pour justifier de ses faits et gestes aux dates en question.

Dans un rapport spécial de la division H daté du 19 septembre, le sergent Thick prenait note du témoignage de la femme d'Isenschmid – sans doute la remarque la plus accusatoire de toutes à l'égard du dément :

On me prie de rapporter que, le 12 de ce mois, je me suis présenté à l'hospice d'Islington et j'ai appris que Joseph Isenschmid avait été transféré vers l'asile de Fairfield Road à Bow. Je vis ensuite M$^{me}$ Isenschmid, son épouse, au 97 Duncombe Road, Upper Holloway, qui déclara qu'ils étaient mariés depuis 21 ans.

Il était « suisse » et était à cette époque employé comme compagnon boucher. Ils ouvrirent par la suite une charcuterie au 59 Elthone Road, Upper Holloway, mais ils firent faillite. Son mari tomba alors dans une profonde dépression et s'absenta pendant plusieurs jours. Il a passé 10 semaines à l'asile d'aliénés de Colney Hatch et il fut remis en liberté vers le milieu du mois de décembre dernier. Il revint chez lui, censé se porter bien mieux. Il trouva ensuite du travail en tant que boucher journalier chez M. Marlett, High Street (Marylebone) et y resta jusqu'à la Pentecôte. Il partit alors et n'a – à sa connaissance – plus rien fait depuis. Il prétendait avoir travaillé, mais il ne rapportait pas d'argent à la maison. Il n'a pas dormi chez lui pendant presque deux mois. Il y a trois ou quatre semaines, il fut retrouvé dans un foyer de Caledonian Road et fut appréhendé. Il fut conduit au tribunal de police de Clerkenwell qui demanda que des investigations soient faites à son sujet. Il fut finalement acquitté. Puis il revint à la maison, changea de sous-vêtements et repartit. Je ne l'ai plus revu depuis.

Elle ajouta alors : « Je suis partie à la campagne rendre visite une semaine à des amis dimanche dernier (le 1$^{er}$ de ce mois) et je suis rentrée le lundi suivant. J'ai alors appris par mes filles que mon mari était passé à la maison et avait emporté des vêtements. M. Tyler, du 60 Milford Road, Upper Holloway, s'était manifesté pendant mon absence et avait laissé un message à mon attention pour que je le recontacte. Je suis allé chez lui mardi matin. Je n'y ai pas vu mon mari. En partant, il avait sur lui deux énormes couteaux et sa tenue de boucher. Je ne sais ce qu'il a fait de tout cet attirail. Je ne crois pas que mon mari ait voulu blesser quiconque, si ce n'est moi-même. Je pense qu'il m'aurait tuée s'il en avait eu l'occasion. Il est très affectueux avec d'autres femmes. Il avait l'habitude de fréquenter un débit de boissons tenu par un "Allemand" s'appelant Geringher, à Wentworth Street (Whitechapel). Il y est surnommé le "boucher fou". »

Cette remarque sur Isenschmid fut prise en compte alors qu'il languissait dans un asile. Le D$^r$ Mickle était disposé, au moindre signe, à contacter l'inspecteur Stilson si jamais il apprenait quelque chose d'incriminant par l'aliéné. Les visites de Stilson à l'asile furent de moins en moins fréquentes, étant donné que chacune s'avérait moins fructueuse que la précédente. Et, finalement, Jack l'Éventreur frappa de nouveau et le pauvre boucher fou d'Holloway fut voué à pourrir dans sa cellule, noyé dans sa folie.

# CHAPITRE VI

## *Le mobile*

Dans une lettre à Gladstone (alors Premier ministre) depuis sa retraite de veuvage à Osborne House sur l'île de Wight, écrite le 11 février 1886, la reine Victoria disait : « La reine ne saurait assez exprimer son *indignation* face à la monstrueuse émeute qui s'est produite l'autre jour à Londres, qui a mis en péril la vie de ses sujets et fut un triomphe *momentané* du socialisme et une disgrâce pour le capital. »

Elle faisait allusion à la conséquence inattendue d'un rassemblement de chômeurs – qui, d'après les estimations, représentaient près de 10 % de la population active cette année-là – à Trafalgar Square le 8 février. C'était le premier et, à certains égards, le moins grave d'une série d'épisodes de violence formant l'arrière-plan social de l'époque où Walter Sickert faisait commencer son histoire improbable.

Nous avons déjà expliqué que Sickert se mélangeait aux grands comme aux plus humbles et, d'après les mots d'Osbert Sitwell, il était l'ami des « boxeurs professionnels, des jockeys, des peintres, des comédiens de music-hall, des hommes d'État, des laveuses de linge et des poissonnières ». Il se mêlait certainement aux milieux qui pouvaient discrètement accéder aux commérages de la cour. Bien qu'il n'y ait en notre possession aucune preuve *documentaire* attestant de son amitié avec la princesse Alexandra, il était assurément un ami de son époux le prince de Galles. Le peintre était une figure majeure des cercles libertins que Bertie fréquentait, et ils se retrouvaient sans cesse dans des réunions semblables aux fêtes endiablées immortalisées par Oscar Wilde. Mais cela ne suffit pas à rendre notre récit véridique. Ça ne fait qu'accorder au conteur un peu plus de crédibilité.

Dans toute enquête sur un meurtre, le mobile est la base sur laquelle l'affaire est échafaudée, à moins que les crimes en question ne soient ceux d'un dément, et par conséquent purement gratuits. On a généralement dit que cette dernière option prévalait pour les crimes de Jack l'Éventreur. Sickert, toutefois, prétendait qu'il y avait un mobile précis aux assassinats de l'East End et que les responsables des crimes essayaient d'étouffer le comportement indocile d'un membre éminent de la famille royale. Pour tout un tas de raisons, l'Angleterre était en pleine tourmente, la révolution semblant être toute proche et la monarchie déjà impopulaire. Les conspirateurs croyaient qu'ils étaient en train de taire un scandale susceptible de renverser le trône.

Que l'héritier présomptif de la couronne eût un enfant naturel puis épousât une catholique illettrée ou non, la première chose indispensable était de découvrir si de tels faits aurait pu seulement être considérés comme étant importants. Y avait-il vraiment une menace de révolution ? La famille royale était-elle impopulaire au point que beaucoup pensaient que la royauté se terminerait avec la mort de Victoria ? Voilà les questions cruciales.

Plusieurs influences politiques divergentes culminaient au milieu de la décennie 1880. Séparément, elles auraient indubitablement été embarrassantes. Combinées comme elles l'étaient, elles incarnaient un danger concret pour l'ordre établi.

Le sentiment révolutionnaire atteignait un nouvel acmé. Le mécontentement se répandait au sein d'une classe ouvrière chichement payée et de la masse grandissante des chômeurs. Plusieurs gouvernements successifs furent secoués par la controverse du Home Rule qui avait créé en Irlande un conflit civil si brutal que George Earle Buckle, rédacteur en chef du *Times*, écrivait : « la contagion de l'anarchie se propage à l'Angleterre ». Des immigrants européens et asiatiques submergeaient toutes les villes importantes, et en particulier les misérables quartiers entourant les quais, où presque sans exception un Anglais de passage se serait cru étranger dans son propre pays... L'expérience était inédite et périlleuse. Le fier patriotisme engendré par 800 ans de liberté face à toute invasion étrangère était menacé. L'esprit chauvin chanté par Disraeli dans les années 1870 s'était en quelque sorte insinué jusque dans le cœur des Britanniques les plus modestes. Tout comme les hommes étaient les maîtres de la terre, l'Angleterre devait dominer les hommes. En tant que détenteur jaloux d'un droit divin imaginaire à conquérir et annexer, à gouverner et à apporter la lumière, l'Anglais n'avait jamais plus puissamment regardé sa patrie comme une citadelle. Lorsque des étrangers commencèrent à se déverser en grand nombre en plein cœur de ses agglomérations, son ressentiment fut cinglant et durable. La répulsion ne devait pas disparaître. Suspicion réciproque et méfiance allaient croissant entre les différentes races. À cause de difficultés linguistiques et de la crainte de s'intégrer, la situation déboucha sur l'établissement de ghettos impénétrables. Les conflits raciaux devinrent monnaie courante. Et comme chaque communauté, hargneuse et anxieuse, se repliait toujours davantage sur elle-même par peur du meurtre ou du viol, la haine se fit plus profonde et la violence s'aggravait.

La marée montante d'une autre puissance – le socialisme, qui avait été sujet à un reflux constant et semblait s'être calmé pendant 30 ans – parut au milieu des années 1880 submerger l'Angleterre et plusieurs régions d'Europe. Depuis 1849, où Karl Marx s'était établi à Londres, le foyer de la pensée socialiste s'était fixé en Angleterre. Marx continua de vivre et d'écrire à Londres jusqu'à sa mort. Et, bien que le père du communisme s'éteignît en 1883, son influence lui survivait, reprise et propagée par sa fille Eleanor et son bon ami et collaborateur Friedrich Engels. En 1885, l'année où l'enfant naturel princier est censé avoir vu le jour, le socialisme bénéficia d'un nouvel élan avec la publication du second volume du maître ouvrage de Marx : *Le Capital*. Robert Cecil, 3$^e$ marquis de Salisbury, Premier ministre du Royaume-Uni au moment des meurtres de Whitechapel et individu désigné pour tête du complot par Sickert, était parfaitement conscient du péril que lui et son monde devaient affronter à cause des disciples de Marx. Commentant les événements 15 années plus tard, l'historien James Joll expliquait :

> Karl Marx prophétisait l'effondrement imminent de l'ordre social existant et la réorganisation complète de la société en faveur des ouvriers. Pour les admirateurs de Marx en 1900, les jours de Salisbury et de ses semblables étaient comptés.

Le 8 février 1886 – le *Lundi noir* –, une foule en colère écouta à Trafalgar Square les discours violents des socialistes John Burns et Henry Champion, mais aussi du fondateur marxiste de la Social Democratic Federation : H. M. Hyndman. Après la dispersion du rassemblement, un groupe de militants enhardi par la véhémence des allocutions manifesta à Pall Mall, St James's Street et Piccadilly, poursuivant jusqu'à Mayfair et Hyde Park, cassant les carreaux du Club des conservateurs, d'autres centres politiques et de demeures privées. Agitant des drapeaux rouges et brandissant des triques et des pierres, cet attroupement fort de 2 000 personnes passa à l'attaque, saccageant et dévalisant des magasins. Les dégâts et les pertes furent estimés à 50 000 £. À cause d'une méprise, une force de police de réserve se rendit à The Mall au lieu de Pall Mall. Au bon endroit, ils auraient au moins pu calmer les ardeurs des émeutiers. Deux jours plus tard, dans un épais brouillard, la rumeur se répandit qu'une nouvelle masse était en train de se former et, craignant que des « violences sauvages » et des « cambriolages infâmes » se reproduisent, de nombreux commerçants de West End se barricadèrent. Aucun incident majeur ne se produisit alors, mais la menace d'une émeute dans la capitale était si aiguë qu'une commission spéciale fut convoquée pour étudier la question. Elle siégea neuf jours durant, avec pour président le secrétaire à l'Intérieur en personne. À la suite de ses conclusions, lesquelles mentionnaient de « graves manquements » de la part de la police, sir Edmund Henderson – commissaire général – dut démissionner. Cela ne réglait en rien le problème. Son successeur, le général Charles Warren, employa des stratégies militaires avec le vain espoir d'atténuer la fureur de la classe ouvrière qui demandait justice – et qui était incitée par les agitateurs socialistes et par les affres de la faim et du froid de recourir à la seule force qu'elle se connaissait : la violence. Warren affronta les misérables avec ses effectifs de police au style nouveau, martial, et il les tint à distance tout au long de l'hiver 1886-1887, avec toujours la menace, inchangée mais indubitable, que toute rupture de la trêve déboucherait aussitôt sur des effusions de sang. Partant, les chômeurs se mirent à attirer l'attention sur leur sort par des manifestations devant des paroisses huppées, dont l'apparence extérieure était paisible, ne s'agissant que d'agiter des pancartes, mais qui dissimulaient un ressentiment grandissant. Une telle situation ne pouvait durer.

La presse se mit à débattre sérieusement de l'éventualité d'une révolte du prolétariat et, en octobre 1887, la perspective de nouvelles émeutes semblait si proche que Salisbury proposa de barricader Trafalgar Square. Warren avait déjà interdit les rassemblements publics étant donné qu'ils étaient devenus les points de ralliement des agitateurs. Mais un nouveau conflit éclata avant que le dispositif du Premier ministre ne pût être mis en place : le 13 novembre, ce fut un *Dimanche sanglant*. Près de 100 000 chômeurs, venus de partout, convergèrent vers Trafalgar Square. Eleanor Marx et des membres de la Société fabienne (socialiste) – dont George Bernard Shaw, l'oratrice de talent Annie Besant ainsi que l'artiste et poète William Morris qui s'était autoproclamé socialiste et révolutionnaire – se trouvaient parmi eux. La foule en colère, poussée par les socialistes et radicaux, armée jusqu'aux dents de couteaux, bâtons, tisonniers et barres de fer, fonçait vers le square, à la rencontre de 4 000 policiers. Warren avait quadrillé la place avec 300 Life Guards et le même nombre de grenadiers, tous équipés de fusils chargés et de baïonnettes. Dans la mêlée qui s'ensuivit, il y eut un mort et plus de 150 blessés. À minuit, tout était de nouveau calme, mais l'affrontement avait causé des dommages irréparables dans les relations entre la police et le peuple, faisant le lit, non seulement du socialisme, mais aussi de l'anarchie. Dans *London*, une histoire de la capitale et de ses habitants, Felix Barker et Peter Jackson parlaient de « trois années de violence » pour la période 1886-1889 :

> Tout commença avec un bruit de verre cassé et des pierres brisant les fenêtres des clubs de Pall Mall ; la parenthèse se referma avec un grand cri de victoire des dockers de l'East End lorsqu'ils obtinrent une rémunération de base de 6 pennies l'heure. Dans les trois années qui séparèrent ces deux faits, Londres devint un champ de bataille tumultueux.

La lutte toujours plus amère autour de la question de l'Home Rule pour l'Irlande était l'autre grande pierre d'achoppement politique de l'époque. Sur ce point, si l'on en croit un chroniqueur contemporain, « l'ensemble du monde politique était en convulsion ». L'Home Rule était un sujet brûlant depuis 1885. Cette année-là, en juin, les libéraux de Gladstone furent battus à la Chambre des communes après cinq ans de domination, parce que les députés irlandais votèrent avec l'opposition. Cette défaite démontrait pour la première fois l'influence d'un certain Charles Stewart Parnell, chef de file des nationalistes irlandais. Bien qu'il n'eût que 85 membres, il tenait l'équilibre du pouvoir entre les libéraux et les conservateurs. Après la déconvenue de Gladstone, lord Salisbury forma un gouvernement conservateur de minorité, mais, six mois plus tard, Gladstone était de retour avec une majorité de 86 sièges sur les conservateurs. En ce temps-là, le Grand Vieil Homme s'était théâtralement converti à l'idée du Home Rule, mais le projet de loi qu'il présenta en conséquence, dans l'idée de mener à bien la réforme, fut rejeté par la Chambre des communes. Gladstone dissolut aussitôt le Parlement et mena la campagne des nouvelles élections de mi-1886 précisément sur le problème irlandais. Le résultat fut une victoire décisive des conservateurs de Salisbury, remportant 316 sièges. Leurs alliés au sujet du Home Rule, les libéraux unionistes, en avaient 78. Les soutiens de Gladstone n'en prirent que 191 et les parnellites 85.

La lutte pour l'indépendance de l'Irlande avait depuis quelques années inoculé peur et violence aux habitants des deux rives de la mer d'Irlande, les attentats à la bombe et les coups de feu culminant finalement en 1882 avec leur meurtre de sang-froid, à Phoenix Park (Dublin), du nouveau secrétaire en chef de l'Irlande, lord Frederick Cavendish, et de son sous-secrétaire Thomas Burke. Les fenians, originellement créés avec le dessein de promouvoir la révolution et de renverser le gouvernement anglais en Irlande, complétaient le tableau avec le plastiquage d'édifices symboliques et de monuments à Londres comme en province. Pour terminer, ils firent une tentative audacieuse pour faire sauter Scotland Yard ! La menace des fenians avait atteint des proportions tellement alarmantes en 1884 que la Special Irish Branch, tête de pont de la Special Branch, fut mise en place pour garder le problème sous contrôle.

Le monde pardonne les crimes odieux chez ses protégés et punit la moindre transgression de la part de ceux qu'il hait. Il est juste de dire que le processus ne fonctionne que très difficilement dans l'autre sens. Il est par conséquent difficile de comprendre comment une figure populaire put être aussi cruellement tournée en dérision à cause d'une banale erreur de jugement : il s'agit d'Édouard, prince de Galles, au sujet du « scandale » royal du baccarat, clairement insignifiant, en 1891. La réponse évidente est que, en dépit des panégyriques de plusieurs biographes, il *n'était pas* populaire. L'Angleterre pudibonde aux valeurs hypocrites de la fin de l'époque victorienne aurait difficilement admis qu'un incident sans importance dresse tout un pays contre un prince apprécié. En réalité, Bertie jouissait d'une mauvaise réputation, toujours palpable peu avant sa montée sur le trône en 1901. Le nuage d'opprobre et d'impopularité s'était de temps à autre atténué dans les 40 années suivant sa première dégringolade sérieuse dans l'opinion publique, mais il restait dans l'ensemble méprisé. Et, malgré la reconnaissance enthousiaste des foules au jubilé de sa vieille mère, la reine Victoria, celle-ci pâtissait également de périodes de défaveur très visibles (même si moins prolongées).

L'affaire du baccarat royal conduisit le prince à la barre des témoins d'un tribunal public pour la deuxième fois de son existence de débauché. C'était peut-être la moins grave de ses nombreuses erreurs, mais l'événement eut des effets imprévisibles en précipitant son nom encore plus profondément dans la fange. Finalement, au cours d'une visite à Bruxelles en 1900, un anarchiste tira au pistolet à travers le fenêtre ouverte du train dans lequel le prince était assis. La balle manqua sa cible, mais cette tentative d'assassinat était l'accomplissement de ce que beaucoup méditaient depuis de nombreuses années avec une malice de vaudou. C'était l'apogée du ressentiment populaire et la conséquence logique de plusieurs démonstrations d'antipathie au préalable, à l'instar de la manifestation à son encontre lorsqu'il se rendit à Cork avec la princesse Alexandra en 1885. La foule siffla et hua le couple, et alla jusqu'à lui jeter des oignons. Sa mauvaise réputation se répandit au-delà des frontières britanniques et, en 1898, il fut sifflé et caricaturé sans pitié lors d'un voyage à Paris.

On peut évaluer à quel point le prince était impopulaire précisément grâce au scandale du baccarat royal et à ses conséquences. En septembre 1890, le prince séjournait avec d'autres invités à Tranby Croft, la maison de campagne de son ami Arthur Wilson – un armateur fortuné – dans le Yorkshire. Pendant une partie de baccarat, plusieurs hôtes remarquèrent que l'un des joueurs, sir William Gordon-Cumming, trichait. Le lendemain au soir, ils surveillèrent plus attentivement sa façon de jouer, de manière à confirmer leurs soupçons, puis ils signalèrent au prince ce qu'ils avaient vu. Bêtement, celui-ci obligea le fraudeur à signer l'engagement que, comme il avait triché, il renonçait pour toujours au jeu. Gordon-Cumming accepta en échange de la promesse que l'incident soit oublié. Malheureusement, le secret était partagé par trop de témoins, et l'un des invités le trahit. La société mondaine se saisit de ce misérable cancan avec son avidité habituelle. Sa réputation étant ainsi publiquement entachée, Gordon-Cumming poursuivit en justice M. et M$^{me}$ Arthur Wilson – et d'autres convives qui l'avaient accusé de tricher – pour diffamation. Lors des audiences du tribunal qui s'ensuivirent, le prince de Galles fut traité avec le minimum de respect et, bien que Gordon-Cumming eût perdu son procès, le prince fut sifflé par la populace qui se trouvait sur son chemin à la sortie du tribunal. Dans sa biographie de la princesse Alexandra, Georgina Battiscombe cite un cocher évoquant Bertie après l'« affaire du baccarat ». Ses mots, dit-elle, reflètent le sentiment de la plupart des gens ordinaires : « Dieu ne permettra jamais qu'un homme aussi vicieux monte sur le trône ».

Les poursuites judiciaires avaient établi que le prince incitait couramment à jouer au baccarat, un jeu illégal, qu'il avait décidé que Gordon-Cumming était un tricheur à partir de témoignages peu solides et qu'il avait mal réagi en ne rapportant pas immédiatement l'accusation au chef de corps de Gordon-Cumming au lieu de traiter lui-même, sommairement, l'affaire. Ce ne sont pas des allégations plaisantes, mais même l'imagination la plus fertile ne saurait admettre que ce soient les actions d'un homme *vicieux* auquel Dieu ne permettrait jamais de monter sur le trône. Une telle accusation publique n'aurait sans doute jamais été proférée si le prince avait été ne serait-ce que vaguement populaire.

Une observation faite au cours du procès par sir Edward Clarke, l'avocat de Gordon-Cumming, soutient de manière intéressante les propos de Sickert quant au fait que la monarchie était dangereusement affaiblie. En soutenant que le prince avait fait taire les premières accusations contre Gordon-Cumming afin de sauvegarder son propre honneur, Clarke dit qu'il y avait eu d'autres exemples d'individus prêts « à se sacrifier pour épauler *un trône chancelant ou maintenir une dynastie qui s'effondre* » (l'italique est de moi). Ces mots veulent simplement dire que la dynastie du prince était bancale et dans une situation précaire. Un avocat aussi indiscutablement talentueux que

Clarke n'aurait pas agrémenté ses plaidoiries avec des faits grotesques ou sans importance : il y avait quelque chose qui n'allait pas en Angleterre. Par la suite, Bertie écrivit qu'à cause de Tranby Croft, il fut exposé à « des propos acerbes [...] pas uniquement de la part de la presse, mais aussi de la Basse Église et plus encore des non-conformistes ».

Sa réputation en avait déjà pris un coup en 1869 lorsqu'il comparut au tribunal dans l'affaire de divorce Mordaunt. Dans *Clarence*, une biographie d'Eddy, Michael Harrison écrivait :

> C'était une habitude peu judicieuse du prince de Galles de fréquenter des jeunes femmes mariées, et de passer beaucoup de temps seul avec elles, après que leur valet de pied eut reçu l'ordre de ne pas déranger le *tête-à-tête*. Ce qui rendait son indiscrétion encore plus visible, c'était que Son Altesse Royale négligeait de tisser des liens avec les maris de ces dames – ou d'exprimer ne serait-ce que le désir de les rencontrer.

Dans l'affaire Mordaunt, le prince fut cité comme étant l'un des amants de lady Mordaunt après que celle-ci eut paisiblement annoncé que son enfant né il y a peu n'était pas de son mari, mais de lord Cole. Cole n'était que l'un des membres d'un groupe de débauchés bien nés avec lesquels cette lady Mordaunt sans morale s'amusait. Même si le prince fut traité avec la plus grande courtoisie au tribunal et qu'il nia toute familiarité coupable avec la dame, et malgré le fait qu'à cette occasion il fut acclamé en quittant le tribunal du divorce, de premiers coups sérieux avaient été portés contre sa réputation. La presse populaire remit bientôt en cause sa capacité à devenir roi, et l'opinion publique se retourna contre lui. La princesse Alexandra était toujours remarquablement populaire auprès de la population, et la réputation de son Bertie allait la faire souffrir. La vie privée n'a pas de réalité pour la plupart de ceux qui sont nés avec une cuillère d'argent dans la bouche, notamment quand ce couvert portait une crinière de lion et une licorne. Il devint vite évident pour Bertie qu'il ne pourrait pas dissimuler ses infidélités. Ses liaisons devinrent rapidement un sujet de commérages à l'échelle nationale – ce à quoi il s'attendait à moitié. Mais ce qu'il ne pouvait pas avoir prévu, c'était l'intensité de la réaction populaire. Le Britannique secrètement sentimental avait Alexandra à la bonne et comprenait son chagrin. Aussi, un soir, lorsqu'elle apparut dans la loge royale de l'opéra, les spectateurs frappèrent des pieds et l'acclamèrent. Quand, quelques instants après, Bertie fit son apparition il fut sifflé.

Aux yeux du pays, il semblait que la recherche des plaisirs et une débauche effrontée constituaient les seuls buts du prince dans la vie. Moquer un héritier présomptif dégénéré devint le passe-temps favori des pharisiens hypocrites des salles de réception et des adeptes de la presse à scandales – une pratique rendue doublement exaltante par la moralité duelle et par la philosophie moralisatrice qui résumaient l'époque victorienne. Une publication recueillit les mensonges les plus détestables sur l'immoralité du prince auprès de la pègre de Paris et de Londres, puis les présenta sous la forme d'un pastiche des *Idylles du roi* de Tennyson, avec le titre gentiment injurieux : *The Coming K—* [Le Prochain R...].

Mais un autre scandale autour d'un divorce éclata en 1876. Cette fois, il semble que le prince de Galles ait joué, de manière inhabituelle, un rôle presque innocent, son seul écart de conduite ayant été d'écrire quelques lettres compromettantes à lady Aylesford qui fut répudiée par son mari en raison de son adultère avec lord Blandford, le frère aîné de lord Randolph Churchill. Churchill hérita d'un paquet de lettres écrites par le prince à lady Aylesford que lord Randolph décrivait comme étant du « caractère le plus compromettant qui soit », ajoutant que si elles étaient publiées elles seraient la garantie de ce que le prince

« ne s'assiérait jamais sur le trône d'Angleterre ». Par suite de quoi le prince provoqua Churchill en duel, ce qui lui fut sèchement refusé.

En 1888, l'année des meurtres de Jack l'Éventreur, le nom du prince de Galles était tellement vilipendé que même son propre neveu, l'empereur d'Allemagne, menaça d'annuler une visite en Autriche tant que le prince, qui séjournait à Vienne, n'était pas parti.

En dépit de l'éclat de gloire dont la reine Victoria semblait profiter pour son jubilé d'or, elle souffrit elle aussi d'impopularité la plus grande partie de son règne. Les premières années, elle avait été sifflée en public, notamment au cours d'une visite à Ascot, et il y eut sept tentatives de mettre fin à ses jours. Dans un cas, elle fut frappée à la tête et assommée par un lieutenant en retraite du $10^e$ régiment de hussards.

Le deuil obsessionnel qui la frappa après la mort en 1861 de son conjoint Albert fit beaucoup dans la détérioration de sa popularité. Le peuple fut irrité par son isolement prolongé, et scandalisé par ses refus opiniâtres de participer à des événements publics. Une campagne contre son hibernation sociale aboutit finalement à une crise de la monarchie. Sir Henry Ponsonby, son secrétaire privé, déclara en 1871 que, si Victoria avait été un homme, elle aurait abdiqué. La rancœur à l'égard de son confinement se répandit rapidement, et elle fut accusée dans une brochure virulente intitulée *What Does She Do With It ?* [Que fait-elle avec tout ça ?] d'économiser chaque année 200 000 £ sur ses indemnités constitutionnelles. L'accusation réussit à retourner contre elle la majorité des classes laborieuses. Elles ne pouvaient guère respecter une reine avare. Les événements se précipitèrent quand le *Reynolds' Newspaper* annonça qu'elle songeait à abdiquer. L'idée était dénuée de tout fondement, mais elle donnait enfin une expression publique au fait que l'abdication paraissait être la seule solution possible. Le 6 novembre 1871, Victoria fut amèrement attaquée par sir Charles Dilke, un membre du Parlement radical qui, en faisant allusion à son isolement, l'accusa de manquer à ses devoirs. Il exhorta son auditoire à déposer Victoria, à abolir la monarchie et à instaurer une république. C'était exactement le genre de fait susceptible de pousser momentanément la reine à dévier de sa ferme résolution de vivre comme bon lui semblait. Elle veillait jalousement sur sa souveraineté, et la peur de la révolution la hanta toute sa vie. Depuis le milieu de la décennie 1860, elle avait pleinement conscience de la possibilité de ce qu'elle appelait « une nouvelle Révolution française » en Angleterre, à cause d'un trop large fossé entre classes supérieures et classes inférieures. Mais elle continuait de couler une vie d'ermite et, en 1872, un sixième attentat chercha à l'assassiner. Après la septième et dernière tentative de régicide en 1882, la reine connut un net regain de popularité. Il semblait qu'elle avait été seule capable de consolider la monarchie en lui donnant une meilleure assise. Mais, avec le prince de Galles près de la scène, il n'y avait dans toute l'Angleterre aucun espoir de tirer le nom de la famille royale de la boue. Au milieu des années 1880, la dynastie – et notamment le prince Eddy – avait un nouvel ennemi : Henry Labouchère, rédacteur en chef de la revue *Truth*. Il détestait la monarchie, et Eddy en particulier. Il s'opposa vigoureusement à ce qu'une indemnité officielle soit accordée aux enfants du prince de Galles et tourmenta impitoyablement la famille royale, aussi bien ses membres que son rôle institutionnel, dans les pages satiriques de son hebdomadaire.

L'évaluation par Sickert de l'importance du comportement d'Eddy n'avait pas semblé bénéficier dès le départ de l'éclat de la vérité. Cet éclat avait été terni par les sombres antécédents du père d'Eddy. Si le prince de Galles était déjà corrompu, que pouvait-on reprocher de plus aux têtes couronnées ? En étudiant le contexte social et politique, toutefois, on peut voir que, précisément en raison de l'immoralité légendaire de son père, la conduite d'Eddy était extrêmement importante : il était une lueur d'espoir pour un meilleur avenir. S'il était impliqué dans une affaire telle que celle évoquée par Sickert, ce serait la goutte d'eau faisant déborder le vase. Les ennemis opiniâtres de la couronne, dont Dilke et Labouchère, auraient certainement conspiré – et y seraient probablement parvenus – pour précipiter l'effondrement de la royauté britannique, vieille de huit siècles.

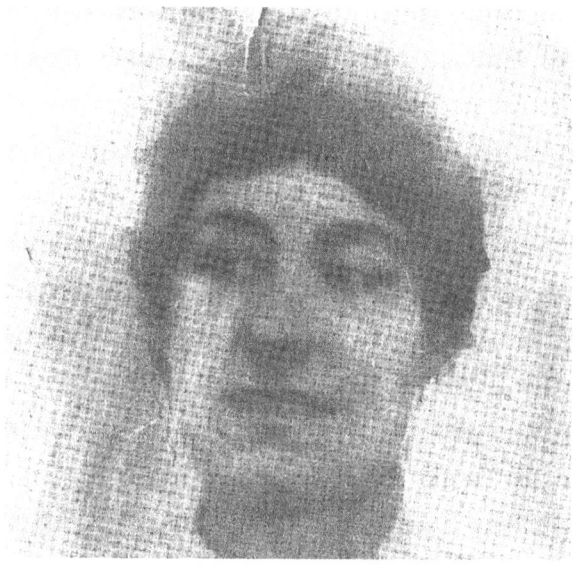

*Annie Elizabeth Crook circa 1886*

Une facette du mobile n'a pas encore été examinée : la menace apparente du catholicisme et le danger connexe d'un mariage entre le prince Eddy et une catholique. Les risques constitutionnels supposés par l'alliance alléguée entre Eddy et Annie Elizabeth Crook peuvent être précisément évalués. Car, en 1890, la question du mariage officiel d'Eddy fut soulevée et une crise éclata lorsqu'il se choisit pour fiancée la princesse Hélène d'Orléans, fille du comte de Paris, qui, au plus grand dam de la majorité, était catholique.

Une haine acharnée et irrationnelle était toujours à l'œuvre dans l'esprit de nombreux protestants anglais, même au début du XXᵉ siècle, et le cri « Sus au papisme ! » pouvait encore être entendu dans les décennies 1880 et 1890. Aussi récemment qu'en 1850, il y eut des manifestations anticatholiques à Londres, l'effigie du cardinal Wiseman fut brûlée dans les rues de Bethnal Green et la foule, proférant de violentes injures contre le pape, cassa les vitraux d'églises catholiques et prit à partie des prêtres. L'Église d'Angleterre dominait le pays, et tout écart vis-à-vis du protestantisme était regardé avec la plus grande suspicion. Quelques années après les épisodes de Bethnal Green, un vicaire anglican de l'est londonien fut bombardé de pudding pour avoir fait un pas en direction de Rome en mettant des cierges sur son autel et en habillant de surplis ses jeunes choristes. Même en 1910, Édouard VII fut violemment critiqué dans la presse pour avoir assisté à un office dans l'église catholique St James, dans l'ouest londonien (Spanish Place).

Aussi loin que l'*Establishment* était concerné, qu'Eddy se soit engagé avec une catholique était l'une des pires choses qui pouvaient arriver dans les années 1880. Sur la question de son éventuel mariage avec Hélène en 1890, la reine Victoria écrivit une lettre énergique pour le détourner de ce projet. Son mariage avec une catholique, annonçait-elle, aurait « le *pire effet possible* ». En un temps aussi troublé, alors que le trône était déjà en danger, ce mot d'avertissement incisif ne pouvait signifier qu'une seule chose : Victoria prévoyait un soulèvement qui mettrait fin à la monarchie.

Lord Salisbury était lui aussi épouvanté par cette éventualité. Selon sir Philip Magnus dans son *King Edward the Seventh*, l'avis de Salisbury sur ce point était sans la moindre ambiguïté. Quand le prince de Galles lui demanda s'il était possible qu'Eddy épousât Hélène et que celle-ci restât catholique, Salisbury l'avertit de ce que le « courroux des classes moyennes et inférieures pouvait mettre en danger la couronne si elles apprenaient que la chose avait été conclue ou ne serait-ce qu'envisagée ».

Il a été suggéré que les principaux adversaires de la thèse de Sickert était le Royal Marriages Act et l'Act of Settlement qui étaient toujours en vigueur à l'époque où Eddy est censé s'être marié avec Annie Elizabeth Crook. Donald Rumbelow signale dans son *Complete Jack the Ripper* que, d'après le Royal Marriages Act, le mariage d'Eddy avec Annie Elizabeth aurait été ignoré car illégal parce qu'il avait moins de 25 ans au moment de se marier et qu'il s'était marié sans le consentement de la reine. L'Act of Settlement excluait de la succession à la couronne quiconque épousait une catholique. Tout cela est vrai, mais que le mariage d'Eddy avec Annie Elizabeth ait été juridiquement valide ou non ne changerait en rien la réaction populaire face à l'annonce d'une telle alliance. Salisbury et lord Halsbury, le lord chancelier, avaient évidemment connaissance de ces deux lois quand, d'après Magnus, ils firent un rapport précis des conséquences politiques et légales de fiançailles entre Eddy et Hélène – mais Salisbury envisageait toujours une révolution à la clef du mariage évoqué.

Dans sa lettre à Eddy, Victoria lui dit qu'une union avec une catholique correspondrait à la perte de tous ses droits. A. J. Balfour, neveu de Salisbury et député conservateur, même s'il pouvait comprendre la trame romantique de l'histoire, écrivait : « Nous devrons affronter énormément de difficultés à cause de tout ceci ».

Lorsque le prince de Galles voulut voir le pape en 1903, le cabinet lui expliqua que cette visite pouvait provoquer une vive inquiétude parmi les protestants, qui regardaient encore Rome comme une menace.

« C'est absurde », écrivait Balfour. « Mais le peuple avec lequel nous devons composer est absurde lui aussi ! »

L'opinion de Balfour résume la faiblesse de l'argument de Rumbelow : la loi semblait être une garantie contre l'irresponsabilité d'Eddy, mais ce même droit ne pouvait contrôler les émotions irrationnelles des classes moyennes et populaires.

Si vraiment Eddy n'avait pas seulement épousé une catholique, mais lui avait également fait un enfant – un enfant conçu hors mariage –, il est facile de comprendre que Salisbury et la famille royale auraient considéré cette affaire comme étant cruciale. Chez Victoria, écrivait Elizabeth Longford, « dans son état de nervosité, toute nouvelle malvenue prenait des proportions considérables ».

Si le comportement d'Eddy n'était pas suffisant pour provoquer le chaos, Salisbury ne pourrait qu'être difficilement blâmé d'avoir cru le contraire. Si le récit de Sickert au sujet d'une naissance et d'un mariage secret s'avérait, il serait tout à fait crédible que Salisbury ait essayé d'étouffer l'affaire en enfermant Annie Elizabeth Crook dans des asiles. Mais la faire disparaître n'aurait fait qu'aggraver le problème, car Sickert dit que Mary Kelly se mit à raconter ce qu'elle savait. Si c'était le cas, Salisbury ne devait plus seulement dissimuler le scandale d'origine, mais également le traitement brutal qu'il avait réservé à l'amante d'Eddy.

Les circonstances corroborent le drame de Sickert, et le décor est en place. Il ne reste plus qu'à vérifier que les rideaux se soient bien levés.

## Chapitre VII

## *Cleveland Street*

Cleveland Street est une longue rue étroite allant approximativement du nord-ouest vers le sud-est entre Euston Road et Goodge Street. Un groupe de bâtiments entier a été démoli depuis l'époque de Jack l'Éventreur, et son emplacement est aujourd'hui occupé par un Middlesex Hospital généreusement agrandi, dont le prédécesseur du XIX$^e$ siècle à Cleveland Street était déjà important, mais beaucoup plus petit. En dehors de ce changement, la rue est à peu près comme elle l'était jadis, dominée par de sombres immeubles à trois étages, dont la plupart ont des magasins ou des bureaux au rez-de-chaussée.

Lorsque l'on se penche sur Cleveland Street et sur les événements censés y avoir eu lieu d'après Sickert, le peintre commence à gagner en crédibilité. La plupart de ses propos deviennent des faits probables, et il y a plusieurs éléments subalternes qui suggèrent qu'il ne pouvait pas avoir menti.

De toutes les questions réclamant une première réponse, il y en avait une à l'importance primordiale : les personnages principaux de l'histoire de Sickert ont-ils vraiment existé ? C'était Sickert qui avait décrit les acteurs de la pièce, et si son récit était faux, il était plus que probable que les protagonistes les moins connus de son histoire fussent eux aussi inventés. Évidemment, le prince Eddy, le Premier ministre et sir William Gull existaient vraiment, mais John Netley, Annie Elizabeth Crook et sa fille Alice Margaret appartenaient à un autre monde. Le chap. XII rendra compte de nos recherches sur Netley, de sorte que nous ne dirons que le minimum sur lui ici. À ce stade de l'enquête, nos deux humbles dames sont d'une grande importance : leur comportement ou, dans le cas de l'enfant, leur existence même est censée avoir déclenché une effroyable réaction en chaîne.

La liste électorale de Cleveland Street pour la décennie 1880 ne donne aucun nom nous intéressant. Ce n'est guère surprenant, puisque Annie Crook, étant une femme, n'avait pas le droit de voter et que le seul autre habitant digne d'intérêt, Sickert, avait tant d'appartements à Londres qu'il n'avait nul intérêt à déclarer son domicile de Cleveland Street. Robert Emmons précisait dans son *Life and Opinions of Walter Richard Sickert* que le peintre ne se préoccupait que peu des questions financières et se comportait avec une générosité presque imprudente. D'après Marjorie Lilly, il songeait rarement à l'argent avant qu'il ne se fasse plus rare. Cela suppose deux choses... En ne voyant dans l'argent qu'une formalité, il se conduisait encore plus dédaigneusement vis-à-vis des exigences déclaratives de la bureaucratie – remplir des formulaires par exemple. Deuxièmement, il avait rarement beaucoup de liquide en réserve et, lorsqu'il venait à en manquer (ce qui était souvent le cas au tout début), rester non inscrit et évasif était une aide s'il devait prendre la fuite une nuit sans payer son loyer.

L'annuaire postal de Londres, de 1885 à 1888, n'est pas plus utile pour vérifier les faits. Ce qu'il confirmait, cependant, c'était que l'air de « communauté » du quartier décrit par Sickert était juste. Il y avait des commerçants en pagaille : Henry Fletcher, marchand de fruits et légumes ; Henry Mowbray, coiffeur ; Isaac Lyons, drapier ; George

Endersby, libraire ; M^me Sarah Winslow, vendeuse d'articles de marine – et ainsi de suite dans un flot semblant sans fin, tous étant commerçants dans cette même rue étroite. À une époque où le savoir-faire artisanal faisait partie intégrante du système social, il y avait toujours de la place pour Thomas Walter Cadwallader, serrurier, et William Leader, fabricant de parapluies. Il y avait en outre des rempailleurs de chaises, des cordonniers, des ébénistes, des carrossiers, des sculpteurs marqueteurs, des selliers, des chapeliers, des relieurs, des graveurs, des vendeurs d'or, des polisseurs français et des artisans de toutes sortes. N'importe qui peut voir en un clin d'œil que ce quartier était parfaitement adapté pour un jeune artiste. À la vue de ses appartements au n° 15 : un dessinateur, le coloriste d'un artiste et, un peu plus loin, Henry Landsbert, un marchand d'œuvres d'art. Il n'y a pas à Londres d'endroit où Sickert ait pu plus vraisemblablement avoir un atelier. C'était depuis de nombreuses années le centre préféré des jeunes artistes pour leur début de carrière. Comme William Gaunt le rappelait dans *The Pre-Raphaelite Tragedy*, Holman Hunt avait ses ateliers à Cleveland Street et ce fut le lieu de naissance et la pépinière de la célèbre confrérie préraphaélite, dont Millais, les Rossetti, Ford Madox Brown et Hunt lui-même étaient membres.

Cleveland Street était généreusement saupoudrée de cafés, comme ceux d'Henry Lindner et de M^me Ann Storey, où les hommes du « village » pouvaient oublier leurs femmes et les soucis ou fatigues de la journée et, selon une tradition séculaire, aujourd'hui encore perpétuée par la population masculine française, se réunir pour une longue et souvent vive discussion de midi. Le soir, un délassement similaire pouvait être de nouveau expérimenté, d'une manière plus agréable, autour d'une pinte de bière au *The George and Dragon*, *The City of Hereford* ou *The Crown*.

Mais il ne semblait n'y avoir aucune trace du sous-sol, au n° 6, de notre assistante de marchand de tabac, jusqu'à ce que Karen de Groot – un chercheur de la BBC – oriente son enquête vers les registres fiscaux des deux arrondissements que traverse Cleveland Street : Marylebone et St Pancras. Le registre de 1888 mentionne pour cette rue :

> Numéro 6 Elizabeth Cook (sous-sol).

On y est presque. Sickert disait que le sous-sol du n° 6 était habité par Annie Elizabeth Crook. Le document donnait le nom d'Elizabeth *Cook*. C'est cohérent avec l'histoire de Sickert, car le nom de famille d'Annie y était souvent transformée en Cook. Son existence fut définitivement établie lorsqu'une autre preuve fut trouvée : l'acte de naissance de sa fille. Ce certificat fut obtenu à Somerset House afin de vérifier les allégations de base de Sickert, à savoir :

1. Annie Elizabeth Crook était l'assistante d'un buraliste de Cleveland Street dans les années 1880.

2. En avril 1885, elle donna naissance à un enfant illégitime.

3. La naissance eut lieu à l'hospice de Marylebone.

4. Le père de l'enfant était le prince Eddy.

5. Le nom de l'enfant était Alice Margaret Crook.

L'acte de naissance confirme quatre de ces cinq points. Daté du 18 avril 1885, il donne :

> Sexe : féminin
>
> Nom : Alice Margaret Crook
>
> Lieu de naissance : hospice de Marylebone

Nom de la mère : Annie Elizabeth Crook, assistante de fabrication, Cleveland Street

Nom du père : néant

Profession du père : néant

L'acte de naissance porte une croix sous laquelle il est écrit : « Signature d'Annie Elizabeth Crook, mère, 6 Cleveland Street, Fitzroy Square ». L'adresse montre que l'Elizabeth Cook de l'administration fiscale et Annie Elizabeth Crook étaient une seule et même personne. Et la croix confirme un autre élément du récit de Sickert : Annie était illettrée.

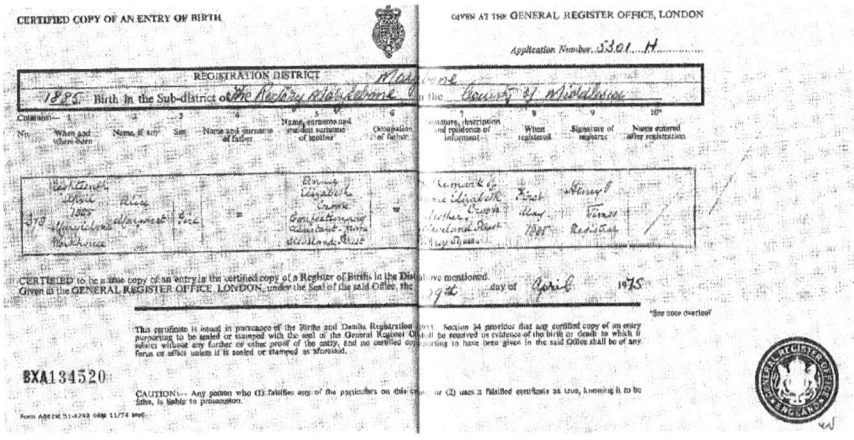

*Le certificat de naissance d'Alice Margaret Crook*

Trois ans après la naissance d'Alice Margaret, en avril 1888, une descente de police fut organisée à Cleveland Street, et Eddy ainsi qu'Annie Elizabeth furent emmenés, d'après Sickert. Annie, disait-il, fut déclarée folle et passa 156 jours au Guy's Hospital. Il croyait qu'elle y avait subi une espèce d'opération devant supprimer ses souvenirs des événements de Cleveland Street, car, lorsqu'il la revit une ou deux fois ensuite, c'était une personne différente qui ne le reconnaissait plus. Sir William Gull en personne, pensait-il, avait réalisé l'opération, qui ne fit pas qu'affecter sa mémoire, mais la rendit épileptique. Après le Guy's Hospital, elle passe des mois enfermée dans différents hospices et, finalement, quand on réalisa qu'elle ne détenait plus aucun souvenir compromettant, elle fut relâchée – une épave inoffensive, brisée dans son corps et en esprit, abandonnée dans les rues dont on l'avait il y a si peu arrachée alors qu'elle était encore une ravissante jeune femme tout à fait normale. Mais elle fut incapable de subvenir à ses besoins, ni même ne pouvait survivre toute seule. Après avoir vogué d'un hospice à l'autre pendant des mois dans la recherche confuse d'un abri, elle fut à la longue arrêtée une fois encore et enfermée pour le restant de sa vie dans des prisons, hôpitaux et hospices. Elle mourut en 1920 au 367 Fulham Road. À ce moment-là, elle était irrémédiablement aliénée.

Le Guy's Hospital a des archives sur ses patients pour le XIXe siècle, mais elles sont incomplètes. Le registre des patients pour 1888 est manquant, de sorte qu'il n'est guère possible de vérifier qu'Annie Elizabeth y fut internée comme le dit Sickert. Il y a en revanche des données indépendantes qui, tout au moins, rendent crédible son histoire. Sir William Gull entretint des liens étroits avec le Guy's Hospital toute sa vie et, fait très intéressant, il fut à un moment donné le responsable d'un asile de 20 femmes aliénées au sein de l'établissement. Selon Michael Harrison, la simple présence de Gull dans l'entourage royal nécessite des explications, car, plutôt que d'être un expert dans les maladies en général, il était spécialisé dans la paraplégie, les problèmes de moelle épinière et les abcès cérébraux. Cette spécialisation et sa collaboration avec l'asile pour femmes du Guy's Hospital ne sont pas seulement compatibles avec l'histoire de l'enfermement d'Annie Elizabeth, mais elles soutiennent également l'assertion de Sickert selon laquelle il avait de nombreuses fois rendu d'inestimables services en neutralisant les gêneurs, les faisant passer pour fous. Il n'avait pas que la capacité de mener à bien des opérations comme celle qu'Annie Elizabeth aurait subie au dire de Sickert : il avait aussi le contexte favorable pour ce faire.

Au sujet de ses déplacements à la sortie du Guy's Hospital, M. Alan Neate, conservateur du Greater London Record Office[10], fut d'une très grande aide. Pataugeant dans les centaines de registres placés sous sa garde, il trouva des documents épars mais utiles sur ses mouvements entre 1885 et sa mort. La première mention de son nom se trouve dans les papiers de l'hospice St Marylebone démontrant qu'elle avait intégré l'institution le 18 avril 1885 (le jour où sa fille est née) et en était repartie le 5 mai.

Aucune autre référence à Annie Elizabeth ne peut être retrouvée avant le 22 janvier 1889, quand elle passa une seule journée à l'hospice St Giles d'Endell Street (High Holborn). Il n'y a ensuite plus aucune mention de son nom jusqu'en 1903, où elle devint résidente permanente des institutions sous la responsabilité du St Pancras Board of Guardians. M. Neate compila la ventilation exacte de ses déplacements entre février 1903 et mars 1913, avec seulement quelques mois manquants ici ou là. Elle fut dans cette décennie une habituée des hospices et des hôpitaux, comme les archives susmentionnées le corroborent :

18/04/1885-06/05/1885 Hospice St Marylebone

22/01/1889 (un jour) Hospice St Giles, Endell Street

07/02/1903-23/02/1903 Hospice St Pancras

---

[10] Il s'agit aujourd'hui du London Metropolitan Archives, ou « Archives de la ville de Londres » (N.D.T.).

12/03/1903-27/03/1903 Hospice St Pancras

28/10/1903-13/11/1903 Hôpital [sic] St Pancras

13/11/1903-13/05/1904 Hospice St Pancras

13/05/1904-11/11/1904 Hôpital Highgate

11/11/1904-14/11/1904 Hospice St Pancras

Le 14 novembre 1904, elle fut transférée de l'hospice St Pancras vers l'hospice de Poland Street et, dès lors, elle dépendait de la paroisse St James du Westminster Board of Guardians[11] :

14/11/1904-07/08/1906 Hospice de Poland Street

11/11/1906-03/04/1907 Hospice de Poland Street

03/04/1907-11/06/1907 Dispensaire de Cleveland Street

11/06/1907-31/10/1907 Dispensaire d'Hendon (Colindale)

31/10/1907-12/03/1913 Dispensaire de Cleveland Street

12/03/1913-? Dispensaire d'Hendon

19/02/1920-23/02/1920 Hospice de Fulham Road

Après ce retour fortuit à Cleveland Street et y avoir passé cinq ans et demi dans un hôpital – son plus long séjour dans un même endroit –, elle fut admise au sein du dispensaire d'Hendon en mars 1913, puis il n'y a plus aucune trace d'elle. Son nom réapparaît ensuite dans les registres de l'hospice de Fulham Road en 1920, quatre jours

---

11   Ce qui signifie : « Office des tuteurs de Westminster » (N.D.T.).

avant sa mort. Elle s'éteignit dans l'hôpital voisin de l'hospice. Son emplacement, tel que donné par Sickert, était le 367 Fulham Road.

Quelques éléments factuels avaient enfin été dénichés, mais était-ce suffisant pour prouver la véridicité de l'histoire de Sickert ? Certes, il avait raison d'en avoir fait une internée dans diverses institutions presque toute la durée de son existence, et il ne s'était pas trompé sur le lieu de son décès. Mais il était difficile de concevoir qu'une personne enfermée comme folle pût être restée dans des hospices. Ma connaissance de ces institutions était vague. Je savais qu'en vertu des anciennes lois anglaises concernant le paupérisme il y avait un hospice dans chaque paroisse, où les indigents, les clochards et les personnes désœuvrées étaient mis au travail, nourris et habillés – ce qui était appelé *assistance publique*. Ce que je ne savais pas, c'est que certains hospices étaient utilisés comme des lieux d'internement pour fripouilles et vagabonds. M$^{gr}$ Atterbury (1662-1732) écrivait :

> Avez-vous souffert à un moment donné des vagabonds et des chapardeurs ? Alors estimez et promouvez ces œuvres charitables si utiles qui extirpent ces fléaux vers les prisons et les hospices.

Avant le Poor Law Amendment Act[12] de 1834, les hospices avaient la réputation d'être des pépinières d'oisiveté, d'ignorance et de vice. Mais cette loi enjoignit aux paroisses d'améliorer la gestion des hospices, donnant naissance aux Poor Law Unions contrôlant les hospices regroupant de 100 à 500 pensionnaires. Des circulaires publiées par la commission *in Lunacy* (sur le traitement de la folie) entre 1890 et 1912, aujourd'hui au Bureau des archives publiques à Londres, montrent que non seulement c'était une pratique ordinaire que des fous fussent détenus dans des hospices, mais qu'en plus nul dossier particulier n'était nécessaire pour les y garder... Il était par

---

12 En français, ce serait : « Nouvelle loi sur les pauvres » (N.D.T.).

conséquent tout à fait possible pour un individu parfaitement normal d'être interné en tant qu'aliéné dans un hospice. Si c'est ce qui arriva à Annie Elizabeth Crook, il n'y aurait eu aucun espoir d'en réchapper, parce que personne n'avait eu vent de son incarcération. De nombreux hospices avaient même des chambres matelassées, et ce ne fut qu'en 1910 que les conseils de tutelle locaux eurent l'obligation de tenir des dossiers sur leurs pensionnaires.

Tout s'éclaircit soudain. Les hospices étaient le lieu idéal pour enfermer Annie Elizabeth. Si elle avait été placée en asile, des dossiers en bonne et due forme auraient été constitués, et elle aurait reçu des visites régulières de la part des inspecteurs de la commission *in Lunacy*. Tandis que dans une cellule capitonnée d'un hospice, elle pouvait être enfermée sans avis médical, et aucune question ne pourrait lui être posée une fois qu'elle aurait été internée.

Toutefois, malgré la recherche approfondie de M. Neate, il y avait toujours des trous dans les mouvements d'Annie Elizabeth. Il n'y a point trace de documents rendant compte de ses déplacements entre sa sortie du Guy's Hospital – en septembre ou octobre 1888 – et le 22 janvier 1889, où elle passa une journée à l'hospice St Giles. Puis il y a un autre trou jusqu'en 1903. Le seul autre document découvert montre que, le 29 avril 1894, la petite Alice Margaret fut admise à l'hospice St Giles. Il était spécifié sur ses papiers d'admission que sa mère était en prison, ce qui concorde avec la description par Sickert du destin d'Annie Elizabeth.

Le dossier des soins médicaux reçus par Annie Elizabeth au 367 Fulham Road dans les jours précédant son décès confirme le témoignage de Sickert selon lequel elle serait morte dans la folie. Le médecin s'occupant de la salle d'observation des fous où elle était confinée écrivait :

20/02/20. Désorientée – parfois bruyante et hilare, d'autres fois presque léthargique – a des délires comme si on la torturait – ne prête aucune attention à ce qui l'entoure.

23/02/20. Attaque cardiaque soudaine, entraînant la mort à 00 h 40.

Les archives de son admission dans plusieurs hospices et hôpitaux précisent qu'elle était épileptique, ce qui confirme une nouvelle fois les propos de Sickert. Simultanément, tout ce que le peintre avait dit au sujet du sort d'Annie Elizabeth se confirmait. Ses hallucinations où elle était torturée sont tout sauf surprenantes si vraiment son histoire était exacte.

Il est difficile d'expliquer comment ou pourquoi Annie Elizabeth fut déplacée du ressort d'un conseil de tutelle à un autre, et d'hospice en hospice, avec une telle facilité. Les règlements étaient extrêmement rigides et les pauvres étaient soumis à un interrogatoire serré quant à leurs faits et gestes dans les années précédant leur admission dans un hospice. Avant de pouvoir bénéficier de l'assistance publique dans un quartier, un pauvre devait faire montre de ce qui était appelé une « attache » de trois années de résidence continue ou de naissance. Si un pauvre se présentait dans une paroisse avec laquelle il n'avait aucun lien, il était immédiatement renvoyé vers sa propre paroisse. Il y avait des dispositions pour déplacer des pauvres d'un quartier à un autre, avec l'accord des juges. Mais la procédure était longue, compliquée et plus que décourageante. Aucune manœuvre de ce genre ne fut esquissée pour Annie Elizabeth Crook. Elle passa d'un quartier à l'autre, et nul problème ne fut soulevé. C'était inhabituel. Elle fut traitée différemment des autres pensionnaires d'hospice de son époque, et toutes les instructions émanaient du conseil dont elle dépendait.

En réponse à une demande d'informations complémentaires quant à son traitement inaccoutumé, M. Neate écrivit qu'il était surprenant, mais pas *nécessairement* anormal. « Il y eu souvent des cas », disait-il, « de transferts réalisés à l'amiable entre les parties concernées *pour échapper aux formalités légales* » (l'italique est de moi).

Ce qui soulève plus d'un questionnement : pourquoi Annie Elizabeth Crook fut-elle considérée comme étant assez importante pour être dispensée de règles rigoureuses de sorte à pouvoir être transférée d'un endroit à l'autre plus rapidement ? Qu'est-ce qui la rendait différente de tous les autres pensionnaires d'hospice ? Pourquoi personne ne voulut attirer l'attention sur elle en suivant la procédure normale ? Et qui prit des dispositions en faveur de ces *raccourcis* ?

L'explication de Sickert évoquant son mariage avec Eddy et les événements qui s'ensuivirent répond à toutes ces questions, hormis la dernière. Là-dessus, je n'ai que récemment remarqué l'importance considérable d'un gentleman : le révérend Henry Luke Paget.

Et les faits s'accumulent, arrachant l'histoire de Sickert à son apparente fantaisie pour montrer, élément par élément, que la base (au moins) de son récit était authentique. Il y a des preuves documentaires de l'existence d'Annie Elizabeth Crook ; elle vécut à Cleveland Street ; elle y travaillait chez un buraliste ; elle donna naissance à une fille à la date et à l'endroit indiqués par Sickert ; elle disparut de Cleveland Street et de son emploi pérenne au magasin sans raison manifeste (la naissance de son enfant ne peut expliquer sa chute du statut de contribuable assez rémunéré pour avoir son propre chez-soi à la misère des hospices) ; elle fut internée dans des institutions ayant des cellules matelassées presque tout le reste de ses jours (et, au cours de cette période, à une époque très conformiste, elle fut traitée d'une manière curieusement inhabituelle) ; elle devint épileptique ; elle s'éteignit au 367 Fulham Road en 1920 ; et elle était folle à ce moment-là.

Mais rien de tout ceci ne la relie au prince Albert Victor ou ne suggère qu'Eddy connaissait Cleveland Street. Étonnamment, le nom d'Eddy était rattaché à Cleveland Street dans *Their Good Names* d'H. Montgomery Hyde, publié en 1970. Hyde signalait qu'une rumeur disait qu'Eddy fréquentait un bordel homosexuel de Cleveland Street. Deux années plus tard, en publiant *Clarence*, sa biographie du prince, Michael Harrison alla encore plus loin. Bien qu'il n'eût jamais entendu parler des allégations de Sickert, Harrison soutenait qu'Eddy était très attaché à Cleveland Street, s'y rendant souvent. Il disait qu'en 1889 – l'année suivant les assassinats de Jack l'Éventreur – Eddy n'était pas simplement un habitué, mais le personnage principal du scandale né autour de ce bordel homosexuel. L'établissement se situait au 19 Cleveland Street, directement en face de la boutique où Annie Elizabeth Crook avait travaillé jusqu'en 1888, et à deux pas seulement de l'atelier de Sickert.

Eddy aurait été bisexuel, comme indiqué par Harrison. Sa sexualité anormale s'associait à un mépris absolu de la bienséance – ou plutôt, peut-être, une *incapacité* totale à agir comme il aurait dû – pour le fourrer dans des liaisons avec des femmes de rien, des hommes et des garçons. Il pouvait être amoureux de plusieurs personnes en même temps, comme il le montrerait par la suite quand, apparemment profondément attaché à la princesse Hélène d'Orléans, il écrivait en parallèle des lettres d'amour à lady Sybil St Clair-Erskine.

Il n'est donc pas surprenant qu'Eddy se soit autorisé à fréquenter ce bordel, non parce qu'il était désespérément homosexuel, mais parce qu'il se permettait *de tomber amoureux* de ses amis les plus proches, qu'ils soient de sexe masculin ou féminin. Il n'y avait pas chez Eddy de luxure ingouvernable (tout au moins, il n'y a aucun signe l'attestant), mais il était faible, extrêmement sensible et assez fruste pour qu'un sourire ou un mot tendre le submerge d'émotions et le conduise dans des situations désespérées qu'il était impuissant à maîtriser. Sa romance avec Annie Elizabeth Crook avait été de cette nature. Son implication dans le scandale du bordel de Cleveland Street a encore beaucoup plus de sens à la lumière de sa relation avec Annie Elizabeth. Il s'était déjà rendu à Cleveland Street, s'y était fait de nombreux amis de toute sorte, et aspirait à y revenir. Ce faisant, il fut entraîné dans les torrents de vice du n° 19.

Il y a une autre preuve, totalement indépendante, du lien d'Eddy avec Annie Elizabeth. Aleister Crowley – magicien, poète, peintre, champion d'échecs et débauché, celui qui se surnommait lui-même « la Grande Bête » – prétendit dans son livre *The World's Tragedy*, publié à Paris en 1910, qu'il avait plusieurs lettres compromettantes d'Eddy à un garçon – Morgan – vivant à Cleveland Street. À première vue, cette annonce ne semble que renforcer l'évidence des liens d'Eddy avec cette rue. Mais la portée réelle des lettres évoquées par Crowley se dévoile quand on découvre que ce Morgan était le fils de M$^{me}$ Morgan *qui gérait le magasin du 22 Cleveland Street dans lequel travaillait Annie Elizabeth*. Cela rapproche encore un peu Eddy d'Annie Elizabeth. Harrison indiquait qu'il allait jusqu'au n° 19, en face de la boutique d'Annie. Crowley le reliait carrément au magasin, un lieu qu'il doit sans doute avoir régulièrement fréquenté s'il a noué avec Morgan une relation assez étroite pour lui écrire.

Et ce mot, « compromettant », que signifie-t-il exactement ? Eu égard à la tendance bisexuelle d'Eddy, il pourrait s'agir de billets d'amour. Ou, également probable, ce pouvait être des lettres mentionnant des éléments compromettants sur sa liaison avec Annie

Elizabeth, le genre de détails flous mais propices au scandale qui conduisirent par la suite un plaisantin de Cleveland Street à tracer ces mots :

> Jack et Jill sortirent pour tuer.
> Pour des raisons auxquelles ils ne pouvaient rien
> Jack tomba et perdit sa couronne
> Et laissa une petite fille.

Malgré tout ceci, il n'y a aucune preuve concrète d'un mariage entre Annie Elizabeth et le prince – notre chap. VIII décrit le camouflage sophistiqué qui fut employé pour détruire de tels indices. Sickert affirmait que le mariage avait eu lieu dans la chapelle du dispensaire St Saviour. Pendant un certain temps, il a semblé que c'était le premier point de son récit où il se soit trompé : il était impossible de trouver un dispensaire St Saviour, et encore moins un qui eût une chapelle. Mais, finalement, Ian Sharp – de la BBC – mit la main sur les archives d'une telle institution à Osnaburgh Street, à un jet de pierre de Cleveland Street. Le dispensaire, devenu l'hôpital St Saviour, a depuis longtemps été déplacé vers Hythe dans le Kent, et il fallut du travail pour remonter jusqu'à lui. La supérieure qui en a la responsabilité reconnaît que des mariages ont pu avoir lieu dans la chapelle du dispensaire de jadis, mais aucune des archives de l'institution n'a survécu. Une recherche dans les inventaires de la St Catherine's House à Londres, le nouveau lieu de dépôt des actes de naissance, de mariage et de décès, pour chaque quartier entre janvier 1884 et décembre 1889 s'avéra vaine. Les noms Cobourg, Cook, Cooke, Crook, Crooke, Saxe, Saxe-Cobourg (le patronyme de la famille royale) et Sickert furent tous cherchés deux fois, mais sans succès. Les noces royales n'étaient normalement pas enregistrées avec les mariages ordinaires, mais il était possible qu'Eddy se soit marié avec un nom d'emprunt, le plus vraisemblable de tous étant son pseudonyme :

Albert Sickert. Mais toute trace d'un tel mariage, si celui-ci avait jamais été inscrit dans un registre, a été depuis longtemps effacée. Le seul véritable espoir était le dispensaire lui-même, mais ses archives s'en étaient allées pour toujours…

Et toujours pas de nouveau-né. L'élément le plus désespéré de l'enquête, semblait-il, était la question de l'enfant naturel. L'existence d'Annie Elizabeth Crook de Cleveland Street et de *son* enfant illégitime a été établie. Il paraît indéniable qu'Eddy a fréquenté le commerce où Annie Elizabeth travaillait. Mais rapporter la fille d'Annie Elizabeth à Eddy, c'est autre chose.

Avant que Joseph Sickert ne dévoile en 1973 l'histoire de son père, personne n'avait insinué qu'Eddy ait pu faire un enfant, et le palais de Buckingham nie toujours que le prince ait eu la moindre descendance. Malgré tout, après des mois de recherches infructueuses, je reçus la copie d'une lettre contenant une déclaration, écrite en toute innocence, au sujet d'un enfant du duc de Clarence ! Il faut rappeler qu'Eddy fut fait duc de Clarence et Avondale en 1890. Cette lettre a été écrite par un certain Frederick Bratton d'Harlesden à lady Dowding, de qui j'en ai reçu une copie par une voie détournée. C'était une lettre amicale ordinaire, mais je fus particulièrement frappé par ce paragraphe :

> Je suis particulièrement intéressé par tout ce qui concerne le duc de Clarence. Il fut « commandé » par la cour à ma grand-mère d'élever un enfant du duc. Elle fut choisie parmi de nombreuses « candidates » après des tests et des entretiens sans fin. Au dernier moment, son oncle – le D$^r$ J. Bratton (maire de Shrewsbury, etc.) – mit courtoisement les pieds dans le plat et envoya des excuses pour elle. Il expliqua à la famille que la vie de cour était « frivole » et qu'elle aurait été embêtée, peu importe la façon.

J'écrivis à M. Bratton, qui répondit avec une lettre charmante mais qui n'était malheureusement pas à même de m'aider pour trouver une preuve documentaire. Il faisait valoir que toute cette affaire avait été

« très secrète », ce qui concordait parfaitement avec les propos de Sickert. Il était irréfutable que l'enfant que sa grand-mère aurait dû élever était un bâtard du prince Albert Victor, duc de Clarence – Eddy. Cette histoire fut rendue publique dans une histoire de la famille Bratton. Elle allait à contre-courant de tout ce qui avait été dit jusque-là, Walter Sickert excepté.

*Joseph Sickert visitant l'échoppe de tabac de Cleveland Street où l'entier épisode de Jack l'Éventreur trouve son origine. La boutique a depuis été reprise par le Middlesex Hospital*

Résumons... Annie Elizabeth Crook a existé. Elle vivait à l'endroit et au moment indiqués par Sickert. Elle donna naissance à un enfant illégitime, à la date donnée par Sickert. Il y a des indices complètement indépendants selon lesquels Eddy eut un enfant, et qu'il ne faisait pas que fréquenter Cleveland Street, mais aussi le magasin où Annie Elizabeth travaillait.

Un autre point : dans son article du *Criminologist*, insinuant implicitement qu'Eddy était Jack l'Éventreur, le D$^r$ Thomas Stowell l'appelait « S ». Il n'y a eu aucune explication satisfaisante du pourquoi de ce sobriquet. C'est sans doute plus qu'une coïncidence si, plus de 30 années auparavant, Walter Sickert exigeait d'Eddy qu'il se fasse passer pour son petit frère et porte le nom d'« Albert Sickert » ou « S ». Ainsi, de façon indirecte, un autre élément du récit de Sickert est confirmé.

# Chapitre VIII

## *Enterrer l'affaire*

Un travail considérable est de mise si l'*Establishment* juge nécessaire de réaliser une opération de couverture à grande échelle. Car la vérité sur l'affaire Jack l'Éventreur, pour avoir été soigneusement étouffée, ne peut rien signifier de moins que la remise en cause de la sécurité de l'État, ou que quelqu'un de haut placé dans le gouvernement ou la famille royale était impliqué. Walter Sickert disait que c'était arrivé pour ces deux raisons, et nous avons déjà montré que le contexte politique de l'époque était explosif, qu'Eddy fréquentait Cleveland Street et qu'il avait presque certainement fait un enfant à Annie Elizabeth Crook. Mais y a-t-il eu une opération de maquillage ? À première vue, l'idée pourrait sembler trop singulière ou romanesque pour lui accorder trop d'importance. Mais il ne fait aucun doute que des pistes furent brouillées dans des proportions alarmantes, ce qui prouve en soi qu'il était utile de cacher quelque chose dont l'ordre de grandeur justifiait les faits décrits par Sickert. Qu'il y eut un étouffement, c'est certain. Le plus gros des preuves en attestant est récapitulé dans ce chapitre, mais d'autres éléments seront explorées dans le restant de notre ouvrage.

Une conséquence connexe et importante de ce camouflage est la révocation de toutes les théories avancées jusqu'ici concernant l'identité des meurtriers, sauf une qui est si fragile et énorme qu'elle ne peut pas être prise au sérieux – l'hypothèse selon laquelle le prince Eddy serait lui-même l'assassin. Si Donald McCormick avait eu raison en disant que les meurtres de Whitechapel furent commis par un médecin russe complètement fou, Pedachenko, soutenu par la police russe afin de faire porter le chapeau aux anarchistes en Grande-Bretagne, les autorités anglaises se seraient difficilement souciées de manœuvres difficiles pour cacher la vérité. Au contraire : elles auraient tambouriné la vérité dans le monde entier afin de dissiper la honte qu'elles s'étaient attirée en se montrant incapables de mettre la main sur l'Éventreur. Ce raisonnement s'applique à n'importe quelle théorie, excepté celle de Sickert. Il n'y aurait eu nul besoin de cacher le fait que Jack l'Éventreur fût une sage-femme vengeresse, comme William Stewart le croyait ; un ouvrier d'abattoir juif, comme l'affirmait Robin Odell ; le poissonnier Thomas Neill Cream ; le tueur de femmes George Chapman ; un réformateur socialiste dément ; un chirurgien fou vengeant la mort de son fils qui aurait contracté la syphilis à cause d'une prostituée ; ou encore James Kenneth Stephen, le précepteur du prince Eddy, comme évoqué par Michael Harrison. Il n'y aurait sans doute guère eu matière à une entreprise de dissimulation si l'Éventreur avait été l'avocat raté Montague John Druitt, accusé aussi bien par Daniel Farson que par Tom Cullen dans leurs ouvrages dédiés aux meurtres. Druitt est cependant un cas à part, car impliqué dans l'étouffement, comme nous allons le voir. La dernière partie de ce chapitre est consacrée à démontrer l'innocence de Druitt et à décrire son rôle véritable dans l'affaire. Ainsi, même si toutes les théories citées meurent de leurs propres faiblesses, elles sont encore démolies par le simple fait qu'il y ait eu une opération de couverture.

Beaucoup auraient peut-être rejeté toute intervention gouvernementale comme étant absurde, jusqu'à l'éclatement de la retentissante affaire du Watergate. Désormais, personne ne peut nier que la notion de secret fait partie intégrante du pouvoir aujourd'hui. C'est une erreur de croire que l'idée est nouvelle.

Le camouflage de la vérité autour de Jack l'Éventreur s'articule en plusieurs épisodes, l'un deux ayant déjà été mentionné mais pas dûment identifié.

1. Des preuves essentielles ont été détruites pendant les enquêtes.

2. Quand Eddy revint à Cleveland Street en 1889 et fut impliqué dans le scandale du bordel homosexuel, une entreprise d'étouffement sophistiquée fut lancée par les hommes les plus puissants d'Angleterre. Il ne s'agit pas de cacher ses tendances bisexuelles (lesquelles étaient alors bien connues de toute façon), mais ses liens avec cette rue en particulier. Le cours de la justice fut sciemment détourné pour continuer le processus de maquillage qui avait commencé lors de l'enlèvement de l'épouse catholique d'Eddy et culminé avec les meurtres de Whitechapel. En dépit de tout le temps et de tous les efforts déployés pour neutraliser l'affaire du bordel de Cleveland Street, un homme menaça cependant de tout dévoiler. Le caractère impitoyable des conspirateurs fut une fois de plus visible quand cet individu fut jugé sur de fausses accusations puis emprisonné un an pour garder le silence.

3. Un bouc émissaire plausible fut trouvé au cas où il serait nécessaire d'annoncer la capture de l'assassin, et pour satisfaire quiconque se pencherait sur l'affaire par la suite.

4. Des documents contenant la vérité sur Jack l'Éventreur furent détruits.

Des faits furent dès le départ cachés, y compris en audience publique. La première phase de cette couverture débuta lors de l'enquête concernant Annie Chapman.

Les auditions furent commencées par le coroner Wynne E. Baxter au Working Lads Institute de Whitechapel Road, le lundi 10 septembre 1888. Baxter avait déjà entre les mains l'enquête inachevée pour « Polly » Nichols lorsque Chapman fut tuée.

Le jeudi 13, les preuves médicales furent communiquées. Après une description très superficielle des blessures de Chapman, le chirurgien divisionnaire de la police – George Bagster Phillips – dit : « Je pense que je ferais mieux de ne pas donner davantage de détails sur ces mutilations qui ne peuvent qu'être pénibles pour la sensibilité du jury et de l'assistance. »

Le coroner permit à Phillips de garder ces éléments pour lui ce jour-là, mais, lorsque les séances reprirent, Baxter demanda toute la vérité. Bien que le coroner ne fît que s'assurer que l'on respectât la procédure normale, Phillips se comporta d'une façon surprenante et soupçonnable, essayant d'enfreindre la loi jusqu'au dernier moment, en taisant des éléments capitaux. Voici leur dialogue :

LE CORONER. — D$^r$ Phillips, quelles que puissent être votre opinion et vos objections, il me semble nécessaire que tous les éléments que vous avez pu obtenir de votre examen *post mortem* doivent être enregistrés par la cour, pour différentes raisons que je n'ai point besoin d'énumérer. Aussi pénible que cela puisse être, c'est nécessaire, dans l'intérêt de la justice.

PHILLIPS. — Je n'ai pas été informé de cela. J'aurais préféré que l'on m'en eût averti, car je me serais mieux préparé pour donner mes conclusions ; mais je vais faire de mon mieux.

LE CORONER. — Voudriez-vous les garder pour plus tard ?

PHILLIPS. — Oh, non. Je vais faire de mon mieux.

LE CORONER. — Pouvez-vous m'indiquer combien de temps il a dû falloir pour réaliser les incisions constatées sur le corps ?

PHILLIPS. — Je pense que je peux vous aider en disant que je n'aurais moi-même pas pu faire toutes les incisions que j'ai vues sur cette femme, ni les effectuer – même sans lutte – en moins d'un quart d'heure. *Je suis toujours d'avis qu'il serait déplorable de rendre publics ces éléments.* Ces détails ne sont utiles qu'à vous, Monsieur, et au jury.

LE CORONER. — Nous sommes ici dans l'intérêt de la justice et nous devons connaître toutes vos conclusions. Je vois cependant qu'il y a plusieurs dames et enfants dans la salle, et je pense qu'il vaudrait mieux qu'ils se retirent.

Même après le départ des femmes et des enfants, le D$^r$ Phillips persista dans sa réticence à donner son expertise, de sorte que sa raison de dissimuler des informations n'était pas – selon ce qu'il avait prétendu – d'épargner son auditoire. Une fois le public clairsemé, il dit :

PHILLIPS. — *Je crois toujours qu'en donnant ces détails en public vous contrarierez les fins de la justice.*

LE CORONER. — Nous sommes tenus de prendre note de tous les indices de l'affaire, et la question de les rendre publics ou non est de la responsabilité de la presse.

LE PRÉSIDENT. — Nous sommes d'opinion que les éléments que le médecin souhaitait garder pour lui la dernière fois doivent être communiqués.

LE CORONER. — J'ai soigneusement étudié le problème et je n'ai jamais entendu parler nulle part d'un témoignage devant être tu.

PHILLIPS. — Je n'ai rien gardé pour moi. J'ai simplement demandé si ce devait être révélé ou non.

LE CORONER. — Nous avons différé la communication de vos résultats autant que possible, parce que vous avez dit que les intérêts de la justice pouvaient être mieux servis ce faisant ; mais cela fait maintenant 15 jours que cela s'est produit et je ne vois pas pourquoi on les cacherait plus longtemps au jury.

PHILLIPS. — Mon opinion est que ce que je suis sur le point de décrire s'est passé après la mort, de sorte que ça ne saurait concerner la cause du décès sur laquelle vous enquêtez.

LE CORONER. — Ce n'est que votre opinion, laquelle pourrait être contredite par d'autres témoignages médicaux.

PHILLIPS. — Très bien. Je vais vous donner les conclusions de mon examen *post mortem*.

Malgré tous ses entortillages et sa résistance, le D$^r$ Phillips ne put faire dévier Baxter de son désir de suivre le cours de la justice. Que doit-on déduire de cette attitude peu commune ? Phillips connaissait la loi aussi bien que le coroner. Il avait plus que l'habitude de témoigner lors des instructions, il savait que le médecin donnant les résultats d'un examen *post mortem* était tenu de communiquer au parquet tous les faits, et nous trouvons dans la presse contemporaine de l'est londonien et dans des comptes rendus d'autres enquêtes une preuve manifeste de ce qu'il n'était pas opposé à décrire des blessures macabres en public. C'était la première fois, à Whitechapel comme par hasard, qu'un médecin avait demandé d'être autorisé à étouffer des éléments de preuve, et Wynne Baxter s'informa rapidement sur le sujet. Dans le cas des meurtres de Whitechapel, le D$^r$ Phillips avait trébuché sur un fait qu'il était – selon lui – nécessaire de cacher. Il prétendit que sa réticence était dans l'intérêt de la justice, mais, même deux semaines après le meurtre, lorsque tout délai supplémentaire sur un prétexte aussi futile s'avéra vain, il souhaitait encore garder le silence. Il voulait simplement que l'enquête soit terminée avant qu'il ait pu dévoiler ses conclusions qui, dans un tel cas, seraient demeurées secrètes pour l'éternité. Aujourd'hui encore, la description des blessures qu'il fut finalement contraint de faire a une signification particulière et sinistre pour un groupe précis de personnes. Cette signification sera abordée dans notre chap. X.

Le premier point de l'étouffement battit son plein lors de l'enquête concernant la dernière victime : Mary Kelly. Tout d'abord, l'enquête fut illégalement retirée des mains du coroner Baxter pour être supervisée de façon illégale par un autre coroner qui cacha délibérément des informations essentielles. Le meurtre avait eu lieu dans le ressort de Baxter, le quartier de Whitechapel, mais l'enquête fut finalement menée depuis Shoreditch Town Hall. C'était un détournement sans précédent, qui poussa un juré à prendre à partie le nouveau coroner.

« Je ne vois pas pourquoi cette enquête devrait reposer sur nous alors que l'assassinat n'a pas eu lieu dans notre quartier, mais à Whitechapel », dit-il.

M. Hammond, le supérieur du coroner, répondit : « Ça ne s'est pas passé à Whitechapel. »

Le coroner intervint sèchement : « Pensez-vous que nous ne savons pas ce que nous faisons ? Le jury est légalement convoqué, et il n'y a rien à objecter. S'il persiste dans son opposition, je saurai comment agir à son égard. Est-ce qu'un juré souhaite persister dans ses objections ? »

Le dissident ne fut pas apaisé par ces menaces. « Nous sommes convoqués pour le quartier de Shoreditch », rappela-t-il. « Cette affaire a eu lieu à Spitalfields. »

« Ça s'est passé dans *mon* arrondissement », mentit, exaspéré, le coroner.

Mais un autre juré vint à la rescousse du premier et déclara : « Ce n'est pas mon quartier. Je viens de Whitechapel, et c'est M. Baxter mon coroner. »

Le coroner parvint à avoir le dernier mot dans la discussion en disant : « Je ne vais pas du tout discuter de la question avec les jurés. Si un juré veut protester, qu'il parle. »

Marquant une pause, plus pour observer l'effet de son ton menaçant que pour recevoir une réponse, il reprit : « Je peux dire aux jurés que la juridiction dépend du lieu où est conservé le corps, et non de l'endroit où il a été trouvé », ce qui semblait contredire ses affirmations précédentes comme quoi l'assassinat s'était produit dans son quartier. Il était déterminé coûte que coûte à chapeauter cette enquête, mais pourquoi ?

Il aurait été possible de trouver sympathique le coroner Roderick MacDonald s'il avait mené l'enquête de façon appropriée. Mais il était décidé à cacher des preuves. Ce fait indiscutable, associé à la méthode anormale avec laquelle il obtint juridiction sur l'instruction, montre que MacDonald fut l'acteur d'une opération de maquillage. Wynne Baxter aurait probablement passé au crible le moindre élément de preuve émanant de l'enquête, comme il l'avait montré par sa détermination dans les procédures précédentes. Il ne souffrait pas l'opposition d'énergumènes désirant cacher des témoignages importants, à l'instar du D$^r$ Bagster Phillips. Et c'est pour cela que l'on n'offrit pas au coroner Baxter la possibilité de gérer l'enquête concernant Kelly. Il y avait trop de choses à cacher, comme cela est confirmé par le fait qu'il s'agisse du meurtre le plus sensationnel du XIX$^e$ siècle mais que le dossier de Scotland Yard à son sujet est considérablement plus mince que celui des autres meurtres de Jack l'Éventreur – et tout à fait insignifiant si on le compare aux archives de plusieurs autres assassinats non résolus la même année.

MacDonald mit brusquement fin à l'enquête en moins d'un jour et rapporta le verdict du jury : « meurtre prémédité par une ou plusieurs personnes inconnues ». Il n'avait pas demandé au chirurgien de la police – une fois encore Phillips – s'il manquait quelque partie du corps. Il n'avait guère essayé d'établir la nature de l'arme du crime. Il n'avait pas déterminé l'heure de la mort, ce qui était une négligence incroyable, parce que deux témoins prétendaient avoir vu Kelly dans la rue après le lever du jour le matin même où on trouva son corps.

Comme Tom Cullen le signalait dans son *Autumn of Terror*, le droit commun britannique requérait depuis Édouard I$^{er}$ que « toutes les blessures du corps, y compris les plaies, soient étudiées ; ainsi que leur longueur, leur largeur et leur profondeur, avec quelle arme, et à quel endroit du corps se trouve la plaie ou la blessure [...] toutes choses devant être inscrites dans les minutes du coroner. » MacDonald le savait tout autant qu'un chirurgien de police ayant l'habitude de témoigner. « *Mais il préféra sciemment étouffer ces indices* », concluait Cullen.

> « Il y a un autre élément que je ne compte pas mettre en avant », annonça-t-il assez pompeusement aux proches de l'enquête, « car, si nous rendions publics tous les faits de ce genre liés à ce meurtre terrible en même temps, les conclusions de la justice seraient retardées. » Que voulait-il dire par cette curieuse déclaration ? Était-il téléguidé par Scotland Yard, qui s'était ingénié à retirer l'enquête des mains du coroner Wynne Baxter ? *Qu'est-ce que la police essayait de cacher ?*

Même Cullen, qui cherchait à prouver que Montague Druitt était l'assassin, fut frappé par le complot, évident, qui était à l'œuvre.

Le coroner MacDonald n'enfreignit pas simplement la loi en cachant des indices : il dut avoir des instructions de ce faire, car le gouvernement n'intervint pas pour rectifier la situation, malgré l'indignation de plumes influentes des journaux nationaux, comme le *Daily Telegraph* protestant :

> On est en droit d'être surpris que l'enquête ait été conclue avant même de donner aux proches de la défunte la possibilité d'identifier son corps. Comme ils sont censés habiter en Irlande, on aurait cru à un plus long délai pour les y trouver.
>
> Il est dans les attributions du procureur général de faire appel auprès de la haute cour de justice pour la tenue d'une nouvelle enquête, s'il est établi qu'il y a eu des mises à l'écart d'indices, des irrégularités de procédure, ou des insuffisances dans l'instruction. Cette issue est peu probable, puisqu'il est affirmé que le D$^r$ Phillips, le chirurgien divisionnaire de la police, que le coroner consultait en privé, était depuis un certain temps mandaté par le Bureau de l'Intérieur et qu'il ne se considère pas comme étant un « homme libre » ; mais il est évident qu'en ayant précipitamment terminé l'enquête a été perdue la possibilité de prendre des dépositions faites sous serment au moment où la mémoire des témoins est encore fraîche. Il n'est pas improbable qu'une longue pause soit marquée avant qu'un suspect ne soit accusé en cour de police.

Une fois encore, l'étrange D$^r$ Phillips facilite la supercherie en trouvant des motifs pour que des irrégularités caractérisées soient tolérées. Premièrement, lors de la procédure concernant Kelly, il réussit dans sa détermination à cacher des éléments et il ne s'entretint qu'en privé avec le coroner (ce à quoi Baxter s'était avec raison refusé). Deuxièmement, il était l'unique raison pour laquelle l'enquête ne fut pas rouverte, ce qui aurait dû normalement être le cas. Tout au moins, il se laissa invoquer comme excuse pour que les auditions au sujet de Kelly ne soient pas reprises. Qu'il y eût une commission du Bureau de l'Intérieur l'aurait difficilement empêché de témoigner à une audience si importante. Au contraire, dans des circonstances normales, le

Bureau de l'Intérieur aurait eu soif de justice. Mais ce n'était pas le cas avec Jack l'Éventreur. Les autorités souhaitaient visiblement que le meurtre de Mary Kelly soit classé aussi vite qu'elles dissimuleraient de nouveau, par la suite, les liens d'Eddy avec Cleveland Street. Ce n'était qu'une partie d'une seule et même opération.

La précipitation avec laquelle l'enquête fut menée avait aussi pour but que la déposition capitale d'un certain Hutchinson ne soit pas rendue publique. Hutchinson fit une description très détaillée de l'homme qu'il affirmait avoir vu avec Kelly peu avant son assassinat. Il y eut ensuite des entreprises obstinées, de la part de la police, de saper la certitude d'Hutchinson au sujet de cet individu. Mais il ne se trompa pas dans son récit, ni ne modifia son témoignage. Il se mit même en danger d'être impliqué en répétant qu'il était l'une des dernières personnes à avoir vu Kelly en vie, peut-être *le dernier* en dehors de son meurtrier. Il est possible que, si Hutchinson avait été convenablement entendu par un tribunal, son témoignage se fût montré imparfait ou faux. Il peut ne pas avoir vu l'Éventreur, mais un simple « client » de Kelly, parti avant l'entrée en scène du tueur. Mais il n'y a rien, dans les archives de la police, aussi bien publiques que secrètes, qui suggère qu'Hutchinson ne soit pas fiable. C'est plutôt l'inverse : dans le dossier de Scotland Yard, l'inspecteur Abberline qualifiait la déclaration d'Hutchinson d'« importante », et il pensait qu'elle était véridique. Il était donc capital que son témoignage soit donné en audience publique. Il était le seul individu à avoir donné une description convenable de la personne la plus susceptible d'être Jack l'Éventreur. Mais il ne fut jamais appelé à la barre des témoins.

La déposition d'Hutchinson est consignée dans un épais dossier noir, sur des feuilles bleues pour rapports spéciaux portant l'en-tête de *Commercial Street* :

Stephen Knight

POLICE MÉTROPOLITAINE

*Au sujet du meurtre*

Division H

12 novembre 1888

À 18 h le 12, George Hutchinson de Victoria Home (Commercial Street) se rendit dans le présent commissariat et fit la déclaration suivante.

« Vers 2 h du matin le 9, j'arrivais de Thrawl Street (Commercial Street) et, juste avant de prendre Flower and Dean Street, je croisai Kelly, la femme assassinée, qui me dit : "Hutchinson, peux-tu me prêter 6 pence ?" Je répondis : "Je ne peux pas, j'ai dépensé tout mon argent en allant à Romford". Elle me fit : "Bonne nuit ! Je dois y aller et trouver de l'argent". Elle s'en alla vers Thrawl Street. Un homme venant de la direction opposée à celle de Kelly lui tapa sur l'épaule et lui dit quelque chose : ils éclatèrent tous les deux de rire. J'entendis Kelly lui dire : "D'accord", et l'homme lui fit : "Tu es d'accord pour ce que je t'ai dit". Il mit ensuite sa main droite sur son épaule. Il avait également un genre de petit paquet dans sa main gauche, avec une espèce de lanière autour. Je me tenais contre la lampe du débit de boissons *Queens Head* et l'observais. Ils vinrent tous deux passer devant moi et l'homme baissait la tête avec son chapeau sur les yeux. Je dus me courber pour apercevoir son visage. Il me parut sévère. Ils prenaient Dorset Street. Je les suivis. Ils restèrent debout au coin de la cour pendant trois minutes environ. Il lui dit quelque chose. Elle répondit : "D'accord, mon chéri, suis-moi, ce sera plus confortable". Il plaça ensuite son bras sur son épaule et [lui] donna un baiser. Elle dit qu'elle avait perdu son mouchoir. Il sortit alors son mouchoir, de couleur rouge, et le lui donna. Puis ils montèrent ensemble dans la cour. Je me rendis aussitôt dans la cour pour voir si je pouvais les apercevoir, mais ce n'était guère possible. Je suis resté là pendant près de trois quarts d'heure pour voir s'ils ressortiraient. Ce ne fut pas le cas, alors je suis parti. »

## Au-dessous de la déclaration, il a été commenté :

À diffuser A.S. [dans tous les commissariats].

Description, environ 34 ou 35 ans, taille 1 m 68, teint pâle. Yeux foncés et cils noirs. Petite moustache recourbée et cheveux noirs. Aspect très bourru. Vêtements : long manteau noir, col et poignets ornés d'astrakan et un veston noir en dessous, gilet clair, pantalon noir, chapeau en feutre noir retombant au milieu, boutons blancs aux pieds et aux guêtres, portant une très grosse chaîne dorée et un col en lin, cravate noire avec des bottes cavalières, une mise respectable, marchant très vivement, de physique juif. Peut être identifié.

George Hutchinson

*Une partie de la déclaration de Hutchinson.*
*Cette dernière comporte sa signature au pied de chaque page.*

Dans son livre *Clarence,* Michael Harrison soutient qu'il y eut une subtile couverture élaborée pour garder le nom d'Eddy intact de toute éclaboussure venant de Cleveland Street. Ce n'était pas, comme Harrison l'imaginait, simplement pour cacher la participation d'Eddy aux activités d'un lupanar homosexuel. Il s'agissait de faire disparaître ses escapades – antérieures, et plus dangereuses – à Cleveland Street. Harrison écrivait à propos de l'affaire de la maison close :

> Eddy en était le personnage principal. Il est donc à peine surprenant que l'*Establishment* ait soigneusement conspiré pour dissimuler la vérité, et que, jusqu'à ce jour, cette supercherie n'ait pas été entièrement démasquée. À cause de la publicité que les enquêtes officielles s'étaient attirée, il était nécessaire de mettre en scène toute la procédure d'un procès criminel, avec un juge, des avocats, des témoins et des plaignants subornés.

Il ne s'agissait que de conjectures de la part d'Harrison, et il ne fournit aucune preuve pour étayer son opinion. Mais les documents officiels concernant l'affaire de Cleveland Street, qui ont été déposés avec ceux du directeur des poursuites pénales depuis 1889, furent ouverts au public en 1975, et il est désormais possible de dire avec certitude qu'Harrison avait raison.

Les papiers montrent que le scandale commença en juillet 1889 quand un livreur dénommé Swinscow fut interrogé par la police parce qu'il semblait avoir dépensé plus d'argent que ses maigres gages ne pouvaient le permettre. Il révéla qu'un autre garçon, un commis de bureau de poste s'appelant Newlove, l'avait invité au 19 Cleveland Street pour prendre part à des relations homosexuelles. En réponse aux questions, Newlove éclata en sanglots puis parla à la police d'un soi-disant pasteur du nom de Veck, en réalité un autre préposé de poste, qui était le principal moteur des crimes. Un traquenard fut préparé et, le 9 juillet, un agent de police surprit Veck proposer de l'argent à

Newlove s'il le défendait contre toute action en justice intentée à son encontre.

L'opération de couverture prenait déjà forme, car il devint rapidement évident pour les hauts fonctionnaires de police chargés de l'enquête qu'Eddy était un habitué du bordel. Les documents du dossier du directeur des poursuites pénales désigne Eddy (« P.A.V. » - prince Albert Victor) comme un client potentiel de l'établissement. L'inspecteur Abberline, l'individu supervisant les recherches de l'Éventreur dans l'est londonien, arriva soudainement à West End pour faire face au scandale de Cleveland Street.

Des preuves furent obtenues contre Veck, comme cela a déjà été dit, le 9 juillet. *Mais ce ne fut que six semaines plus tard, le 20 août, qu'il fut arrêté.* Ce retard était de la seule responsabilité d'Abberline, lien objectif entre les meurtres de l'Éventreur et Cleveland Street. L'objet de ce retard était de permettre aux principaux contrevenants de s'échapper, et de diluer ainsi les risques d'ébruitement pendant le procès. Les hommes d'Abberline surveillèrent l'immeuble après l'obtention de charges contre Veck et, le 9 juillet, l'agent Sladden vit un certain nombre d'hommes entrer puis quitter le bâtiment. Le lendemain, les biens appartenant au propriétaire du bordel, Charles Hammond, furent enlevés, mais rien ne fut fait pour arrêter Veck ou qui que ce soit d'autre ayant un lien avec l'établissement. Il apparut plus tard qu'Hammond s'était échappé en France et avait emporté avec lui son mobilier : tout ceci s'était passé alors que les hommes d'Abberline surveillaient les lieux…

En tant que secrétaire aux Affaires étrangères et en tant que Premier ministre, lord Salisbury joua un rôle actif dans la combine, comme le montre le dossier du directeur des poursuites pénales. Lord Arthur Somerset, écuyer et chargé des écuries du prince de Galles, était un habitué du lupanar. Dans une lettre annexée au dossier, le prince de Galles exprimait sa joie de ce que Salisbury ait permis à Somerset de quitter le pays avant de pouvoir être arrêté. Si Somerset avait été soumis à un procès, le nom d'Eddy aurait sans doute été publiquement relié à Cleveland Street.

*Lord Salisbury*

Salisbury fut aussi chargé de s'assurer qu'Hammond ne revienne pas en Angleterre. Il aurait été le témoin clef de l'accusation et aurait pu nommer tout individu – Eddy compris – passé par sa maison close. En juillet, quand le secrétaire à l'Intérieur écrivit pour demander à Salisbury si Hammond devait être extradé depuis la France, Salisbury veilla à ce que ce vaurien reste au loin. Le 24 juillet, il informa le secrétaire à l'Intérieur qu'il ne « considérait pas que c'était une affaire dans laquelle une demande officielle pouvait être à juste titre adressée au gouvernement français pour qu'il contribue à livrer le fugitif à son pays d'origine ». La seule raison pour laquelle le gouvernement français n'aurait pas été contacté pour participer à l'extradition du délinquant aurait été si le délit avait été insignifiant. Mais si tel avait été le cas, pourquoi les archives du directeur des poursuites pénales comptent des centaines de lettres et notes de tous les grands hommes du pays – le prince de Galles, le Premier ministre, le lord chancelier, le secrétaire de l'Intérieur, le procureur général, le commissaire général de la police métropolitaine et le directeur des poursuites pénales ? Ce n'était guère une affaire sans importance : il y a au moins quatre fois autant de documents renvoyant à l'affaire de Cleveland Street qu'il y en a dans les archives du Bureau de l'Intérieur et de Scotland Yard sur tous les meurtres de Whitechapel. La plus grande partie de ces correspondances traite des moyens d'étouffer le scandale, comme en atteste la note suivante écrite le 24 août 1889 par le directeur des poursuites pénales. Elle fait allusion au principal témoin à charge, un garçon s'appelant Algernon Alleys, qui prétendait avoir des lettres compromettantes d'un certain M. Brown, étant clairement établi dans le dossier qu'il s'agissait d'un pseudonyme de lord Arthur Somerset :

> Il a été proposé de ne convoquer, mardi, si possible, que les témoins dont les dépositions impliquent Newlove et Veck – et Hammond, qui n'est pas encore en détention –, et d'éviter au maximum d'appeler à la barre tout témoin qui se référerait à « M. Brown ».

Finalement, Veck et Newlove furent jugés pour avoir commis des crimes contre nature avec des individus de sexe masculin et pour avoir incité autrui à faire de même. Ils plaidèrent coupables. C'était une époque où les homosexuels poursuivis étaient punis par des sentences sévères, l'emprisonnement à vie n'étant pas rare. Mais Veck fut emprisonné pour quatre mois, et Newlove pendant neuf. C'était un simulacre de justice tout à fait révoltant. Veck, le plus grand coupable de l'affaire et l'homme qui avait corrompu de jeunes gens, reçut une peine moitié moindre que l'une de ses victimes.

Le reste de la mission fut confié au trésor. Avec l'aide d'un juriste dénommé Arthur Newton, on essaya de soudoyer Alleys, le seul témoin important encore en Angleterre, pour qu'il quitte l'archipel. On se prépara même à prendre en charge ses dépenses courantes s'il partait pour l'Amérique, ainsi que ses frais de voyage. Le gouvernement était prêt à tout pour taire les événements de Cleveland Street. L'épaisseur du dossier du directeur des poursuites pénales sur l'affaire et la contribution de personnages éminents en si grand nombre pour essayer de camoufler le scandale rendent assuré le fait qu'ils ne protégeaient pas lord Arthur Somerset, mais Eddy.

La reine en personne s'en mêla. Si une circulaire judiciaire du 7 octobre 1889 notait que le lord chancelier – lord Halsbury – fut reçu par Sa Majesté lors d'un événement mondain à Balmoral, il est évident qu'il n'alla voir la reine ce jour-là que pour parler du scandale avec elle. Car le dossier du directeur des poursuites pénales contient un long avis d'Halsbury, très juridique, sur l'opportunité d'aller plus avant dans les accusations contre certaines personnes liées au lupanar. C'est écrit sur une feuille datée de Balmoral, de sorte que c'était une question urgente. Si ça n'avait guère été quelque chose d'une importance souveraine, il aurait sans doute attendu son retour à Londres le lendemain pour prendre la plume.

Le dossier donne des preuves valables de ce que le gouvernement était prêt à tout pour dissimuler la participation potentielle d'Eddy dans l'affaire. Ce n'aurait point été le cas s'il s'était seulement agi d'un problème d'homosexualité, bien que ce fût une chose assez grave. Seul un scandale menaçant le trône nécessitait l'implication de tant d'hommes importants dans l'opération de dissimulation. Mais, en 1889, tout le monde savait qu'Eddy n'était pas complètement homosexuel, qu'il était certainement bisexuel. Mais cela n'aurait pas provoqué un scandale pouvant renverser un empire. Ce n'était pas l'homosexualité qu'il fallait dissimuler, mais les rapports d'Eddy avec Cleveland Street, et la vérité au sujet de Jack l'Éventreur.

La manœuvre ne se termina pas avec le détournement de la justice opéré par les grands de ce pays en permettant à Somerset et Hammond de rester en liberté. La dureté et la perversion avec lesquelles l'*Establishment* victorien était prêt à mettre en œuvre une opération de survie montèrent d'un cran à l'égard d'un individu qui menaça de tout révéler. Il s'agissait d'Ernest Parke, âgé de 29 ans, éditorialiste de *North London Press*, qui mis en lumière dans son journal le détournement délibéré de l'enquête et du procès sur le bordel. Il attaqua la police, non seulement pour avoir laissé Hammond se réfugier sur le continent, mais aussi pour lui avoir donné tellement de temps qu'il put le faire en emportant sans mobilier... Il attaqua le parquet pour avoir prononcé une sentence de quatre mois contre Veck, l'un des principaux coupables dans une affaire répugnante. Parke fit courageusement remarquer : « Un pasteur confronté à une accusation similaire l'année dernière fut condamné à la prison à perpétuité pour des délits moins graves. »

Les principaux articles de Parke observaient que les puissants aussi bien qu'Hammond avaient pu quitter le pays et déjouer la justice parce que « leur poursuite aurait inculpé *des personnages encore plus haut placés et distingués* ».

C'était une allusion directe à Eddy, et Ernest Parke n'approchait que trop de la vérité. Il devait être réduit au silence. Il avait fait une déclaration qui le vouait à être combattu. Il avait nommé lord Euston comme client du bordel. Au début, l'affirmation de Parke parut inattaquable. Il avait pas moins de six témoins disant avoir vu Euston entrer ou sortir du bâtiment à plusieurs reprises, l'un d'eux précisant qu'il avait eu des relations homosexuelles avec lui. Les documents du directeur des poursuites pénales confirment que Parke avait raison dans ses allégations au sujet d'Euston. John Saul, un prostitué, fit la déposition suivante, conservé dans le dossier :

> Le jeune duc de Grafton – je veux dire le frère du duc actuel – était un invité régulier de l'établissement d'Hammond. C'est un homme semblant très grand, avec une moustache claire [c'est évidemment Euston] [...] Je l'ai moi-même vu la nuit dernière. Je le connais bien. Une fois, c'est avec moi qu'il alla chez Hammond. Ce n'est pas un véritable sodomite. Il aime jouer avec vous puis se « déverser » sur votre ventre.

Saul n'avait aucun compte à régler, et tout à perdre, en disant avoir vu Euston au 19 Cleveland Street. Et ses propos n'ont pas l'accent de quiconque voudrait noircir malicieusement le nom d'Euston. Si ç'avait été le cas, il l'aurait dénoncé comme étant « un véritable sodomite » ou, selon les mots qu'il préfère, « une folle aguerrie ». Il est important que Saul ait fait cette déclaration le 10 août et que Parke ne fut pas informé du scandale avant septembre – ainsi, les hypothèses selon lesquelles Saul faisait un faux témoignage pour le compte de Parke sont infondées. Saul avait dit vrai, et le gouvernement le savait. Cela est attesté par plusieurs documents – jusqu'à présent secrets – du dossier du directeur des poursuites pénales : des lettres des membres éminents du gouvernement impliqués dans l'étouffement, dont le procureur général et le lord chancelier. Il a été convenu que Saul ne soit pas poursuivi pour faux témoignage, ce qui aurait certainement été le cas s'ils avaient un seul moment cru qu'il mentait. Malgré cela, Euston, sous l'impulsion d'un avocat s'appelant Edward Henslow Bedford, poursuivit Parke en justice sur de fausses accusations de calomnie. Et Saul fut débouté par le jury comme n'étant pas fiable car homosexuel ! Les « juge, avocats, témoins et plaignants subornés » décrits par Harrison remplissaient leur mission et Parke fut jugé coupable de diffamation. Il fut condamné à un an de prison – réduit au silence.

Le roi Édouard VII, père d'Eddy, prescrivit dans son testament que tous ses papiers soient détruits après sa mort. Ses instructions furent suivies et ses documents furent brûlés par lord Knollys et lord Esher. Si Bertie voulait que ses archives soient détruites, c'est parce qu'il avait coulé une vie tellement dissolue qu'il ne souhaitait pas que ses secrets les plus sombres soient rendus publics. C'était compréhensible. Mais la reine Alexandra fit une requête similaire et tous ses papiers *à elle* furent incinérés lorsqu'elle mourut. Ça n'a jamais été expliqué. Alexandra, comme de nombreux biographes l'ont dit, était un parangon de vertu. Il est inconcevable qu'elle ait pu avoir quelque chose à cacher, sauf si l'histoire de Sickert était authentique. La destruction de ses papiers ne commence à prendre sens qu'à la lumière du récit de Sickert au sujet de Cleveland Street, de Jack l'Éventreur et de l'enterrement des faits.

Un mythe doit maintenant être démystifié.

Les archives de Scotland Yard mentionnent des centaines de noms, mais aucun ne renvoie à un suspect sérieux, comme cela est montré par le fait que, dès que les hommes arrêtés montraient une preuve d'identité, ils étaient relâchés. Les trois seuls suspects plausibles furent cités par Macnaghten, qui ne prit la plume que six années après les meurtres. Il mentionna alors un Polonais, un Russe (tous deux inconnus) et Montague John Druitt, aucun d'eux n'ayant auparavant été évoqué dans l'affaire. Les étrangers ont été introuvables, et ce n'est que dans le cas de Druitt que son existence a pu être avérée. Mais à quel endroit, en 1894, Macnaghten est-il soudainement tombé sur son nom, Druitt étant mort fin 1888 ? Druitt n'est nulle part évoqué dans le dossier, de sorte qu'il n'était guère un suspect au moment des meurtres. Commodément, il était mort et ne pouvait pas répondre à l'accusation selon laquelle il était le tueur de Whitechapel. Walter Sickert voyait en Montague Druitt un bouc émissaire et accusait sir Melville Macnaghten, instrument de la franc-maçonnerie, de monter un dossier contre lui. Il n'expliquait pas comment Druitt était tombé dans ses filets – il ne le savait point. Le réseau complexe qui mêla Druitt à l'affaire et rendit possible d'en faire un bouc émissaire, prêt à être identifié à l'Éventreur à la moindre reprise de l'enquête, sera amplement décrit plus loin dans ce chapitre.

Dès 1889, la police répandit le bruit que Jack l'Éventreur était mort noyé fin 1888. M. Albert Backert, un membre directeur du comité de vigilance de Whitechapel, aurait reçu cette réponse en mars 1889 quand il interrogea la police sur ses recherches. Les hauts fonctionnaires de police et les membres du gouvernement contribuèrent à l'acceptation générale de la rumeur en la mentionnant dans leurs mémoires. Sir Melville Macnaghten prétendit dans *Days of My Years* que l'Éventreur s'était suicidé dans la Tamise. Sir John Moylan, sous-secrétaire adjoint au Bureau de l'Intérieur, écrivit : « Il est presque certain qu'il échappa à la justice en se suicidant fin 1888. »

Sir Basil Thomson, commissaire adjoint du CID, pensait que le criminel était « un médecin russe fou ». Il écrivait : « […] l'homme échappa aux fers en se suicidant dans la Tamise fin 1888 ».

Deux auteurs ont récemment fait une analyse détaillée des charges pesant contre Druitt : Tom Cullen dans *Autumn of Terror* et Daniel Farson dans *Jack the Ripper*. Ces deux ouvrages s'appuient sur des notes privées apparemment écrites par sir Melville Macnaghten, *copiées* par sa fille, lady Aberconway, et *recopiées* par les auteurs.

Malheureusement, dans ces différentes versions, les intentions premières de Macnaghten semblent avoir été perdues, car les remarques utilisées par Farson et Cullen diffèrent sur des points essentiels des notes officielles de Macnaghten conservées dans les archives de Scotland Yard. Ni Farson ni Cullen ne purent avoir accès à ces dernières, de sorte que ce n'est que maintenant qu'il est possible de montrer que la base même de leur *procès* contre Druitt est erronée. Avant d'examiner les erreurs fatales de leur théorie, il est essentiel de prendre connaissance du contenu intégral des notes *officielles* de Macnaghten. Elles sont qualifiées de « confidentielles » et écrites de la main de sir Melville sur du papier blanc portant le petit sceau en ellipse de la police métropolitaine :

> Le procès évoqué dans l'histoire à sensation racontée par *The Sun* dans son édition du 13 de ce mois, ainsi que les jours suivants, est celle de Thomas Cutbush qui fut traduit en justice dans le comté de Londres en avril 1891, au motif d'avoir malicieusement blessé Florence Grace Johnson, et essayé de blesser Isabelle Frazer Anderson à Kennington. Il fut déclaré fou et condamné à être emprisonné selon le bon plaisir de Sa Majesté.
>
> Ce Cutbush, qui vivait avec sa mère et sa tante au 14 Albert Street à Kennington, s'évada de l'hospice de Lambeth (après n'y avoir été détenu que quelques heures comme aliéné) à midi le 5 mars 1891. Il fut de nouveau arrêté le 9. Quelques semaines auparavant, plusieurs cas d'agressions à l'arme blanche ou aux poings ayant eu lieu dans le voisinage, un individu du nom de Colicutt fut arrêté, mais par la suite acquitté, faute d'identification. Les coupures faites aux vêtements des femmes agressées par Colicutt étaient assez différentes de la blessure infligée par Cutbush (quand il frappa M$^{lle}$ Johnson) qui fut sans doute poussé par une folle envie d'imitation morbide. Les antécédents de Cutbush furent établis par l'inspecteur en chef (désormais superintendant) [illisible], l'inspecteur Race et par McCarthy du CID (ce dernier officier avait été spécialement employé à Whitechapel à l'époque des meurtres) et il fut vérifié qu'il était né, et qu'il avait vécu à Kennington toute sa vie. Son père décéda quand il était assez jeune, et il fut toujours un enfant « gâté ». Il avait été embauché comme vendeur et voyageur dans le commerce du thé, et par la suite sollicité par un service d'annuaire à East End, époque où il était sain

d'esprit. Il contracta vraisemblablement la syphilis vers 1888 et – depuis lors – mena une vie de paresse et d'oisiveté. Son cerveau semble avoir été touché, et il croyait que des gens essayaient de l'empoisonner. Il écrivit à lord Grimthorpe, et à d'autres, et aussi au trésor, se plaignant du D$^r$ Brooks, de Westminster Bridge Road, qu'il menaça d'abattre pour lui avoir donné de mauvais médicaments. On dit qu'il étudiait des livres médicaux de jour et se promenait la nuit, revenant souvent les vêtements couverts de sang, mais on ne peut accorder que peu de confiance aux discours de sa mère et de sa tante, qui paraissent toutes deux de tempérament extrême. Il s'avéra impossible de reconstituer ses faits et gestes pour les nuits des meurtres de Whitechapel. Le couteau trouvé sur lui fut acheté à Houndsditch environ une semaine avant son enfermement à l'hospice. Cutbush était un neveu de l'ancien commissaire général.

À présent, le meurtrier de Whitechapel a fait 5 victimes et 5 victimes seulement. Ses assassinats furent :

I. 31 août 1888. Mary Ann Nichols - à Buck's [sic] Row - qui fut découverte la gorge tranchée - et avec une (légère) mutilation abdominale.

II. 8 septembre 1888. Annie Chapman, Hanbury Street : gorge tranchée - ventre et organes génitaux grièvement mutilés et une partie des intestins placée autour du cou.

III. 30 septembre 1888. Elizabeth Stride, Berner's [sic] Street : gorge tranchée, mais rien qui ne prenne la forme de mutilations ; et, *à la même date*, Catherine Eddowes, Mitre Square : gorge tranchée, et une très violente mutilation, aussi bien du visage que de l'abdomen.

IV. 9 novembre. Mary Jane Kelly, Miller's Court : gorge tranchée, et l'ensemble du corps mutilé de la plus horrible des façons.

Ce dernier meurtre est le seul à avoir eu lieu dans une *chambre*, et l'assassin doit y avoir passé au moins deux heures. Une photo de la femme fut prise, tandis qu'elle gisait sur son lit, sans faire apparaître qu'il est impossible d'imaginer le caractère épouvantable de cette mutilation.

En ce qui concerne le *double* meurtre du 30 septembre, il ne fait aucun doute que le criminel fut dérangé par quelque Juif se rendant à un club (près duquel le corps d'Elizabeth Stride fut trouvé) et qu'il repartit, « *mordum satiatus* », en quête d'une nouvelle victime qu'il trouva à Mitre Square.

On remarquera que la frénésie des mutilations *augmenta* à chaque fois, de même que, apparemment, le plaisir et la délectation du meurtrier. Il semblerait alors hautement improbable qu'il se soit soudain arrêté en novembre 1888 pour reprendre ses opérations en se contentant de poignarder une femme quelque deux ans et quatre mois plus tard. Une hypothèse beaucoup plus rationnelle est que l'esprit du meurtrier s'est complètement effondré après ses terribles excès de Millers [sic] Court, et qu'il s'est aussitôt suicidé, ou – chose possible – que ses proches l'aient trouvé tellement fou qu'il fut enfermé dans un asile.

Personne n'a jamais aperçu le meurtrier de Whitechapel, de nombreux assassins fous furent suspectés, mais aucune preuve véritable ne put être avancée pour chacun d'eux. Je peux cependant mentionner le cas de trois hommes, plus à même que Cutbush d'avoir accompli cette série de meurtres :

1. M. M. J. Druitt, censé être médecin et de bonne famille, disparu au moment du meurtre de Millers Court, et dont le corps (qui serait resté près d'un mois dans l'eau) fut retrouvé dans la Tamise le 31 décembre – soit sept semaines environ après ce meurtre. Il était sexuellement déviant et, d'après des renseignements privés, je suis presque certain que sa propre famille pensait qu'il était le tueur.

2. Kosminski, un Juif polonais habitant à Whitechapel. Cet individu fut pris de folie après de nombreuses années passées à prendre plaisir dans des vices solitaires. Il vouait une haine profonde aux femmes, et plus spécialement aux prostituées, et avait des tendances à l'homicide prononcées : il fut enfermé dans un asile de fous aux alentours de mars 1889. De nombreux crimes imputés à cet homme en faisaient un « suspect » solide.

3. Michael Ostrog, un médecin russe, et un condamné qui fut fréquemment enfermé dans un asile de fous en tant qu'homicide dément. Les antécédents de cet homme étaient de la pire espèce, et son emploi du temps à l'époque des meurtres ne put jamais être reconstitué.

Et maintenant, étudions quelques affirmations inexactes et erronées du *Sun*. Dans son édition du 14 février, il était déclaré que l'auteur de l'article avait en sa possession une reproduction du couteau avec lequel les meurtres avaient été commis. La piste de ce couteau (qui, pour quelque raison inexpliquée, aurait ces trois dernières années été conservé par l'inspecteur Race, au lieu d'être adressé à l'entrepôt des biens de prisonniers) fut remontée et il s'avéra qu'il fut acquis à Houndsditch en février 1891, soit deux ans et trois mois *après* la fin des meurtres de Whitechapel !

En outre, l'affirmation selon laquelle Cutbush « passait une partie de son temps à faire des croquis de corps féminins, et de leurs mutilations » ne se fonde que sur le fait que deux *croquis* de femmes dans des attitudes indécentes furent retrouvés déchirés dans la chambre de Cutbush. La tête et le corps de l'une d'elles avait été découpés depuis une gravure de mode, et des jambes y furent ajoutées pour montrer les cuisses et les bas roses d'une femme nue.

Dans le numéro du 15 février, il est dit qu'un *manteau clair* se trouvait parmi les biens trouvés dans la maison de Cutbush, et qu'un homme en manteau *clair* fut aperçu en train de parler à une femme à Back Church Lane dont le corps fut découvert les bras attachés à Pinchin Street. C'est totalement faux ! Le 10 septembre 1889, le tronc nu, avec les bras, d'une femme fut trouvé dans un sac sous le pont ferroviaire de Pinchin Street : la tête et les jambes ne furent jamais retrouvées et la victime pas même identifiée. Elle avait été tuée au moins 24 heures avant que ses restes (qui avaient été vraisemblablement abandonnés loin de la scène du crime) ne fussent découverts. Le ventre était traversé par une incision, et la tête et les jambes avaient été découpées de la même manière que la femme dont les restes furent repêchés dans la Tamise, à Battersea Park, sur le quai de Chelsea, le 4 juin de la même année ; et ces meurtres n'ont aucun lien d'aucune sorte avec les horreurs de Whitechapel. Le mystère de Rainham en 1887, et le mystère de Whitehall (quand des parties d'un corps de femme furent découvertes à l'emplacement de l'actuel Scotland Yard) en 1888 étaient du même genre que les crimes de la Tamise et de Pinchin Street.

Il est parfaitement faux de dire que Cutbush a poignardé *six* femmes dans le dos – c'est confondre son affaire avec celle de Colicutt.

La théorie selon laquelle l'assassin de Whitechapel était gaucher ou, du moins, « ambidextre », trouvait son origine dans une observation faite par un médecin qui examina le cadavre de l'une des premières victimes ; *d'autres médecins n'étaient pas d'accord avec lui.*

Pour ce qui est des *quatre* meurtres supplémentaires attribués par le journaliste du *Sun* au monstre de Whitechapel :

1. Le corps de Martha Tabram, une prostituée, fut découvert dans une cage d'escalier collective de George Yard le 7 août 1888 ; le corps avait été plusieurs fois *transpercé*, probablement avec une *baïonnette*. Cette femme avait, avec une autre prostituée, été en compagnie de deux soldats dans la première partie de la soirée. Ces hommes furent arrêtés, mais la seconde prostituée ne réussit pas ou refusa d'identifier le suspect, et les militaires furent par conséquent libérés.

2. Alice McKenzie fut retrouvée la gorge tranchée (ou, plutôt, *poignardée*) à Castle Alley le 17 juillet 1889 ; aucun indice ne fut recueilli et il n'y eut aucune arrestation en lien avec cette affaire. La *blessure* à la gorge était de la même nature que pour l'affaire n° 3.

3. Frances Coles à Swallow Gardens, le 13 février 1891 – Thomas Sadler, pompier, fut arrêté et, après plusieurs renvois, acquitté. Il fut établi qu'à cette époque Sadler s'était embarqué pour la Baltique le 19 juillet 1889 et se trouvait à Whitechapel la nuit du 17. C'était un homme au caractère indomptable et totalement accro à la boisson et à la fréquentation de viles prostituées.

4. Le cas d'une femme non identifiée dont le buste fut découvert le 10 septembre 1889 à Pinchin Street – ce dont nous avons déjà parlé.

M. L. Macnaghten, 23 février 1894

> some asylum.
>
> No one ever saw the Whitechapel murderer; many homicidal maniacs were suspected, but no shadow of proof could be thrown on any one. I may mention the cases of 3 men, any one of whom would have been more likely than Cutbush to have committed this series of murders:—
>
> (1) A Mr M. J. Druitt, said to be a doctor & of good family, who disappeared at the time of the Miller's Court murder, & whose body (which was said to have been upwards of a month in the water) was found in the Thames on 31st Decr. — or about 7 weeks after that murder. He was sexually insane and from private info I have little doubt but that his own family believed him to have been the murderer.
>
> (2) Kosminski — a Polish Jew — resident in Whitechapel. This man became insane owing to many years indulgence in solitary vices. He had a great hatred of women, specially of the prostitute class, & had strong homicidal tendencies; he was removed to a lunatic asylum about March 1889. There were many circs connected with this man which made him a strong "suspect".
>
> (3) Michael Ostrog, a Russian doctor, and a convict, who was subsequently detained in a lunatic asylum as a homicidal maniac. This man's antecedents were of the worst possible type, and his whereabouts at the time of the murders could never be ascertained.
>
> And now with regard to a few of the

*La page d'une importance capitale des notes de Macnaghten*

Pour examiner la plaidoirie de Farson selon qui Druitt serait l'assassin, il est éclairant d'étudier plusieurs affirmations qu'il prétend avoir été faites par Macnaghten :

> Personne n'a jamais aperçu le meurtrier de Whitechapel (sauf, peut-être, l'agent de la police municipale qui faisait sa ronde près de Mitre Square) et aucune espèce de preuve ne put jamais être retenue contre qui que ce soit, bien que de nombreux fous dangereux eussent été soupçonnés à un moment ou un autre. J'énumère les cas de trois hommes contre qui la police avait des soupçons légitimes. *Personnellement, et après une étude méticuleuse et bien réfléchie, je suis enclin à en innocenter deux.*

La phrase mise en italique par mes soins est cruciale dans la théorie de Farson selon laquelle le troisième suspect, Druitt, était dans l'esprit de Macnaghten le véritable assassin. Mais, dans ses notes officielles de Scotland Yard, qui doivent être prises plus au sérieux que la copie par Farson d'une autre copie, Macnaghten écrivait (l'italique est de moi) :

> Personne n'a jamais aperçu le meurtrier de Whitechapel, de nombreux assassins tous furent suspectés, mais aucune preuve véritable ne put être avancée pour chacun d'eux. Je peux cependant mentionner le cas de trois hommes, *plus à même* que Cutbush d'avoir accompli cette série de meurtres.

Ici, nous ne remarquons aucune envie d'en innocenter deux parmi eux, mais juste le nom des trois hommes, *chacun d'eux* pouvant avoir été Jack l'Éventreur.

Farson et Cullen prétendent qu'une accusation contre Druitt encore plus forte apparaît dans la copie par lady Aberconway des notes de son père. Une fois de plus, rien de tel ne figure dans les notes authentiques. Selon nos deux auteurs, Macnaghten aurait écrit :

> [...] J'ai toujours eu de profonds soupçons contre le premier [Druitt] et, plus je me penche sur la question, plus mes soupçons se renforcent. La vérité,

toutefois, ne sera jamais connue, et se trouvait effectivement, à un moment donné, si mes conjectures sont justes, au fond de la Tamise.

Ces mots ne figurent pas dans les notes originales. Dans ses véritables rapports, Macnaghten ne déclarait aucunement avoir de solides soupçons concernant Druitt. Ce dernier n'était que l'un des trois *possibles*. Il n'y avait pas la moindre allusion, non plus, comme quoi la vérité aurait reposé au fond de la Tamise.

Maintenant, regardons la mention du suspect n° 1, où les deux auteurs s'éloignent sérieusement des documents authentiques. La version de Cullen et Farson est reproduite sur la gauche, et les véritables notes de Macnaghten sur la droite :

| | |
|---|---|
| N° 1. M. M. J. Druitt, médecin d'environ 41 ans et de bonne famille, qui disparut au moment du meurtre de Miller's Court, et dont le corps fut retrouvé sur la Tamise le 3 décembre, c'est-à-dire sept semaines après ledit meurtre. Le corps est réputé avoir passé un mois dans l'eau, ou davantage – il fut trouvé sur celui-ci une carte d'abonnement entre Blackheath et Londres. D'après des informations privées, je ne doute pas que sa propre famille suspectait cet homme d'être le tueur de Whitechapel ; il était allégué qu'il était sexuellement déviant. | 1. M. M. J. Druitt, censé être médecin et de bonne famille, disparu au moment du meurtre de Millers Court, et dont le corps (qui serait resté près d'un mois dans l'eau) fut retrouvé dans la Tamise le 31 décembre – soit sept semaines environ après ce meurtre. Il était sexuellement déviant et, d'après des renseignements privés, je suis presque certain que sa propre famille pensait qu'il était le tueur. |

Les contradictions sont tout de suite manifestes : dans les notes réelles, il n'est pas fait mention de l'âge de Druitt ; elles disent que Druitt fut retrouvé dans la Tamise le 31 décembre (ce qui est juste). La version de Cullen et Farson parle du 3 décembre, ce qui ne saurait être sept semaines après le meurtre de Kelly le 9 novembre – il n'y aurait eu que trois semaines et trois jours entre les deux dates. Cette erreur est reproduite dans l'édition révisée du livre de Farson, où la date de découverte du corps de Druitt est à nouveau modifiée… pour le 13 décembre ! Les notes véritables ne font aucune allusion à un titre de transport, et la formulation des deux textes est assez différente quant au style. Ainsi, les notes utilisées par MM. Farson et Cullen comme fondement de leur acte d'accusation contre Druitt semblent être *des copies inexactes et fautives*. Il est impossible de déterminer si les erreurs s'interpolèrent dans la première retranscription par lady Aberconway ou lors de copies ultérieures. Après tant d'années et avec autant de versions, il est à peine étonnant qu'aient émergé des assertions n'ayant que peu en commun avec les documents originaux.

Confortés par l'idée que Macnaghten soupçonnait Druitt et innocentait les deux autres suspects cités, Farson et Cullen se mirent en quête de preuves.

La démonstration produite par Farson est sérieusement lacunaire. Patiemment, et avec l'aide de deux chercheurs à plein temps, il trouva un Dr Lionel Druitt répertorié dans le *Medical Directory* jusqu'en 1887, après quoi son adresse était en Australie. Lionel s'avéra être un cousin de Montague. Farson tomba aussi sur le certificat de décès de son suspect à Somerset House et découvrit que Druitt était avocat, et non pas médecin comme Macnaghten l'avait avancé.

Il établit que Druitt était né à Wimborne dans le Dorset en août 1857. En janvier 1870, il entra au Winchester College, où il se montra doué dans toutes les matières. Il fit de rapides progrès scolaires, fut un membre actif de son club de débats et excellait au cricket. En 1876, il fut gratifié d'une bourse d'études pour le New College d'Oxford où il travailla avec modération. Il en sortit en 1880, sa licence en poche. Druitt se tourna vers le droit et, en mai 1882, il fut admis à l'Inner Temple. Il fut promu au barreau, devant les membres des Inns of Court, en 1885. Il prit un appartement au 9 King's Bench Walk, qu'il garda jusqu'à sa mort, mais il semble qu'il n'ait eu que peu de succès en tant qu'avocat, et il devint finalement enseignant à plein temps dans une école de Blackheath, où il enseigna au moins à partir de 1883.

L'élément de « preuve » suivant de Farson paraît sans valeur, mais il semble être le fondement de son argumentation. Il déclare avoir reçu une lettre d'un certain M. Knowles disant avoir autrefois vu un document en Australie intitulé *The East End Murderer. I knew him*. Il était apparemment signé par un Lionel Drewett, Druitt ou Drewery. Malheureusement, Farson ne peut restituer la lettre, parce que – dit-il – elle disparut avec d'autres documents ayant trait à Jack l'Éventreur dans un dossier que quelqu'un avait emprunté mais jamais rendu. Farson ne se souvient pas de l'adresse de Knowles, de sorte que celui-ci ne peut être localisé et interrogé au sujet du texte dont il aurait eu connaissance. Plus frustrant encore, Farson ne contacta pas immédiatement Knowles pour lui poser des questions essentielles comme : « Où et quand avez-vous vu ce document ? » ; « En avez-vous une copie ? » ; et, la plus importante de toutes : « Désignait-il le meurtrier ? » En fait, aucune question ne fut posée à l'homme qui, selon les dires de Farson, lui fournit un témoignage *décisif*.

« La valeur de cette lettre [celle de Knowles] pour l'identification de Jack l'Éventreur peut difficilement être exagérée », écrit-il, bien qu'il n'ait pas même l'adresse de l'homme qui l'a écrite. La missive fut placée dans un dossier volé par la suite. Farson avait toutefois constaté que la lettre dérobée disait que *The East End Murderer. I knew him* avait été publié par un particulier, M. Fell de Dandenong, une localité montagneuse 30 kilomètres environ à l'est de Melbourne, en 1890. Il poursuit en disant que si l'on pouvait prouver que le document a été écrit par Lionel, le cousin de M. J. Druitt, ce serait plus qu'une coïncidence et que Druitt aurait été le tueur. Cela ressemble à un saut dans le vide prodigieux à partir d'hypothèses plus que vagues. Farson ne considère plus l'existence du document comme étant simplement possible, mais, tout à coup, sans la moindre corroboration, cette possibilité a été transformée, dans son esprit, en *fait*, et il se met déjà à penser : « Si on peut prouver qu'il a été écrit par le cousin de Montague... »

Un autre élément de recherche important un peu faussé est que Knowles est censé avoir soutenu que *The East End Murderer. I knew him* pouvait avoir été écrit par un homme du nom de Drewett ou Drewery. Il semble qu'aucune recherche n'a été menée dans cette direction ; il est tacitement présumé que le document a existé, qu'il a été écrit par Lionel Druitt, et que tout ce que Farson a à démontrer, c'est que ce Lionel auteur était aussi Lionel le médecin, le cousin de Montague. Farson nous rappelle ensuite que le *Medical Directory* montrait que le D$^r$ Lionel Druitt avait déménagé en Australie en 1887.

Dans son édition révisée, Farson cite un correspondant affirmant qu'il est écrit sur l'acte de décès de la mère de Druitt, laquelle passa ses dernières années dans un asile de fous : « Emily Knowles, présente lors du décès, Manor House, Chiswick ».

Avec aucune preuve plus solide que cette coïncidence de patronymes ordinaires, Emily Knowles est associée au M. Knowles d'aujourd'hui, l'auteur de la lettre manquante, un immense échafaudage de conjectures ne bénéficiant pas de la moindre preuve acceptable ; Farson, à part son nom, ne sait rien de plus au sujet de Knowles. Sa suggestion est qu'Emily Knowles était une femme prenant soin de M^me Druitt à l'asile, et qu'elle obtint des informations précieuses après la dernière visite de Montague à sa mère : « Elles furent communiquées par un membre de la famille à Lionel, le rendant à même d'écrire le document en question » (!).

À ce stade, Farson semble convaincu que Druitt était l'assassin. Mais…

1. Il n'a pas prouvé que le document auquel il fait allusion a vraiment existé.

2. Si même c'était le cas, il n'a pas démontré que Lionel Druitt était son auteur.

3. Il n'a pas examiné l'argument selon lequel si Montague était le tueur son cousin aurait difficilement voulu rendre le fait public. Et, dans le cas improbable où Lionel cherchait la célébrité par des liens avec l'Éventreur, il n'aurait pas publié un scoop en privé : journaux et éditeurs se seraient jetés dessus ; et, ensuite, s'il recherchait la notoriété, il n'aurait pas accepté que son ouvrage soit publié dans une commune aussi petite et retirée que Dandenong, où ses lecteurs auraient été peu nombreux.

4. Il n'a pas étudié la probabilité que, quel que soit l'auteur du texte, il ait pu avoir nommé quelqu'un de complètement différent. Farson ne mentionne même pas cette possibilité.

5. Il ne rappelle pas que des milliers de déclarations ont été faites par des gens prétendant connaître l'identité de Jack l'Éventreur, et *The East End Murderer. I knew him*, quand bien même il aurait existé, peut n'avoir aucun intérêt.

Malgré ce que plusieurs *druittistes* ont claironné, Farson n'avance aucune preuve tangible attestant l'existence du document. Ce qu'il a produit, c'est une rumeur de téléphone arabe qui ne serait acceptée dans aucun tribunal, soutenant qu'un criminologue amateur s'appelant Maurice Gould déclarait avoir habité en Australie de 1925 à 1932 et y avoir rencontré deux personnes prétendant connaître l'identité du criminel. Leurs renseignements, est-il dit, proviennent d'archives appartenant à un certain M. W. G. Fell.

Farson continue :

> Aujourd'hui, Gould admet que les détails sont obscurcis par le temps, mais il se rappelle que l'un des deux hommes était un journaliste indépendant du nom d'Edward MacNamara qui « connaissait ce M. Fell de Dandenong mort en 1935 » et disait que Fell logea un homme s'appelant Druitt qui lui laissa des papiers prouvant l'identité de l'Éventreur : « Il ne s'en serait pas séparé sans une contrepartie considérable, 500 £ je crois, ce que je n'avais pas à l'époque et donc *ce que j'ai écrit venait de ma mémoire après un rapide survol* » [l'italique est de moi].

Non seulement l'information délivrée par Farson à la manière d'une confirmation est écrite à plusieurs mains, mais elle se fonde vraisemblablement sur quelque chose décrit de *mémoire* après un survol *rapide*. On ne nous explique pas comment les deux hommes rencontrés par Gould en Australie avaient eu vent dès 1932 de la mort de M. Fell en 1935. On ne nous dit pas non plus que les registres australiens des naissances et des décès n'ont aucune trace de la disparition d'un W. G. Fell entre 1933 et 1937, ce qui élimine le témoignage de M. Gould.

Cependant, fort de ce qu'il appelle une « double confirmation par les noms », grâce à la mémoire troublée de Gould et à un Knowles introuvable, Farson s'envola vers l'Australie. Il poussa jusqu'à Dandenong et, à un lieu-dit appelé Lang-Lang, il entendit parler d'un commerçant s'appelant Fell. Malheureusement, il n'avait aucune parenté avec notre insaisissable imprimeur.

Si Farson ne donna aucune preuve de l'existence du document, la BBC – avec toutes ses possibilités et ressources – conclut qu'il n'avait jamais existé et, ce faisant, sembla détruire toute l'accusation de Farson contre Druitt. Dans un télex à Humphrey Fisher, directeur des documentaires au sein de l'Australian Broadcasting Commission à Sidney, Paul Bonner demanda des informations sur ce prétendu document. Le 9 avril 1973, il reçut cette réponse de la part du chercheur Leone Buchanan :

> Humphrey Fisher m'a transmis votre demande concernant le D$^r$ Lionel Druitt et la publication de *The East End Murderer. I knew him.* Jusqu'ici, pas de chance. J'ai passé au crible les bibliothèques de Sidney et passé trois jours à Melbourne pour vérifier toutes les sources disponibles – bibliothèques, sociétés historiques, criminologues, archivistes, collectionneurs privés, maisons d'édition et journaux. La publication de Druitt n'est guère répertoriée dans les bibliographies australiennes et une recherche dans les annuaires des années 1890 ne fait apparaître aucun W. G. Fell. J'ai retrouvé la fille et la petite-fille de Druitt, qui n'ont pas la moindre connaissance d'un séjour du D$^r$ Druitt à Dandenong ou d'un article de sa main. Apparemment, il était en Tasmanie à cette époque.

Cela paraît démolir la thèse de Farson une fois pour toutes. Si le D$^r$ Lionel Druitt se trouvait en Tasmanie au moment où Farson prétendait qu'il était à Dandenong, alors il ne peut pas avoir écrit le document – qui semble d'ailleurs n'avoir jamais existé, car, s'il y en avait la moindre trace, il aurait sûrement été découvert lors des recherches minutieuses de Buchanan. Et, pour terminer, il semblerait que W. G. Fell lui-même n'ait jamais existé !

Le seul écrit de Lionel Druitt publié en Australie fut en réalité un article de quatre pages traitant des infections urinaires, dans une revue médicale.

Comme s'il avait été établi, non seulement l'existence du document, mais aussi que Lionel Druitt était son auteur, Farson en vient à se demander :

> Qu'est-ce que Lionel pouvait savoir pour accuser son cousin ? Ici, je peux donner un autre élément de preuve capital. J'ai découvert grâce au *Medical Directory* que le D$^r$ Lionel Druitt avait un cabinet aux Minories en 1879. C'est le premier lien entre Druitt et East End à Londres, dont l'absence a été si déroutante jusqu'à présent. Montague était sur le point de quitter Oxford à ce moment, mais je trouve encore cette relation plus que fortuite.

Cependant, le D$^r$ Lionel Druitt n'avait pas de cabinet aux Minories en 1879, et il n'y a aucune mention le concernant dans l'annuaire médical de cette année. La référence qui embrouille Farson apparaît en fait dans le *Medical Register*, une publication totalement distincte. Cette référence nomme effectivement Druitt aux Minories en 1879. Mais cela signifie tout au plus qu'il aidait le médecin qui pratiquait ordinairement à cette adresse, et qu'il n'y resta pas plus que quelques mois. Cela est démontré par le fait que le *Medical Directory* et le *Medical Register* pour les années précédant et suivant 1879 donnent le 8 Strathmore Gardens pour adresse de Druitt, ce qui était manifestement sa résidence permanente. Malheureusement, cette méprise quant aux liens de Lionel Druitt avec les Minories est devenue la base des développements ultérieurs de la thèse de Farson. Il insinue que Lionel, plus vieux que Montague de quatre années, « pourrait bien avoir ressenti le devoir de veiller sur le garçon quand ils étaient tous les deux à Londres ». Mais il ne donne aucune preuve de ce que Montague se soit trouvé à East End, ou même qu'il connaisse son cousin Lionel.

« Il est raisonnable de supposer », nous dit Farson, « que Montague a pu y rendre visite à Lionel […] Il est possible qu'il y ait même habité après le départ de Lionel, et qu'à un certain moment Lionel ait trouvé là le fondement de ses soupçons. »

Ainsi, au lieu de produire des *preuves* pour relier Montague à East End, Farson essaye de nous convaincre de la culpabilité de son suspect en déclarant qu'« il est raisonnable de supposer » qu'il vécut aux Minories neuf années après le départ de Lionel, en dépit du fait que Montague garda tout ce temps son logement du 9 King's Bench Walk. Un contrôle rapide du *Medical Register* et du *Medical Directory* pour chaque année entre 1879 et 1889 montre qu'à aucun moment Montague n'a pu demeurer au n° 140. Il fut en permanence occupé par des médecins. Tout d'abord, J. O. Taylor et Thomas Thyne consultaient à cette adresse, puis le D$^r$ John Sell Edmund Cotman leur succéda. En dépit de l'affirmation de Farson, il est *dé*raisonnable de supposer qu'il y ait un rapport entre Druitt et les Minories, à moins d'en trouver la preuve.

Farson en revient ensuite à son criminologue amateur Maurice Gould, qui prétend avoir parlé à un ancien bibliothécaire de Poplar sur l'île aux Chiens, à la lisière du territoire de l'Éventreur. Gould est cité comme suit : « Il [le bibliothécaire] sortit de quelque recoin de la bibliothèque un vieil annuaire – ou une liste électorale ? – répertoriant un M. J. Druitt domicilié aux Minories. »

Farson dit avoir par la suite essayé de retrouver cet indice, mais en vain : « des investigations supplémentaires ont fait connaître que l'ancien bibliothécaire est mort ».

Une fois de plus, la démonstration de Farson ne remonte qu'à une rumeur prêtée à un défunt. La première moitié de son procès se fonde sur une lettre qu'il ne peut restituer écrite par un homme qui ne peut être retrouvé. La seconde moitié est fondée sur le témoignage non corroboré d'un mort. Les vieux bibliothécaires meurent, mais les listes électorales et les annuaires sont toujours là. J'ai examiné chaque annuaire incluant les Minories pour les décennies 1870, 1880 et 1890, et le nom de M. J. Druitt n'est mentionné dans aucun d'eux.

Les arguments pour établir un lien entre Druitt et les Minories sont particulièrement courts, mais Farson va plus loin en détaillant ce qu'il considère comme étant l'importance de cette rue. Il ne s'agit pas simplement de sa position à East End, d'après lui :

> Ils ont une signification particulière dans l'histoire de l'Éventreur. Le 29 septembre 1888, l'Éventreur écrivait depuis Liverpool : « Attention : je serai au travail les 1$^{er}$ et 2 du mois aux Minories, à minuit. Je donne une chance sérieuse aux autorités, mais il n'y a jamais de policier près des lieux où je suis à l'ouvrage. »

Il cite ensuite l'extrait d'une autre lettre de Liverpool reçue après le double meurtre du 30 septembre :

> Ce que la police est stupide ! J'ai carrément donné le nom de la rue où j'habite.

Aussi loin que Farson puisse réfléchir, ces lettres ne peuvent avoir été écrites que par une seule personne : Montague l'Éventreur. Mais encore une fois cette idée se montre pleine de faiblesses. Il n'y a aucune preuve montrant que le véritable assassin ait écrit ces deux lettres depuis Liverpool. Rien n'indique que Druitt soit jamais allé à Liverpool ou ait un rapport quelconque avec cette ville. Si Farson avait consulté les archives de Scotland Yard, il saurait qu'elles contiennent des centaines de lettres de plaisantins du monde entier. Elles sont écrites dans différentes langues : beaucoup mentionnent une rue de l'East End et une nuit précise entre septembre 1888 et la fin de l'année. On pourrait prouver n'importe quoi avec cette documentation abondante – à condition, bien sûr, d'accepter que l'Éventreur ait écrit toutes les lettres reçues par la police et la presse, et qu'entre ses meurtres il voyageait jusqu'à Barcelone et Philadelphie pour poster ses messages loufoques.

Mais l'élément le plus trompeur concernant les deux lettres de Liverpool est la juxtaposition par Farson des deux dernières phrases de l'une d'elles avec l'allusion de l'autre aux Minories. « Ce que la police est stupide ! J'ai carrément donné le nom de la rue où j'habite » est cité pour donner l'impression que l'auteur de la missive vivait aux Minories. Ce que Farson ne dit pas, c'est que « la rue où j'habite » se réfère simplement à l'adresse apparaissant dans l'en-tête de la lettre : Prince William Street, Liverpool !

Cette analyse du livre de Farson ne met au jour aucune preuve permettant d'incriminer Druitt. Il n'a pas montré que Druitt était près des scènes des crimes, ni qu'il soit jamais allé à East End. Et il ne comporte aucun élément démontrant que Druitt ait eu un mobile pour tuer des prostituées.

Montague John Druitt n'était pas Jack l'Éventreur. Cette vérité est manifeste grâce à la passion de cet avocat pour le cricket. Le premier meurtre, celui de Nichols, eut lieu à Whitechapel très tôt le vendredi 31 août. *Le jour même*, Druitt était en train de jouer au cricket dans le West Country. Le deuxième meurtre, d'Annie Chapman, se produisit vers 4 h 20 du matin le samedi 8 septembre. Six heures plus tard, Druitt jouait au cricket au Rectory Field de Blackheath pour le Blackheath Cricket Club.

« Bien évidemment, cela ne réfute en rien les charges pesant contre Druitt », écrit Farson avant de proposer timidement : « Cela pourrait confirmer que ses nerfs étaient solides ». Il poursuit :

> C'était certainement pragmatique, car le trajet de Spitalfields à Blackheath était court et facile. Il n'y a aucune raison pour un homme de commettre un meurtre puis de ne pas aller jouer longuement au cricket quelques heures

après. Eu égard à la lenteur excessive de ce sport, il pourrait même y voir un mode de relaxation.

Au moment de discuter de l'état mental du tueur, Farson a manifestement oublié la description qu'il avait faite d'un Druitt aux nerfs solides mutilant minutieusement Chapman, puis allant jouer au cricket. Il cite d'abord le D$^r$ Magnus Hirschfeld, auteur de *Sexual Anomalies and Perversions*, qui fait remarquer :

> Le meurtrier sexuel n'a pas conscience du sinistre désir bestial de tuer qui repose discrètement en lui et qui, malheureusement, prend vie à la première occasion.

Farson continue en disant qu'Hirschfeld suggère que le meurtrier sexuel est à peine conscient de ce qu'il fait, et qu'il assassine dans un état d'ivresse sexuelle. Il cite alors Colin Wilson, qui dit qu'après le meurtre il pense que le tueur souffrait

> d'une profonde dépression, de l'amertume du « lendemain matin », de révulsion devant ses vêtements ensanglantés, du doute : « Qu'ai-je fait ? » […] Je suspecte que Jack l'Éventreur était l'esclave de son envie de meurtre, comme un toxicomane, mais toujours honteux à son égard.

Voici le commentaire de Farson :

> Je suis sûr que Wilson a raison. À part la question de la responsabilité assumée, cela ne s'oppose pas aux conclusions d'Hirschfeld mais les poussent encore plus loin.

Mais c'est difficilement conciliable avec la première observation de Farson au sujet de Druitt jouant au cricket seulement quelques heures après avoir commis un meurtre barbare…

Dans ses derniers chapitres, Farson brode autour de ces mots de sir Melville Macnaghten : « d'après des renseignements privés, je suis presque certain que sa propre famille pensait qu'il était le tueur ».

Farson examine cela du point de vue de William Druitt, le frère de Montague, un juriste de Bournemouth qui témoigna lors de l'enquête menée sur Montague. Farson écrit :

> Nous pouvons supposer que William, qui représentait la famille, pensait que son frère avait commis les meurtres. Mais pourquoi ? Son suicide dans la Tamise n'est pas une preuve en soi. Mais, à l'endroit même où la piste semble la plus ténue, je peux me rendre compte de sa solidité. William devait avoir la preuve de la culpabilité de Montague. De plus, cette preuve peut avoir été décisive ; William ne cherchait pas à être célèbre – au contraire, il aurait difficilement attiré l'attention sur ses soupçons sans bonne raison. De même, la police n'aurait pas souscrit à son témoignage sans preuve.

Nous devons rappeler que les notes de sir Melville Macnaghten n'expriment pas l'opinion de la police dans son ensemble. Au lieu de « police », Farson aurait dû écrire « Macnaghten ». Ensuite, comme les notes *officielles* de Macnaghten le montrent, il ne *souscrivit* pas à la déclaration de la famille pensant que Druitt était l'Éventreur. Il rapportait simplement ses soupçons, ce qui était en soi insignifiant. Nombre de familles avaient des soupçons sur l'un de leurs membres, comme le démontre le dossier « Suspects » de Scotland Yard. Cela ne faisait pas de tous des Jack l'Éventreur. Et, enfin, si la police avait eu une preuve, comme l'allègue Farson, Macnaghten l'aurait sans aucun doute indiquée dans ses notes.

Farson cite la lettre trouvée dans la poche de Druitt après son extraction de la Tamise, et qui fut lue à haute voix lors des investigations :

> Depuis vendredi, j'ai l'impression que je deviens aussi malade que ma mère, et le mieux pour moi est de mourir.

Mais cela ne soutient pas les charges contre Druitt : ça les affaiblit. Un homme qui aurait commis cinq meurtres barbares accompagnés de mutilations terrifiantes sur une période de 10 semaines aurait-il pris la peine de s'asseoir et de prendre la plume, plusieurs semaines après le dernier meurtre, pour dire qu'il se sentait inquiet pour son état d'esprit *depuis vendredi* ? L'idée qu'il ne s'en serait pas ne serait-ce que légèrement inquiété entre le 31 août et le 9 novembre est presque comique…

Dans une édition révisée de son essai, Farson reconnaît la possibilité que Druitt ne se soit pas suicidé mais ait été tué par sa famille. Son raisonnement est en partie correct. Les poches de Druitt étaient pleines de pierres. Un nageur est rarement disposé à choisir une mort par noyade, et une personne ne sachant pas nager n'aurait guère eu besoin de s'ajouter du poids. Mais Farson revient vers des liens fictifs avec les Minories et cite un correspondant affirmant :

> Cela voudrait dire qu'ils [la famille de Druitt] l'ont neutralisé – drogues ? une injection ? –, qu'ils auraient eu des connaissances médicales et donc su comment procéder, puis qu'ils ont transporté son corps inanimé jusqu'à la Tamise pour l'y alourdir avec des pierres. Des Minories à la Tamise : 200 mètres ? Justice fut faite, même si en marge de la légalité.

Pourtant, comme nous l'avons vu, Druitt n'était d'aucune façon lié aux Minories. Et, si ç'avait été le cas, le n° 140 où Farson prétend que Druitt vivait est bien plus loin de la Tamise que 200 mètres – on approche les 800. Bien que le raisonnement selon lequel Druitt fut assassiné soit juste, il est difficilement concevable que sa propre famille en soit l'instigatrice. Même si les Druitt avaient vaguement su que Montague était fou à lier, et qu'il avait commis les meurtres de Jack l'Éventreur, le tuer aurait certainement été la dernière chose qu'ils auraient faite. S'ils avaient entrepris une action, ç'aurait été de le placer dans un asile, comme sa mère. Mais si sa famille n'a pas abattu Druitt, qui l'a fait ?

Sickert dit d'emblée que Druitt avait servi de bouc émissaire, mais qu'il ne savait pas comment il avait été désigné. Si c'était vrai, les acteurs de notre combine se seraient mis en quête du meilleur candidat pouvant prendre sur lui la responsabilité des meurtres. Et Druitt, seul à Londres, nerveux et malheureux, aurait été un choix parfait. Bien sûr, il aurait été vain de le traduire en justice : sa condamnation aurait été impossible, et la publicité afférente hautement périlleuse. Mais s'il se suicidait, et qu'un mot trouvé sur son corps exprimait sa crainte devant sa folie, alors l'affaire serait rondement menée.

L'Inner Temple a des archives montrant que Druitt conserva son appartement du 9 King's Bench Walk jusqu'à sa mort. Cela est confirmé par l'annuaire des postes de Londres. Il est quasiment certain qu'il fut tué, qu'il fut transporté depuis *cette* adresse jusqu'à la Tamise. King's Bench Walk court tout droit vers le Victoria Embankment. Mais, sans faits solides, tout ceci n'est que de la spéculation n'ayant pas beaucoup plus de valeur que les affabulations de Farson sur Druitt. Si Druitt fut un bouc émissaire, il doit avoir été choisi comme tel. Quelqu'un, quelque part dans l'histoire, doit l'avoir désigné. Si Sickert avait raison dans ses allégations, il doit y avoir un lien entre Druitt et les autres pans de l'affaire. Mais où ?

Il y a une série de liens qui, pris un à un, peuvent être éliminés comme autant de coïncidences. Ensemble, ils dessinent un canevas…

1. Michael Harrison a établi que le tuteur – puis gouverneur – du prince Eddy, Canon John Neale Dalton, fut éduqué à Blackheath dans l'école où Druitt se mit à enseigner. Il est impossible de dire si Dalton continua d'avoir des rapports avec cette institution, et s'il y exerçait quelque influence. Une fois encore, il est uniquement possible de supposer que, si ç'avait été le cas, il aurait été à l'origine de l'un des aspects les plus déroutants de la triste vie de Druitt : sa démission

mystérieuse de cette école. Druitt y enseigna pendant au moins cinq années, et il en fut congédié peu avant sa mort. Personne n'a été capable de savoir pourquoi.

2. Thomas Toughill, qui a échafaudé sa propre théorie quant à l'identité de l'Éventreur, a établi un autre lien – bien qu'indirect – entre Druitt et Eddy. Le frère de Druitt servait dans le même régiment que l'artiste Frank Miles – et le frère de Miles était un écuyer d'Eddy.

3. Miles étant un deuxième lien entre Druitt et Eddy, nous trouvons que Miles habitait Tite Street à Chelsea et que, de l'autre côté de la rue, au n° 9, vivait sir Melville Macnaghten, l'individu responsable de l'apparition du nom de Druitt dans l'affaire Jack l'Éventreur.

4. À côté de chez Miles, au 28 Tite Street, résidait l'artiste Whistler, l'ancien mentor de Walter Sickert, auquel ce dernier rendait régulièrement visite.

5. Au 16 Tite Street habitait l'ancien amant homosexuel de Miles, Oscar Wilde – et Wilde était un autre ami proche de Sickert, que ce dernier voyait souvent.

6. Hesketh Pearson signalait dans sa biographie de Wilde qu'un autre visiteur distingué avait coutume de s'arrêter chez Wilde à Tite Street : le père d'Eddy, le prince de Galles. Des fêtes furent données chez Wilde, et Sickert, le père d'Eddy et Miles faisaient partie des habitués.

7. Macnaghten était un invité potentiel de ces mêmes réceptions, bien que ce ne soit pas certain. Outre son lien avec Sickert à Tite Street, Macnaghten et Sickert étaient des membres du Garrick Club.

8. Mais un autre fait relie Druitt à la famille royale. Après le retentissant scandale du divorce Mordaunt, dans lequel le prince de

Galles fut impliqué en 1869, lady Mordaunt fut sans surprise jugée folle et placée dans un asile pour le restant de ses jours. Qu'elle fût véritablement folle est matière à débat, mais le fait est que son enfermement fut une chance pour le prince de Galles. Les archives des administrations des asiles montrent qu'il n'y avait dans tout le pays que 12 fous suffisamment importants ou intéressants pour faire l'objet de rapports réguliers. En remontant les documents et les années, une réalité ne peut être manquée : deux noms apparaissent régulièrement ensemble dans cette liste restreinte d'internés : lady Mordaunt et M$^{me}$ Ann Druitt, la mère de Montague.

9. Une autre connexion intéressante entre Druitt et Eddy passe par le meilleur ami d'Eddy, James Kenneth Stephen, qu'Harrison prenait pour l'Éventreur. Les frères de Stephen étaient tous les deux avocats, comme Druitt. Harry Lushington Stephen logeait au 3 King's Bench Walk (Druitt était quelques mètres plus loin, au n° 9) et Herbert Stephen était juste en face du logement de Druitt, au 4 Paper Buildings.

10. Les Stephen sont tous des patients de sir William Gull, l'homme que Sickert désigne pour moteur premier de l'affaire Jack l'Éventreur.

11. Druitt était entouré de gens ayant des rapports étroits avec le récit des meurtres de l'Éventreur fait par Sickert. Notre onzième lien nous emmène au-delà des abords civilisés de King's Bench Walk et Paper Buildings, au 9 King's Bench Walk même. Plusieurs juristes et avocats partageaient le 9 King's Bench Walk avec Druitt : l'un d'eux était Reginald Brodie Dyke Acland, le frère du gendre de sir William Gull.

12. Le père de Dyke Acland, sir Henry Wentworth Acland, était le médecin honoraire du père d'Eddy et un intime de Gull.

13. Acland était également ami d'Holman Hunt, le peintre préraphaélite dont les ateliers se trouvaient à Cleveland Street.

14. Le dernier lien est essentiel. Le juriste qui fomenta la seconde partie du maquillage du scandale de Cleveland Street, Edward Henslow Bedford, vivait au 9 King's Bench Walk, soit le même bâtiment que Druitt. Les archives du barreau montrent que Bedford pratiquait à cet endroit entre 1867 et 1898, et par la suite au 52 Arbour Square, à Whitechapel, près du poste de police local. Lors de son passage à King's Bench Walk, il fut deux fois associé, mais, entre 1879 et 1898, période à laquelle Druitt partageait les lieux, il pratiquait seul. L'immeuble n'est pas grand : c'est une maison sur trois niveaux – Bedford et Druitt se sont sans aucun doute bien connus l'un l'autre.

Cela semble être plus qu'une coïncidence : l'homme qui a joué un rôle de premier plan dans la deuxième partie de l'étouffement de l'affaire a lui-même vécu à la même adresse que l'individu désigné comme bouc émissaire dans sa troisième phase. Bedford était dans la meilleure position possible pour jauger Druitt, le signaler à ceux qui tenaient les rênes de la machination, et aussi pour mener à bien son assassinat.

Pour résumer, un ensemble exceptionnel de faits – tous pouvant être vérifiés par des documents ouverts au public – confirme que Druitt était un bouc émissaire, le reliant à différentes facettes de l'affaire. Ils établissent également des liens clairs entre chaque étape du récit de Sickert, étapes qui avaient jusqu'ici semblé sans rapport. Druitt, Eddy, le prince de Galles, J. K. Stephen, sir Melville Macnaghten, sir William Gull et tous les événements de Cleveland Street sont liés ensemble, exactement comme Sickert le soutenait. Et, ce qui assoit définitivement sa crédibilité : Sickert lui-même a des rapports avec chacun d'eux.

*Sir William Gull*

# Chapitre IX

## *Tous les chemins mènent à Dorset Street*

Le fait que l'inspecteur Abberline fut à la fois chargé de l'affaire Jack l'Éventreur et de l'enquête sur le bordel de Cleveland Street demeure mystérieux, mais d'autres éléments rattachent Cleveland Street – et la famille royale – aux meurtres de l'East End.

L'importance d'un lien entre la famille royale et Jack l'Éventreur a jusqu'à maintenant été oubliée : la reine Victoria s'est passionnément intéressée aux meurtres de l'Éventreur. Ce n'était toutefois pas une inquiétude nourrie par un légitime désir de justice et d'ordre. Victoria avait des intérêts spécifiques. En une année où l'assassinat était une chose ordinaire dans toute l'Angleterre, elle manifesta un vif intérêt à l'égard du *premier* meurtre de l'Éventreur et ordonna au Premier ministre de prendre des mesures à même de prévenir toute conséquence néfaste. Seule une personne ayant des informations privilégiées peut retrouver dans une unique tuerie le commencement de toute une série – notamment si le deuxième meurtre n'a pas encore eu lieu. Dans un télégramme à Salisbury, Victoria lui rappelait : « Vous m'avez promis, lorsque le premier meurtre s'est produit, de consulter vos collègues à son sujet. »

Comme cette note indignée le montre, à moins que la reine ait commandé à son Premier ministre d'agir personnellement pour chaque meurtre survenu en Angleterre – ce qui ne fut guère le cas –, Victoria savait que le meurtre de Nichols, au moment même où il se produisit, était le premier d'une série. Si elle avait appelé à agir *après la mort de Chapman*, sa préoccupation aurait été compréhensible, car alors il était évident que le spectre d'un nouvel assassinat se profilait. Mais le meurtre était si banal à Whitechapel en 1888 que son souci spécifique concernant Nichols signale des connaissances plus profondes. Le meurtre faisait tellement partie de la vie à East End que, lorsqu'une femme dénommée Emma Smith fut agressée par trois hommes et tuée le lundi de Pâques 1888, les journaux ne prirent pas la peine d'en parler. Deux témoins qui parlèrent lors de l'enquête pour Kelly dirent avoir entendu le cri « Au meurtre ! », mais c'était si courant dans les parages que tous deux l'ont ignoré. Il y avait près de 500 enquêtes autour de morts mystérieuses pour le seul quartier de Whitechapel en 1887, année précédant les frasques de l'Éventreur. Cullen écrivait :

> En lisant attentivement les journaux de l'époque, on est abasourdi par le nombre d'informations sur des femmes qui ont été agressées ou battues à mort, piétinées jusqu'à en être broyées, poignardées, frappées, aspergées de vitriol, éviscérées, ou volontairement brûlées. L'année précédente, 35 meurtres étaient dénombrés pour les seuls comtés entourant Londres (76 si l'on y inclut les infanticides) et, sur ce total, seulement huit condamnations furent prononcées, la plupart de ces crimes restant irrésolus pour jamais.

Les crimes viennent par vagues, et 1888 fut la crête de la vague pour ce qui est des crimes de sang, notamment à East End où il s'en produisait chaque jour. À moins que l'histoire de Sickert ne soit vraie, il est difficile d'expliquer la préoccupation de la reine Victoria au sujet du meurtre de Nichols. À l'époque où la reine demanda de réagir, il s'agissait d'un meurtre apparemment anodin n'ayant rien pour le démarquer d'une douzaine d'autres assassinats à Whitechapel la même année. Ce ne fut que plus tard qu'il s'avéra être le premier crime de Jack l'Éventreur.

Un lien supplémentaire entre les meurtres et Cleveland Street, prouvable, fut évoqué par Sickert en personne. À 50 mètres de la masure où Mary Kelly fut assassinée se trouvait le refuge pour femmes de la Providence, tenu par des religieuses. C'était le couvent de l'East End où Sickert disait que Kelly avait d'abord été avant de débarquer à Cleveland Street. L'un des fondateurs et membres du comité directeur était un juriste dénommé Edmund Bellord. Il était l'associé du cabinet d'agents immobiliers Perkins & Bellord, dont les bureaux se trouvaient très exactement à Cleveland Street. Ils détenaient d'importantes propriétés dans le quartier – dont, entre parenthèses, la maison de lord Salisbury tout près de Fitzroy Square.

Le rapport le plus important entre West End et East End fut peut-être mentionné par Mary Kelly elle-même. Lors de l'enquête, l'homme avec lequel elle avait habité, Joe Barnett, déclara : « Quand elle quitta Cardiff, elle dit qu'elle irait à Londres. À Londres, elle fut d'abord dans une garçonnière de West End. Un homme du monde lui demanda là-bas d'aller en France. Elle s'y rendit, mais elle me disait que, comme elle n'apprécia guère cet épisode, elle n'y resta pas longtemps. Elle y passa deux semaines environ. »

Bien que nombre d'auteurs n'y aient vu qu'une fantaisie de la part de Mary Kelly, c'est quand même remarquablement cohérent avec le récit seriné par Sickert. Non seulement il semble indéniable que la garçonnière de West End était l'atelier de Sickert à Cleveland Street, mais Sickert affirmait également avoir emmené Kelly à Dieppe, ce qui expliquerait ses voyages en France avec « un homme du monde ».

Sickert soutenait que son implication personnelle dans l'affaire se termina à Cleveland Street, mais qu'il savait qui étaient les tueurs, le mobile des assassinats et comment ils furent menés à bien. Il pensait que quatre des victimes de l'Éventreur se connaissaient entre elles, même s'il ne donna aucune preuve pour étayer cette affirmation. Eddowes, dit-il, ne fut assassinée que parce qu'elle fut confondue avec Kelly. Il ne savait pas pourquoi. Il avançait que les quatre commères – Kelly, Chapman, Stride et Nichols – faisaient du chantage à quelqu'un en lien avec les événements de Cleveland Street, bien qu'encore une fois il laissât une brèche dans son histoire en ne précisant guère qui. Ce chantage attira l'attention sur ces prostituées et conduisit à leur élimination.

Aucun théoricien n'a proposé que *quelques-unes* des victimes se connaissaient l'une l'autre, et encore moins fait allusion à une association entre quatre d'entre elles. Leurs corps furent retrouvés dans un vaste secteur englobant Whitechapel, Spitalfields et Aldgate. À première vue, il semble ne rien y avoir pour les regrouper, hormis qu'il s'agisse à chaque fois de prostituées. Mais si certaines des victimes se connaissaient entre elles, une lumière complètement nouvelle se répandrait sur l'affaire...

La première observation – et cela même semble avoir échappé aux commentateurs – est que, bien que les corps des victimes eussent été retrouvés sur une zone courant sur trois quartiers distincts, elles vivaient dans un petit secteur de Spitalfields. Ce quartier corrompu comprenait Dorset Street, qui avait la réputation d'être la rue la plus mauvaise de Londres, où les policiers ne se rendaient que deux par deux, White's Row, Fashion Street, Flower and Dean Street, et Thrawl Street. Ce n'étaient que de petites rues ; la plus longue (Fashion Street) ne faisait que 165 mètre de long, et Dorset Street dépassait à peine les 90 mètres. En voici le tableau…

DORSET STREET. Annie Chapman habitait une pension meublée partagée au n° 35. Mary Kelly vivait 30 mètre plus loin du même côté de la rue, au niveau de Miller's Court, recoin du n° 26. Il fut dévoilé lors de l'enquête concernant Kelly qu'avant d'emménager à Miller's Court elle était passée par une autre maison de pension à Dorset Street. On ne sait pas laquelle exactement. En plus d'habiter si près l'une de l'autre, Chapman et Kelly fréquentaient toutes les deux le même pub, le Britannia, à l'angle de Dorset Street et Crispin Street. Cet indice inédit n'a pas été découvert jusqu'ici parce que, dans l'enquête sur Chapman, on parlait du pub comme étant l'établissement de Ringer, alors que pour Kelly il était décrit sous son vrai nom : le Britannia. Comme le montre la déposition jamais publiée jusqu'à aujourd'hui de Caroline Maxwell, intégralement citée au chap. IV, le Britannia appartenait à une certaine $M^{me}$ Ringer et appelé par les gens du cru « chez Ringer ».

FASHION STREET. Catherine Eddowes logeait souvent au n° 6. Stride demeurait parfois dans une pension meublée de la même rue, mais dont le numéro est inconnu. Fashion Street se trouvait à 45 mètres de Dorset Street.

FLOWER AND DEAN STREET. Mary Nichols habita un temps dans un établissement s'appelant « White House ». Ce n'était qu'à quelques mètres du n° 32 où Stride couchait régulièrement. Le n° 55, adresse principale d'Eddowes, se situait peu après le n° 32. Flower and Dean Street se trouvait à moins de 90 mètres de Dorset Street.

THRAWL STREET. Le domicile de Nichols était le n° 18. C'était près du n° 6, adresse de la sœur d'Eddowes, qu'Eddowes voyait régulièrement. Thrawl Street était à 165 mètres de Dorset Street.

En tenant compte de ce qu'il y avait 233 maisons de pension communes à Whitechapel, Spitalfields et Stepney où Jack l'Éventreur aurait pu trouver ses victimes, il doit sûrement être important qu'il ait tué des femmes dont les adresses sont si proches les unes des autres. Même sans autre preuve, il paraît hautement probable que les victimes se connaissaient entre elles. Mais il y a encore d'autres indices allant dans ce sens.

Timothy Donovan, employé de la pension meublée du 35 Dorset Street, déclara lors de l'enquête sur Chapman qu'Annie y avait habité les quatre mois précédant son meurtre, sauf la semaine immédiatement précédente, durant laquelle il ne l'avait guère vue jusqu'au vendredi soir. Il la connaissait depuis 18 mois.

L'adresse de la troisième victime, Elizabeth Stride, a déjà été indiquée à Flower and Dean Street, et il fut révélé lors des investigations qu'elle avait aussi logé à Fashion Street. Elle avait de fait déposé ses bagages dans ces deux rues, mais ce n'est qu'une facette de l'histoire. La maison censée avoir été l'adresse habituelle de Stride se trouvait au 32 Flower and Dean Street, mais Elizabeth Tanner, représentante de cette maison de pension meublée, témoigna lors de l'enquête sur Stride :

> J'ai vu le corps de la défunte à la morgue de St George et je l'ai identifié comme étant celui d'une femme ayant logé dans notre maison *de temps à autre* ces six dernières années [l'italique est de moi].

D'après cette déclaration il est évident que Stride ne passait que peu de temps à cette adresse. Cette thèse est renforcée par le dialogue qui suit entre le coroner Wynne Baxter et M<sup>me</sup> Tanner :

> LE CORONER. — Qui est-ce [la défunte] ?
>
> TANNER. — Elle était connue sous le surnom « Long Liz ».
>
> LE CORONER. — Connaissez-vous son véritable nom ?
>
> TANNER. — Non.

La plupart des maisons de pension de Spitalfields étaient épouvantablement bondées, mais si Stride couchait sans interruption au n° 32, M<sup>me</sup> Tanner aurait certainement su son nom. Si Stride n'avait en réalité point habité là où on a cru qu'elle vivait jusqu'ici, quelle était son adresse ? La réponse peut être trouvée dans un autre extrait de la déposition de la veuve Tanner :

> LE CORONER. — Connaissez-vous certaines de ses relations masculines ?
>
> TANNER. — Une seule.
>
> LE CORONER. — Qui est-ce ?
>
> TANNER. — *Elle habitait avec lui.* Elle l'a quitté jeudi pour revenir et rester dans notre établissement, selon ce qu'elle m'a dit [l'italique est de moi].

L'homme avec lequel Stride a vécu était un travailleur des docks répondant au nom de Michael Kidney. Le témoignage de ce dernier confirme qu'elle passait la majorité de son temps avec Kidney, et non à Flower and Dean Street ou Fashion Street :

> J'ai vu le corps. C'est Long Liz. *Je la connais depuis trois ans et elle a vécu avec moi presque tout ce temps.* Je la laissais à Commercial Street quand je partais au travail. Je m'attendais à ce qu'elle fût à la maison, mais en rentrant je vis

qu'elle était passée puis repartie. Elle était sujette à s'en aller toutes les fois qu'elle estimait le vouloir. Pendant ces trois années, elle est restée loin de moi durant cinq mois tout au plus. J'ai pris soin d'elle comme si c'était ma femme. C'était la boisson qui la faisait partir. Mais elle revenait toujours. Je ne crois pas qu'elle m'ait quitté jeudi pour prendre un nouveau compagnon. Je pense qu'elle m'appréciait plus que tout autre homme. Je ne l'ai plus revue jusqu'à l'identification de son corps au dépôt mortuaire.

Le témoignage de Kidney nous montre comment l'adresse de Stride est devenue dans les archives le 32 Flower and Dean Street. Lorsque l'Éventreur la frappa, il se trouvait simplement qu'elle était prise dans ses épisodes d'ivresse qui la conduisaient vers cet endroit. Et le logement temporaire dans lequel elle descendait fut pris pour sa demeure permanente. En ces jours, les méthodes minutieuses préconisées par Conan Doyle dans les aventures de Sherlock Holmes n'avaient pas encore été adoptées par les vrais policiers ; les noms, âges et adresses étaient alors considérés, avec un certain mépris, comme de simples formalités. Mais des noms, âges et adresses peuvent permettre d'arrêter les assassins.

Long Liz Stride fut loin de Kidney pendant seulement cinq mois sur trois années, et ces cinq mois correspondaient à d'affreuses descentes dans une indépendance faite de boisson. Entre 1885 et sa mort, elle vécut la plupart du temps avec Kidney. Mais où habitaient-ils ? Plusieurs auteurs ont amalgamé l'information concernant le lien de Stride avec Flower and Dean Street au fait qu'elle cohabitait avec Kidney, et ils concluaient qu'ils vivaient ensemble à Flower and Dean Street. C'est faux. Un fait essentiel qui fut dévoilé lors de l'enquête sur Stride n'a pas été remarqué jusqu'à ce jour. Le *Daily News* du 6 octobre donnait l'adresse de Michael Kidney au 35 Dorset Street, soit *la même maison de pension où Annie Chapman avait habité pendant quatre mois avant son décès*. C'était dans cette pension qu'Elizabeth Stride avait vécu avec Kidney. C'était l'immeuble dont elle était partie quelques jours avant son meurtre, exactement comme Chapman. *Ces deux victimes avaient habité la même bâtisse, et toutes deux en avaient été séparées dans les jours précédant leur mort.*

Un rapport des archives secrètes du Bureau de l'Intérieur, prenant note de la synthèse du coroner Baxter à l'issue de l'enquête sur Stride, confirme notre conclusion : « Ces deux dernières années, la défunte avait vécu dans une maison de pension ordinaire de Dorset Street, à Spitalfields, avec Michael Kidney, un travailleur des quais. »

Nous voyons soudain que trois des quatre victimes de l'Éventreur dont Sickert disait qu'elles se connaissaient l'une l'autre venaient de Dorset Street. Deux d'entre elles habitaient le même établissement. Elles étaient deux à fréquenter le même pub. Le fait qu'elles se connaissaient entre elles semble évident. La quatrième victime que Sickert disait faire partie du même cercle, bien qu'elle fût assassinée près d'un kilomètre et demi plus loin à Bucks Row, habitait à moins de 100 mètres des autres et fréquentait sans doute le même bar. La version des faits de Sickert commence à prendre consistance. Dans une métropole de la taille et du style de l'East End, il est inconcevable qu'un tueur frappant au hasard ait pu abattre, en des endroits éloignés de presque 1 500 mètres, quatre femmes qui se connaissaient les unes les autres. Il est évident que, quel que fût le mobile de Jack l'Éventreur, il (ou ils ?) connaissait l'identité des victimes. Il n'est pas surprenant que si peu d'auteurs aient soulevé ce point : la plupart des théories sont fondées sur l'hypothèse d'un malade mental perpétrant ses meurtres au hasard.

Un autre élément essentiel de l'histoire de Sickert est que la dernière cible prévue de l'Éventreur était Mary Kelly. En 1867, on estimait à 80 000 le nombre de prostituées à Londres. De fait, ce chiffre avait augmenté dans les années 1880. Sur ces 80 000, Jack l'Éventreur en tua cinq. Peut-il avoir été un accident que deux de ses cinq victimes, les deux dernières, étaient appelées « Mary Ann Kelly » ? Les chances contre un accident de ce genre sont astronomiques, même si Kelly était un nom tout à fait commun. De plus, la véritable Kelly et la victime qui ne faisait qu'en porter le nom furent les seules victimes à avoir fait l'objet de mutilations du visage. Malgré sa prédilection pour la version française de son nom, une fantaisie perpétuée jusque sur son certificat de décès, la vraie Kelly n'était pas connue par beaucoup de monde à Dorset Street en tant que « Marie Jeanette ». Comme le montre les témoignages de son enquête, elle était appelée par certains « Mary Jane », par d'autres « Mary Ann ». Est-ce que ce peut être une coïncidence que Catherine Eddowes, qui vivait à seulement 50 mètres de la véritable Kelly, utilisât le nom « Mary Ann Kelly » ? Eddowes s'appelait souvent elle-même « Kelly » parce qu'elle vivait avec un homme dénommé John Kelly.

Ce doit certainement être le chaînon manquant du récit de Sickert, la raison pour laquelle Eddowes fut prise pour Kelly et mourut à sa place.

Après l'assassinat d'Eddowes, l'Éventreur ne frappa plus de six semaines. Elle avait elle-même dit être Mary Ann Kelly, et les tueurs pensaient avoir affaire à la vraie Kelly. Les détails de ce meurtre, comme les mystérieuses mutilations faciales, soutiennent cette idée, comme nous le verrons au chap. X. Quand ils se rendirent compte de leur erreur d'identification, Kelly devait être éliminée et les meurtres de l'Éventreur entrèrent dans leur crescendo final, épouvantable, exactement 39 jours après l'exécution d'Eddowes. Nous verrons que cela aussi a sa signification.

Tous les chemins de Jack l'Éventreur mènent à Dorset Street. Dorset Street renvoie inexorablement à Cleveland Street. Une vieille religieuse du couvent catholique d'Harewood Place, à quelques minutes de marche de Cleveland Street seulement, avait une histoire intéressante à partager lorsque la BBC l'interviewa en 1973. En 1915, elle était novice à la Providence, juste en face du pub où Kelly et Chapman trouvaient chaque jour des clients. Elle se souvenait très bien d'une nonne âgée qui s'y était trouvée au moment des meurtres de l'Éventreur et lui disait que « si ce n'avait pas été en vue de la femme Kelly, aucun des meurtres n'aurait eu lieu ».

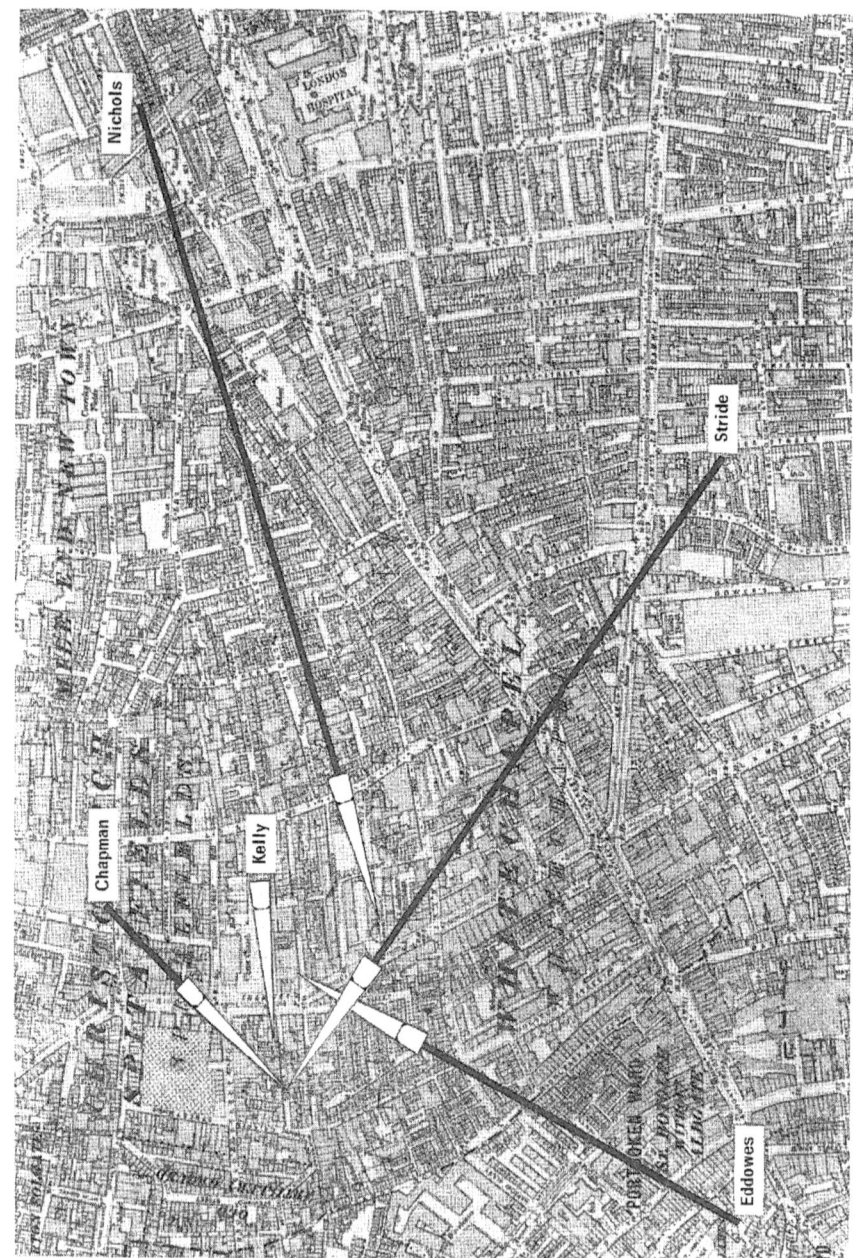

*Tous les chemins mènent à Dorset Street*

# CHAPITRE X

## *Les tueurs francs-maçons*

La supposition selon laquelle les francs-maçons se trouvent derrière les meurtres de Jack l'Éventreur fut la première fois publiquement présentée dans *Butchery*, le troisième épisode de la série de la BBC consacrée aux assassinats de Whitechapel. Les scénaristes Elwyn Jones et John Lloyd prêtaient cette idée à leur policier fictif, le détective et inspecteur en chef John Watt. Ce faisant, ils trahirent malheureusement la vérité dans la recherche d'un effet dramatique. Le dialogue entre Barlow et Watt sur la thèse de la franc-maçonnerie était séparé par trois épisodes (ou trois semaines) de l'histoire de Sickert, ce qui fut dit par son fils dans le sixième épisode. Tout semblait indiquer que le récit de Sickert et l'inculpation des francs-maçons étaient sans rapport. En réalité, la mise en accusation des francs-maçons faisait partie intégrante de l'histoire de Sickert. Ce fut simplement en conséquence d'une remarque de Joseph Sickert que le chercheur Ian Sharp se rendit à la London Library de St James's Square un après-midi de janvier 1973 pour vérifier s'il y avait quelque lien identifiable entre l'association la plus mystérieuse de la planète et ses meurtres en série les plus énigmatiques. Les indices qu'il découvrit semblaient devoir corroborer l'intervention de six minutes de Sickert, ou au moins s'emboîter avec. Jones et Lloyd choisirent à l'inverse de les inclure dans leur scénario comme un élément distinct de leur enquête, et la véritable portée des allégations de Sickert fut sacrifiée. L'évocation par Barlow et Watt des maçons était par nécessité limitée à quelques minutes. Cette brièveté, outre le fait que l'idée ne fut présentée qu'à la manière d'une théorie supplémentaire émergeant d'un flot de conjectures, montrait cette thèse sous un mauvais jour. Elle devenait aussi improbable que l'hypothèse tarabiscotée de Donald McCormick selon qui un membre d'une secte russe, les *khlysts*, pouvait s'être senti incité à tuer et mutiler des prostituées, et aussi peu substantielle que la suggestion de Robin Odell faisant de l'Éventreur un sacrificateur juif poussé par les doctrines rigoristes du Talmud à débarrasser le monde du vice de la prostitution.

Il aurait été plus sensé de présenter cette théorie sur les francs-maçons avec un véritable désir d'expliquer qui était le ou les tueurs, et pourquoi les meurtres auraient été commis par des maçons. Mais cette idée flottait comme une épave sur nos téléviseurs et, pour la plupart d'entre nous, sombra dans l'océan des idées oubliées, le lieu d'oubli auquel est destiné tout ce qui est passé par la communication confuse de la télévision.

L'histoire de Sickert souffrit également du format de la série. Les téléspectateurs n'avaient encore jamais vu une programmation si hybride, où des faits se mêlaient inextricablement à la fiction. Ils savaient que Barlow et Watt étaient des créatures de l'imagination d'un écrivain ; beaucoup de gens se demandaient si leur enquête était ou non agrémentée d'éléments fictifs. Pour toutes ces raisons, et le fait que la série fut diffusée au milieu de l'été où toutes les chaînes, face à une audience réduite, avaient pris l'habitude de faire passer leurs déchets, *Jack the Ripper* arriva avec des geignements plutôt qu'avec fracas. Jones et Lloyd retranscrivirent leurs six scénarios en livre, et *The Ripper File* fut publié en mars 1975. Mais le plan des francs-maçons était toujours dissocié du récit de Sickert, et il n'était pas davantage examiné qu'à la télé.

L'affirmation de Walter Sickert de ce que les meurtres furent commandités par un groupe de francs-maçons intégristes et perpétrés conformément à un rituel maçonnique est en effet une affaire à sensation. Si c'était vrai, ça donnerait un coup fatal à 85 ans de théories chaotiques. Comme le reste de l'histoire de Sickert, cela prenait cependant la forme d'une déclaration gratuite, et le peintre ne donna aucun commencement de preuve. Si Sickert avait menti, cette seule assertion aurait ruiné tous ses dires. Mais cette idée au départ infondée devint la preuve la plus solide dans les investigations de ce qu'il avait jusqu'ici dit la vérité. La démonstration présentée par Ian Sharp et votre serviteur montre que les meurtres étaient effectivement maçonniques. Une fois de plus, une seule vérité semble anéantir toutes les autres hypothèses sur les assassinats, car aucun autre suspect retenu – hormis le prince Eddy – n'était franc-maçon. Et le procès dressé contre Eddy, comme cela a été montré, était sans fondement.

Enquêter sur les secrets de la franc-maçonnerie est une tâche exigeante et difficile, mais c'est possible. Il y a eu assez de révélations fiables sur cette fraternité occulte pour permettre au chercheur consciencieux de dresser un tableau fidèle de ses activités. Avant d'examiner les liens indéniables entre la maçonnerie et Jack l'Éventreur, il est utile de connaître un peu l'arrière-plan et la nature de la franc-maçonnerie.

C'est une société secrète mondiale née en Angleterre au Moyen Âge. Elle se développa en parallèle de plusieurs autres guildes ou corporations. Le manque en artisans hautement qualifiés pour le marché du bâtiment imposa aux tailleurs de pierre notamment d'aller d'un pays à l'autre pour gagner leur vie. Les maçons devaient se rendre là où il y avait du travail. Ils voyageaient de pays en pays pour aider à construire les magnifiques cathédrales et abbayes dont l'apparition conclut des siècles d'obscurité. Leur métier était jalousement gardé contre les intrus. Les apprentissages étaient difficiles à obtenir, et rigoureux pour les lauréats. Les maçons comprirent rapidement que le caractère itinérant de leur existence les rendait particulièrement vulnérables. Pour se protéger de toute exploitation, ils formèrent un genre d'organisation syndicale primitive. C'était une époque où beaucoup de professions mettaient en place des corporations et, comme les véritables syndicats 500 ans plus tard, aucune n'était nationale. Chaque corporation était limitée à une ville ou quartier, et les tailleurs de pierre s'organisaient eux-mêmes en « loges » au niveau local. Une particularité des maçons, qui eut une influence non négligeable sur leur évolution, était qu'employeurs aussi bien qu'employés pouvaient s'affilier aux loges. Comme les maçons étaient nomades, un degré plus élevé d'unité nationale fut atteint dans leur corporation par rapport aux autres métiers. Cela assurait une plus grande uniformité des conditions de travail entre une région et une autre, et, comme la force des maçons grandissait en comparaison des autres professions, il en fut de même pour leur détermination de rester prédominants. Étant donné qu'un maçon ne pouvait pas travailler toute sa vie au même endroit, et parce que chaque loge accueillait constamment des maçons d'autres provinces, l'aspect ésotérique de leur savoir-faire s'affirma. Les loges acceptèrent d'adopter des signes secrets, des mots de passe et des serrements de main particuliers, de sorte qu'un maçon arrivant en territoire étranger pouvait être reconnu par ses frères comme étant un véritable artisan.

Les siècles passant, les maçons libres et franchisés, ou tailleurs de pierre francs, passèrent d'une corporation à une organisation sociale. Des loges se créaient à l'étranger, notamment en France. À la longue, des représentants qualifiés d'autres métiers, puis des membres éminents de toutes les professions des classes moyennes et supérieures, furent admis au sein de la fraternité. Au XVIIIe siècle, les francs-maçons n'étaient en pratique liés à leurs habiles prédécesseurs que par le nom et la forme de leur rituel. C'était devenu une société secrète quasi religieuse, dont l'affiliation était extrêmement difficile, et hautement désirée par ceux qui ne pouvaient pas y entrer. Les frères s'entraidaient dans leurs affaires et au sein de la société. Il devint ordinaire pour un franc-maçon, dans de nombreuses professions, de n'avoir des promotions que parce qu'il était maçon. Cette pratique vaut encore aujourd'hui.

Le légendaire et le mythe s'étaient à cette époque profondément insinués dans le travail quotidien de cette association occulte, et ses origines véritables furent obscurcies par un conte fantastique et une noble naissance 2 000 ans plus tôt. Les débuts de la franc-maçonnerie sont de nos jours diversement imputés par les initiés à l'Empire romain, aux pharaons, au Temple de Salomon, à la tour de Babel et – même – à l'arche de Noé. De tous les mythes inventés par la franc-maçonnerie, la construction du Temple de Salomon est le plus sacré. La plus grande partie du rituel secret de la maçonnerie se fonde sur cet événement majeur.

D'après ses propres mots, la franc-maçonnerie est « un système particulier de morale, enseigné sous le voile de l'allégorie au moyen de symboles ». Elle revendique être une organisation fondée sur la pratique de la vertu morale et sociale.

Bien que tout initié soit lié par un serment de secret qui promet la mort à celui qui trahit, la franc-maçonnerie peut passer pour assez respectable dans ses degrés inférieurs. On doit reconnaître que les maçons en corps comptent parmi les donateurs les plus généreux côté philanthropie. Plusieurs auteurs ont expliqué qu'on ne peut être à la fois franc-maçon et chrétien, et l'Église catholique a affirmé l'excommunication de quiconque rejoignait cette fraternité, parce que Rome a interdit la franc-maçonnerie et la considère comme « subversive et anticléricale ». Maintenant, dans certaines circonstances, des catholiques pensent obtenir de leur évêque le droit de devenir francs-maçons, même si les catholiques en général regardent toujours cette société secrète avec suspicion. Quoi qu'il en soit, ce n'est que quand un maçon est introduit dans les degrés supérieurs qu'il devient vraiment païen.

Tandis que les maçons progressent vers les échelons supérieurs, leur divinité subit un changement de fond. Personne ne peut devenir franc-maçon à moins de prêter foi en un Être suprême. Les francs-maçons l'appellent « le Grand Architecte », qui a créé l'univers en un mouvement de compas. Associé comme il est dans les premiers degrés avec le serment d'honorer les préceptes de la Bible, ce dieu est l'ersatz bienveillant de Yahvé et Allah ; quel que soit son nom, c'est un dieu d'amour, le Père tout-puissant. Degré après degré, la personnalité de cette divinité change imperceptiblement, jusqu'à ce que dans les échelons les plus élevés le dieu farfelu des francs-maçons soit appelé Jahbulon. Cette entité étrange est un personnage composite empruntant à Yahvé, le Dieu des chrétiens et des juifs ; à Osiris, le dieu-momie des morts de l'Égypte antique ; et Baal, le dieu païen que les Hébreux identifiaient au démon. Par conséquent, quand bien même les maçons professeront honorer un seul dieu, ils ont donné trois personnalités à celui-ci, dont l'une est diabolique. Bien qu'il soit inapproprié d'affirmer que les francs-maçons supérieurs soient des adorateurs du diable, ceux-ci accordent néanmoins une grande importance à ce démon dans le gouvernement de l'univers, ils le considèrent comme l'égal du Dieu chrétien et ils lui rendent hommage.

Cette ambiguïté religieuse fut utilisée contre les maçons dans la seconde moitié du XIXe siècle quand Léo Taxil, un Français depuis dénoncé comme menteur, prétendit avoir une preuve irréfutable du culte maçonnique du diable. Que la « preuve » de Taxil fût ou non authentique, ses prétentions reposaient sur des faits. Albert Pike, principale autorité maçonnique du XIXe siècle et grand commandeur du Suprême Conseil de la Juridiction sud à Charleston (USA), écrivit en 1873 qu'en engrangeant assez d'ancienneté pour découvrir Jahbulon il fut troublé et dégoûté :

> Aucun homme ou ensemble d'hommes ne peut me faire accepter comme parole sacrée, comme symbole de la Divinité infinie et éternelle, un mot hybride, composé en partie du nom d'un dieu maudit, païen et brutal, dont le nom est depuis plus de 2 000 ans celui du diable.

Pourtant, c'est exactement ce que les francs-maçons éminents doivent accepter, et c'est le dieu qu'ils honorent.

Au premier grade, celui d'apprenti reçu, un initié jure sous peine de mutilation et de mort d'obéir, non seulement aux préceptes de la franc-maçonnerie, mais aussi à ceux de la Bible et aux lois du pays dans lequel se trouve la loge. Plus il progresse dans la hiérarchie, et plus les lois de la Bible et la société sont écartées : seules les lois de la maçonnerie sont sacrées. Après être passé par ce qui est appelé « Arche royale », un franc-maçon ne doit d'allégeance qu'à ses frères maçons.

Donnons une illustration de cette progression du statut de membre de la société vers celui de personne dispensée de se soumettre aux lois communes. C'est un extrait des serments faits pour deux grades : celui de maître maçon (le plus élevé des degrés inférieurs) et celui de maçon d'arche royale (première étape d'une longue ascension vers l'échelon ultime : le 33e).

Dans la cérémonie d'initiation d'un maître maçon, celui-ci jure que les secrets reçus d'un autre maître maçon, « qui m'ont été confiés comme tels, resteront inviolables et en sécurité dans ma poitrine, comme ils l'étaient avant qu'ils ne me soient confiés, sauf le meurtre et la trahison, et ceux laissés à mon appréciation »...

Ainsi, jusqu'au grade de maître maçon inclus, un initié a le droit d'agir comme un membre lambda, responsable, de la société et de dénoncer aux autorités tout franc-maçon pouvant être impliqué dans une affaire de meurtre ou de trahison. Mais cela n'est plus vrai après l'Arche royale. Au cours de la cérémonie d'initiation d'un maçon d'arche royale, celui-ci promet « que les secrets d'un frère maçon d'arche royale, qui m'ont été confiés comme tels, resteront inviolables et en sécurité dans ma poitrine comme dans la sienne, *meurtre et trahison y compris* »...

Ce changement fondamental entre les échelons transforme entièrement la position du maçon dans la société. Il lui est maintenant accordé une plus grande immunité qu'un roi ou président. William Morgan, franc-maçon américain auteur d'un ouvrage intitulé *Freemasonry Exposed*, publié en 1826, déclarait :

> Le serment prêté par les maçons d'arche royale n'exclut pas le meurtre et la trahison ; pour cette raison, en vertu de celui-ci, tous les crimes peuvent être commis.

La vérité pleine et entière est encore plus dérangeante, car dans le même serment, le maçon d'arche royale jure :

> que j'aiderai et assisterai un frère maçon d'arche royale s'il se trouve dans quelque difficulté, et j'épouserai sa cause, aussi loin que possible pour l'en dégager, si c'est en mon pouvoir, *qu'il soit dans son droit ou dans son tort*.

De la sorte, quand un franc-maçon traverse l'Arche royale, il n'est plus uniquement tenu sous peine de mort de taire qu'un frère maçon serait impliqué dans une trahison ou un meurtre : *il est en outre obligé de l'aider à dissimuler ses crimes.*

Sir Charles Warren, commissaire de la police métropolitaine au moment des meurtres de l'Éventreur, comptait parmi les francs-maçons les plus influents de l'île. En 1861, il traversa l'Arche royale et, depuis lors, il était contraint d'aider tout maçon éminent à échapper aux peines des pires crimes qui aient pu être commis. Dans les 27 années entre sa traversée de l'Arche royale et les meurtres de Whitechapel, Warren devint non seulement l'un des francs-maçons les plus puissants d'Angleterre, mais l'un des plus importants de la planète. Une loge d'Afrique du Sud prit son nom ; en Angleterre, il fonda la loge de recherche maçonnologique Quatuor Coronati et fut Grand Sojourner du Suprême Grand Chapitre ; en 1891, il devint le grand maître provincial de l'est de l'archipel.

Seule sa prééminence au sein de la franc-maçonnerie semble pouvoir expliquer sa nomination de commissaire de la police métropolitaine en 1886, et aussi le fait singulier que son échec retentissant dans ces fonctions, reconnu par le gouvernement, la presse et l'opinion publique, fut récompensé par un titre de noblesse plutôt que par la disgrâce. « Ainsi », écrit le petit-fils de Warren, Watkin Williams :

> en recevant les décorations de l'ordre de Saint-Michel et Saint-Georges et de l'ordre du Bain, tout en n'étant toujours que lieutenant-colonel dans un régiment, Warren fit un record qui n'avait jamais été réalisé jusque-là et qui n'a que rarement pu être égalé depuis, même pendant la Grande Guerre.

Tout ceci pour avoir été le plus mauvais commissaire de police de toute l'histoire de Scotland Yard !

Mais Warren échoua-t-il dans sa mission ? Bien que ce soit le cas d'un point de vue normal, il y a une piste où son incompétence apparente pourrait être une réussite méritant un titre de chevalier. Si les meurtres de Whitechapel furent commis d'après un rite maçonnique – et nous allons bientôt le démontrer –, alors Warren rendit à la perfection service aux francs-maçons en cachant des faits. À la lumière des preuves données dans ce chapitre, il est même imaginable qu'il ne fut nommé commissaire que pour aider à maquiller les meurtres. Plusieurs de ses actes alors qu'il était en fonction soutiennent cette hypothèse. Le premier est qu'il a forcé le non-initié James Monro, chef du CID, à démissionner *juste avant les meurtres de Whitechapel*. Le deuxième est qu'il a désigné le maçon haut gradé sir Robert Anderson pour succéder à Monro *la veille de l'assassinat de Nichols*. L'étrange comportement d'Anderson dans sa prise de poste, décrit en long et en lange dans notre dernier chapitre, étaye également notre hypothèse. La dernière action de la part de Warren pouvant suggérer qu'il n'a pu être désigné que pour protéger les francs-maçons pendant les frasques de Jack l'Éventreur est qu'il démissionna lui aussi et disparut promptement du devant de la scène *quelques heures seulement avant le meurtre de Mary Kelly*. C'est presque comme s'il savait que le dernier meurtre était imminent. Son départ précipité permit certainement que tous les indices laissés fussent détruits avant de pouvoir être utilisés. Car Warren ne transmit pas le message de sa démission et, ainsi, son ordre interdisant à tout un chacun de pénétrer sur une scène de crime sans sa permission ne fut guère annulé avant l'après-midi du jour de la mort de Kelly, soit trois heures environ après l'arrivée de la police sur les lieux. De 10 h 45 à 13 h 30, les officiers de police firent les 100 pas à l'extérieur de la chambre de Kelly, attendant des ordres de Warren. La conduite du commissaire pendant les meurtres, examinée dans le détail plus loin dans ce chapitre, fortifie sans aucun doute l'hypothèse que son unique fonction était de mener à bien une opération de couverture. Après sa démission, Warren se consacra à plein temps à ses activités maçonniques.

Les meurtres de Whitechapel ne sont pas les premiers assassinats à avoir été attribués aux francs-maçons. Il y a des éléments suggérant que Mozart fut empoisonné, et plusieurs chercheurs pensent que les maçons en furent responsables. Mozart était franc-maçon, comme l'étaient la plupart des courtisans autrichiens de la fin du XVIII$^e$ siècle. Il était notoire que les maçons les plus importants de Vienne étaient furieux du départ de leur fraternité de Mozart à la fin de sa vie. Et ils furent indignés par ce qu'ils considéraient comme une trahison de leurs secrets dans *La Flûte enchantée*. Il y avait assurément quelque chose d'étrange dans la mort du compositeur. Bien qu'une autopsie soit censée avoir montré qu'il n'y avait aucune trace de poison, il fut établi que le corps enfla après le décès, ce qui donna naissance aux conjectures autour d'un crime potentiel. À ce jour, personne ne sait où le corps de Mozart fut enterré. Il devait être inhumé au cimetière Saint-Marc, à l'extérieur de Vienne. De façon inhabituelle, le petit groupe de proches qui assistèrent aux obsèques revinrent vers les portes de la ville et n'accompagnèrent pas la dépouille jusqu'au cimetière. Ils confièrent tous par la suite que la raison de leur reculade était qu'il y avait eu de la pluie et de la neige. Mais les archives de l'observatoire de Vienne montrent que ce jour-là était sec, agréable et froid. Et il n'y a aucune trace de la tombe de Mozart dans ce cimetière.

Le meurtre le plus célèbre imputé aux maçons fut probablement l'assassinat mystérieux de William Morgan, l'auteur de *Freemasonry Exposed*. Après des tentatives désespérées de la part des maçons d'empêcher Morgan de publier son ouvrage – tentatives qui comprenaient l'emprisonnement en vertu de fausses accusations (l'ombre d'Ernest Parke plane ici), la mise à sac de son domicile, le vol de documents, et des menaces contre sa vie par ceux qui disent être les piliers de la société – *Freemasonry Exposed* vit tout de même le jour. Morgan fut tôt après enlevé et mis à mort, à ce que l'on dit, par des francs-maçons. Le meurtre est enveloppé dans un linceul de mystère et toute preuve fut frénétiquement dissimulée (!), mais le tollé national contre la maçonnerie en Amérique et l'essor rapide d'un puissant mouvement antimaçonnique semblent justifiés par le témoignage d'individus proches de Morgan.

Il est peu probable qu'il soit jamais certain que ces deux meurtres furent commis par des maçons. Tout ce qui est sûr, c'est que ces deux hommes moururent prématurément, et qu'ils nourrissaient de l'antipathie contre cette fraternité. Si c'étaient des meurtres maçonniques, les francs-maçons n'étaient pas responsables dans leur ensemble. Dans chaque cas (de ce qui peut être établi si longtemps après), ce n'aurait été que le travail d'une loge extrémiste, ou de membres fanatiques de plusieurs loges. Même si aucun crime ne pouvait être esquissé avec le consentement de *tous* les maçons, tous les initiés avancés doivent en partager le blâme, car tout franc-maçon passé à travers l'Arche royale a délibérément contribué à l'établissement d'une matrice idéale pour le crime et la violence. Sa promesse de fermer les yeux, mais aussi d'aider à étouffer le meurtre, la trahison et tout autre crime, facilite l'éventualité d'un assassinat dont les coupables ne soient jamais retrouvés.

Le voile de secret qui entoure la franc-maçonnerie fait qu'il est pratiquement impossible d'en deviner davantage que le fonctionnement habituel et les rituels de cette société. Mais la traduction de plusieurs documents originaux, apparemment dérobés à l'un des meneurs les plus influents et de plus haut grade de la franc-maçonnerie en France à la fin du siècle dernier, donne une idée des projets et ambitions de certains de ses leaders. Ces documents furent réunis et publiés pour la première fois en Angleterre par Eyre & Spottiswoode en 1920. Lesdits *Protocoles* sont explicites : leur ambition est le pouvoir absolu, au moins celui des francs-maçons haut gradés, et rien – pas même la vie humaine – ne saurait s'y opposer. Il serait grotesque d'insinuer que ces documents montrent que la franc-maçonnerie est démoniaque dans son entièreté, ou que les maçons cherchent tous à prendre le contrôle de la planète. Nous avons montré que, dans les premiers échelons, les maçons sont – globalement – des citoyens respectant les lois ordinaires, n'ayant guère connaissance de l'allégeance totale et des exigences effroyables demandées aux initiés de plus haut niveau. Mais avec ces écrits fanatiques rédigés à la manière de « protocoles » par d'éminents maçons, il faut uniquement un cénacle extrémiste ou dément pour les appliquer au pied de la lettre. Sur les centaines de milliers de francs-maçons en Angleterre dans les années 1880, ces groupes de marginaux cinglés avaient leur place. Et c'est un genre très particulier de folie qui inspira les tueries de l'Éventreur. Voici donc quelques extraits de ces *Protocoles* :

> 1. Notre devise doit être : « La force et l'hypocrisie ».

> 2. Seule la force pure est victorieuse en politique, surtout quand elle se cache dans le talent indispensable aux hommes d'État. *La violence doit être le principe*, la ruse et l'hypocrisie la règle de ces gouvernements qui ne veulent pas déposer leur couronne aux pieds des agents d'un nouveau pouvoir quelconque.

Le deuxième protocole décrit presque exactement le dilemme rencontré par Salisbury devant l'inconduite d'Eddy et le chantage de Mary Kelly et de ses amies. Il était cerné par « des agents d'un nouveau pouvoir quelconque » – socialistes, anarchistes, républicains – et il s'occupa du problème, selon Sickert, tout à fait de la façon évoquée dans le protocole. La violence, effectivement, devint son principe, et la ruse et l'hypocrisie s'unirent dans un étouffement presque parfait.

> 3. Pour atteindre ces fins, il nous faudra recourir à beaucoup de ruse et d'artifice.

Une fois encore, tant de ruses et d'artifices ont été employés sur le terrain des meurtres de l'Éventreur que personne n'a pu s'approcher de la vérité de l'extérieur (position de tous les chercheurs). Il a fallu que Walter Sickert, passé par l'intérieur de cette toile enchevêtrée, trace la voie à suivre et montre que l'araignée qui guette est en fait une cohorte de tarentules.

> 4. En politique, le succès capital consiste dans le degré de secret qu'on a su garder pour y atteindre. Les actes d'un diplomate ne doivent pas correspondre à ses paroles. Pour favoriser notre plan mondial, qui est d'aboutir à ses fins désirées, il nous faut influencer les gouvernements des Gentils [terme maçonnique emprunté aux Juifs pour parler des non-maçons] par ce que l'on nomme l'opinion publique, prédisposée par nous au moyen de la plus grande de toutes les puissances : la presse, qui, à part quelques insignifiantes exceptions, auxquelles il ne vaut pas la peine de s'arrêter, est tout entière entre nos mains. Bref, afin de démontrer que tous les gouvernements des Gentils d'Europe nous sont asservis, nous manifesterons notre pouvoir à l'un d'eux, au moyen *de crimes, de violences*, c'est-à-dire par un *règne de terreur*.

Les documents regroupant les *Protocoles* furent dérobés 13 années après les meurtres de Whitechapel, mais ils n'étaient guère neufs, même en 1901. Le règne de terreur dépeint dans le quatrième protocole s'était-il déjà produit au moment où les documents furent volés ? *S'en produisit-il un à Whitechapel en 1888 ?* L'impression que fit Jack l'Éventreur sur les habitants de l'East End, et même sur le pays tout entier, a précisément été décrit comme un *règne de terreur*. Et il fut provoqué par des *crimes*, des *violences*. Le meurtre de cinq prostituées n'aurait-il pas seulement été commis pour l'impératif d'autoprotection susmentionné, mais aussi pour démontrer le pouvoir considérable de la franc-maçonnerie aux initiés du monde entier ?

> 5. Nous devons nous approprier tous les instruments que nos adversaires pourraient employer contre nous. Nous devrons trouver dans les subtilités et les finesses de la langue juridique une justification pour les cas où nous devrons prononcer des sentences qui pourront paraître trop hardies et injustes, car il importe d'exprimer ces sentences en termes qui aient l'air d'être des maximes morales très élevées, tout en ayant un caractère légal. Notre régime doit s'entourer de toutes les forces de la civilisation, au milieu desquelles il devra agir.

Les francs-maçons sont ici invités à pardonner les manipulations du droit afin de cacher leurs propres méthodes iniques. C'est précisément cette attitude, de la part de Salisbury et de ses compères, qui permit l'enquête manifestement illégale sur Mary Kelly d'être acceptée, et le détournement de la justice concernant l'affaire du bordel de Cleveland Street d'être mené à bien.

> 6. [E]n politique les gouvernements et les nations sont satisfaits par le côté apparent de toute chose. Et comment auraient-ils le temps d'en examiner le côté intérieur, alors que leurs représentants ne songent qu'aux plaisirs ? [...] La nation tient en grand respect la puissance d'un génie politique ; elle supporte ses actes les plus hardis et les commente ainsi : « Quelle escroquerie, mais qu'elle a été bien faite, et avec quel courage ! »

Ici, le code maçonnique approuve la fraude et l'illégalité, à condition qu'elles soient doublées de fourberie ou d'audace, comme le furent les crimes de l'Éventreur.

> 7. Pour cela, il nous faut acquérir le concours d'agents hardis et audacieux, capables de surmonter tous les obstacles qui entraveraient notre marche.

Encore une fois, l'accent est mis sur l'intrépidité et la hardiesse, qualités qui résument les actions de l'Éventreur et stupéfiaient tous ceux qui entendaient parler de ses crimes.

> 8. Les services de police sont d'une extrême importance pour nous, car ils peuvent *masquer nos entreprises, inventer des explications plausibles* du mécontentement des masses, aussi bien que punir ceux qui refusent de se soumettre.

Tom Cullen, les chercheurs de la BBC et moi-même sommes tous arrivés à la conclusion que la police avait dissimulé la vérité. Sir Charles Warren, décrit dans sa biographie comme un maçon zélé, *jeta un masque,* incontestablement, sur les maçons en effaçant le graffiti trouvé sur un mur après le meurtre d'Eddowes, et il *inventa une explication plausible* pour son comportement *in*explicable.

> 9. Le prestige de notre puissance exigera que des châtiments convenables soient infligés, c'est-à-dire qu'ils soient durs, même dans le cas de la plus insignifiante atteinte portée à ce prestige, en vue d'un gain personnel.

Cette instruction peut être tenue pour le décalque exact des événements décrits par Sickert. Kelly et les autres prostituées faisaient du chantage (le « cas de la plus insignifiante atteinte portée à ce prestige, en vue d'un gain personnel »), et elles furent effectivement sévèrement punies. La franc-maçonnerie impose aussi que, dans certaines circonstances, un maçon soit enterré deux fois, qu'il meure de sa plus grande réalisation. Comme ce sera montré dans les deux chapitres suivants, c'est ce qui arriva à deux des hommes mentionnés par Sickert comme faisant partie du trio meurtrier.

Le traducteur des *Protocoles* affirmait qu'ils étaient sous la forme de minutes prises dans un grand livre de notes de lecture. Ils étaient signés, disait-il, par des francs-maçons du grade le plus élevé (33$^e$).

On doit rappeler que les *Protocoles* ont fait l'objet de discussions dès leur première impression. Hitler déforma leur signification et allégua qu'ils prouvaient l'existence d'une conspiration juive mondiale, puis il les instrumentalisa dans la vaine démarche de justifier son programme d'extermination. Principalement à cause des atrocités nazies, de nombreux auteurs ont accusé les *Protocoles* de faux. La controverse continue de faire rage, et il y a des points forts d'un côté comme de l'autre.

Un élément important à garder à l'esprit est qu'ils ont existé longtemps avant d'être, finalement, publiés. Et ils présentent une ressemblance si troublante avec les faits entourant l'affaire Jack l'Éventreur qu'il paraît indéniable qu'ils ont exercé une influence. Falsification ou non, produit d'esprits fanatiques ou non, le fait est qu'ils ont été pris très au sérieux par des milliers de personnes. Nous montrerons que sir William Gull, enclin au fanatisme et presque certainement fou vers la fin de sa vie, était exactement le genre de maçon éminent pouvant prendre les *Protocoles* au pied de la lettre, ce qu'il fit pour tout le rituel et le symbolisme de la franc-maçonnerie. Et c'est la conduite présumée de sir William Gull *en tant que résultat* des *Protocoles* et d'autres traditions maçonniques, et non l'authenticité de certains documents, dont nous discutons.

Bien sûr, même en acceptant un court instant qu'il n'y ait aucun doute quant à l'authenticité des documents, il serait toujours ridicule de croire qu'ils formaient un code réglant la vie de tout franc-maçon. La plupart des maçons ne dépassent guère le troisième degré[13], de sorte

---

13 Les initiés du troisième degré sont appelés « maîtres maçons ». La dénomination donne une impression de grande ancienneté. Peu de maîtres maçons ou francs-maçons inférieurs au troisième degré réalisent que le grade qu'ils considèrent comme si avancé est en fait proche du bas de l'échelle maçonnique, laquelle dépasse ce seuil une fois qu'un maçon traverse l'Arche royale. L'humble rang du maître peut être jugé par les titres

que la grande majorité n'avait jamais entendu des *Protocoles* avant leur publication.

Mais ce qu'ils auraient communiqué à ces hauts initiés, qui non seulement les lurent, mais les prirent au sérieux, est fascinant et inquiétant.

Ils disent que les francs-maçons approuvent la violence, la terreur et le crime, pourvu que ce soit fait de manière *astucieuse*. Un extrait des notes précise que l'humour est de la plus haute importance et que les crimes les plus atroces peuvent être commis sous son voile. La seule lettre de l'Éventreur susceptible d'être authentique suggère que Jack l'Éventreur se comportait précisément de cette façon dans ses agissements criminels, commettant des meurtres sordides avec un plaisir malicieux. Si la suprématie de la franc-maçonnerie s'avère être en danger, elle est raffermie par une démonstration de force, par des crimes violents, perpétrés pour démontrer la constance du pouvoir des francs-maçons aux yeux des frères à l'étranger. Si l'influence des maçons dans les plus hautes sphères du gouvernement était menacée par l'appât du gain de Mary Kelly, il est cohérent avec les *Protocoles* que des crimes violents aient été diligentés pour rétablir l'autorité maçonnique à la vue de tous les maçons. Kelly et ses camarades auraient fait l'objet de la punition réservée à ceux qui trahissent la fraternité. C'est exactement ce qui s'est passé.

C'est ici que les trois principaux éléments de l'histoire de Sickert – le contexte politique périlleux, la conduite des membres de la famille royale et la peur qui s'ensuivit chez les francs-maçons concernant leur

---

majestueux accordés aux initiés 30 degrés au-dessus de lui. Les maçons les plus élevés, qui se considèrent avec arrogance comme « la plus grande organisation du monde », portent des titres païens tels que grand inquisiteur commandeur, vaillant et sublime prince de royal secret, et le clairement blasphématoire prince de Jérusalem.

propre survie – convergent historiquement. Le père d'Eddy, le prince de Galles, fut fait vénérable grand maître le 28 avril 1875. Tandis que les années passaient et que la situation politique en Angleterre devenait plus dangereuse pour l'ordre établi, des faits montrent que les frères maçons du prince se préoccupèrent de plus en plus de sa vie débauchée, laquelle semblait empirer plutôt que s'améliorer.

En 1881, le prince reçut une lettre signée « Un franc-maçon », mais elle paraît davantage être l'œuvre d'une instance représentative de la Grande Loge. La missive contient une attaque à peine déguisée de son comportement et un avertissement contre les périls qu'il pouvait attirer sur le trône et ses confrères occultes. La lettre – en surface cordiale, amicale et pleine d'admiration – devient une accusation amère et sarcastique à la lumière de la personnalité du prince. La conduite sulfureuse du prince de Galles était connue dans toute l'Europe et en Amérique, mais le courrier des maçons fait allusion à son « parcours sans tache » et à sa « vie sobre et vertueuse ». Elle dit notamment :

> En écrivant, cher frère, je ne m'adresse guère à vous en tant que prince de Galles, car plusieurs de nos princes de Galles ont été alcooliques, débauchés, dépensiers, criblés de dettes, et sans plus d'honneur [une description parfaite de Bertie] ; mais vous, cher frère, au lieu d'être tel, vous semblez plus respectable que le membre érudit de la Société royale de géographie, ou comme un sociétaire sérieux de la Worshipful Company of Fishmongers[14]...

> Si Junius[15] était en vie de nos jours, sa plume n'oserait répéter ses critiques virulentes contre un autre prince Galles. Junius accusa George, prince de Galles, d'abandonner les bras de sa femme pour la tendresse du libertinage, de

---

14 La « Vénérable compagnie des poissonniers » est une corporation de Londres, datant du Moyen Âge (N.D.T.).
15 Junius était l'auteur d'une série de lettres anonymes publiées dans le *Public Advertiser* de Woodfall à Londres entre janvier 1769 et janvier 1772. On pense en général qu'il s'agissait de sir Philip Francis (1740-1818).

s'amuser la nuit dans la débauche, et de se moquer des afflictions du peuple par une prodigalité ostentatoire. Mais votre parcours sans tache, votre vie sobre et vertueuse, doit gagner les applaudissements, y compris du fantôme de Junius. Vous êtes un gentleman anglais, tout autant que prince de Galles ; un bon et gentil mari en dépit de votre position ; avec vous, l'honneur de votre épouse est à l'abri des attaques et sûr d'être protégé. Les frasques pleines de vice de vos prédécesseurs ont été bien purifiées et redressées par les journalistes contemporains, et les plumes du prince de Galles ne sont plus (comme la fleur de lys des Bourbons) l'ornement héraldique d'une race de princes *sans foi, sans mœurs.*

L'ironie est manifeste. S'il y avait chez Bertie une qualité en défaut, *ce n'était pas* que l'honneur de sa femme était à l'abri de ses errements à lui. S'il n'avait eu qu'une mauvaise habitude, ç'aurait été de quitter les bras de son épouse pour les plaisirs libertins. Tout le pays connaissait sa débauche. Tandis que le sarcasme se poursuivait, la lettre prenait le ton de l'avertissement et en vint à souligner le fait que la franc-maçonnerie était plus puissante que les princes :

> En tant que profane, vous étiez apte à vous approcher de l'Autel, car votre réputation vous disait sobre et chaste, de caractère noble et généreux, magnanime et honnête. Ce sont les qualités, ô Albert Édouard, qui ont caché votre infirmité de prince, quand vous vous êtes agenouillé dans notre salle d'audience. Les frères qui ouvrirent vos yeux à la lumière [une allusion au bandeau avec lequel l'initié est « trompé »] passèrent sur votre titre de prince de Galles au bénéfice de votre humanisme déjà célèbre. Votre existence est un agréable contraste de celle du prince de Galles George. Mais parce que vous êtes aussi différent des princes dont les corps sont retournés à la poussière, tandis que leur souvenir demeure pour les historiens un monument de honte, je vous écris, non comme à un prince britannique, mais comme à frère maître maçon...

> En effet, je n'attache aucune importance à votre titre de duc en vous écrivant, car quand nous voyons les biens d'un duc de Newcastle entre les mains des officiers du shérif, son titre un sujet de plaisanteries pour les huissiers, et le nom du duc d'Hamilton un cancan familier en Europe, il est plaisant de pouvoir songer que le duc de Cornouailles et Rothesay [l'un des nombreux titres de Bertie] n'est pas comme ces autres ducs ; *que ce duc ne court pas après*

> *les femmes fardées, qu'il n'a pas cocufié une douzaine de maris,* qu'il n'est pas criblé de dettes, qu'il n' pas – contrairement à ces ducs – dissipé son or dans des caniveaux dégoûtants, tout en restant sourd aux justes demandes.

Mon italique, dans ce passage, signale les extraits les plus incisifs et sarcastiques, car ces mots en apparence utilisés pour louanger Bertie décrivent le mieux ses débauches. Vient ensuite l'avertissement le sommant de changer de route :

> Nous savons, frère, que vous ne vous seriez jamais engagé dans la plus grande organisation du monde, si vous aviez été comme eux. Il y aurait parjure si tel était le cas – parjure qui, bien qu'il fût impérialement honoré aux Tuileries, serait méprisé par le plus petit ouvrier.

Le prince savait que la plus grave menace contre l'ordre établi, et donc pour les francs-maçons, était le travailleur ordinaire, qu'il s'aliénait constamment à cause de son attitude antisociale, et dont le ressentiment compréhensible était transformé en haine par les républicains.

> Je vous écris comme à un confrère maître maçon, à un égal, pour autant que vous êtes fidèle à votre engagement maçonnique, car vous mêtes inférieur toutes les fois que vous l'oubliez. Je vous adresse ce courrier, comme à un membre d'un corps qui enseigne que l'homme est supérieur au roi ; que l'humanité est au-dessus des églises et des croyances ; que la vraie pensée est bien meilleure que la mort ou le servage docile.
>
> [...] *Vous avez rejoint les francs-maçons au bon moment, car la vraie franc-maçonnerie est de devenir plus puissante que la monarchie.* [...] *En Angleterre, même à cette heure, nous sommes – si les porte-parole de nos frères et de la culture disent vrai – très près d'oublier l'utilité des têtes couronnées* [...].

Les auteurs anonymes poursuivaient en attirant l'attention du futur roi sur les familles royales d'Europe récemment renversées, et en l'avertissant contre un destin semblable. Tout au long de la lettre, enveloppée d'un voile de bonhomie démonstrative, un sentiment émerge nettement : le prince de Galles doit mettre fin à sa vie dissipée ou le trône sera renversé, *et ceci représente pour les maçons une menace qui ne saurait être supportée.*

Passons maintenant aux liens explicites entre Jack l'Éventreur et la franc-maçonnerie. La maçonnerie est fondée sur un système particulier de rites et de symboles, et, à chaque degré, outre des serments païens et sanguinaires, l'initié doit esquisser des gestes précis explicitant les peines qu'il encourrait s'il trahissait sa promesse.

Au bas de l'échelle, au grade d'apprenti reçu, l'une des peines encourues en cas de dévoilement des secrets maçonniques est d'avoir la gorge tranchée de gauche à droite. Le « geste de peine » de l'apprenti reçu est dès lors un mouvement de la main au niveau du cou, de gauche à droite. Pendant des années, il fut unanimement reçu que quatre des cinq victimes de l'Éventreur avaient eu la gorge tranchée exactement de cette façon. Malheureusement, depuis la parution en 1939 du *Jack the Ripper. A New Theory* de William Stewart, les faits concernant Elizabeth Stride ont été quelque peu embrouillés. Stewart croyait qu'il n'y avait que quatre meurtres, et de là il fit une erreur en disant que la gorge de Stride avait été tranchée dans le sens opposé par rapport à Nichols, Chapman, Eddowes et Kelly. Il écrivait :

> Dans chacun des meurtres de l'Éventreur, la victime fut tuée en ayant la gorge tranchée de la gauche vers la droite. Cette seule caractéristique montre que le meurtre d'Elizabeth Stride n'est pas l'œuvre de Jack l'Éventreur.

Il est difficile de comprendre comment Stewart en est arrivé à cette conclusion, mais il avait tort. Deux éléments des dossiers de Scotland Yard montrent d'une manière définitive que la gorge de Stride fut tranchée de la gauche vers la droite, exactement comme les autres victimes, et précisément de la façon mimée par l'apprenti reçu.

La première déposition est du D^r Bagster Phillips, qui examina la dépouille de Stride. Il disait :

> J'affirme qu'elle fut attrapée par les épaules, tenue à terre et que le coupable se trouvait à sa droite quand il lui asséna le coup. Je suis d'avis que *l'entaille fut faite de la gauche vers la droite par rapport à la défunte.*

Le second, et le plus exhaustif, des deux rapports n'est en fait qu'une copie d'un compte rendu médical de quatre pages des archives du Bureau de l'Intérieur. Ce document fut rédigé par le D^r Thomas Bond, chirurgien consultant de la division « A » de la police métropolitaine, qui réalisa une autopsie du corps de Kelly. Ce fut l'un des principaux éléments de preuve enterrés pendant l'enquête la concernant. Dans ce rapport, Bond faisait allusion aux précédents meurtres. Il incluait Stride quand il affirmait que :

> Dans les quatre premiers [meurtres], la gorge semble avoir été tranchée de gauche à droite.

Ainsi est attesté un premier parallèle maçonnique : toutes les victimes de Jack l'Éventreur furent abattues d'après un rituel maçonnique ancestral.

Un autre indice important des archives de Scotland Yard, encore inédit, est l'affirmation par le D^r Ralph Llewellyn, qui examina le corps de Nichols, que sa gorge avait été tranchée *après* les mutilations de l'abdomen. Il était très facile pour un médecin de le déterminer. La déclaration de Llewellyn soulève une question cruciale. Si la section de l'artère carotide ne fut pas réalisée pour tuer la victime, quelle raison pouvait présider à un tel geste ? Il est indéniable que la blessure à la gorge de Nichols fut simplement infligée dans un but symbolique. Dans *The Complete Jack the Ripper*, Donald Rumbelow argumentait de façon convaincante que les victimes de l'Éventreur avaient été étranglées puis mutilées une fois mortes. La démonstration de Rumbelow renforce la thèse selon laquelle les gorges furent tranchées avec un dessein tout sauf pratique. Il est sûrement significatif que ce geste fasse partie d'un rituel maçonnique.

Les mutilations postérieures furent réalisées conformément à une autre tradition maçonnique. Personne ne conteste que ces blessures furent elles aussi infligées *post mortem*. Nous n'avons de détails exacts que sur les mutilations de trois des cinq femmes : Chapman, Eddowes et Kelly. On n'a donné rien de plus, pour la première victime, Nichols, qu'un coup d'œil superficiel du D$^r$ Llewellyn au moment où elle fut découverte, de sorte qu'il n'y a aucune description fiable de la forme précise que prenaient ses mutilations. Au moment où Llewellyn l'autopsia vraiment, son corps avait été dépouillé et nettoyé par des assistants de la morgue. La dépouille de Stride fut abandonnée avec une incision à la gorge avant que toute mutilation ait pu être commise. Mais les blessures des trois femmes dont l'Éventreur s'occupa pleinement, et dont les corps furent autopsiés, présentent des similitudes frappantes – et des parallèles extraordinaires avec les meurtres rituels de la franc-maçonnerie. Un rapport de l'époque au sujet du cadavre de Chapman disait :

> Les intestins, séparés de leurs attaches mésentériques, avaient été enlevés du corps *et placés sur l'épaule du cadavre*.

Et le D$^r$ Frederick Brown déclara lors de l'enquête sur Eddowes :

> L'abdomen était entièrement mis à nu. Les intestins étaient en grande partie extraits et *placés au-dessus de l'épaule droite*. Un morceau d'intestins était presque détaché du corps et placé entre le bras gauche et le corps.

En réponse aux questions, le D$^r$ Brown était plutôt catégorique sur le fait que les intestins avaient été placés au niveau de l'épaule « de manière réfléchie ».

C'était sans aucun doute maçonnique. La majeure partie du rite et des allégories maçonniques se fondent sur le meurtre mythique par trois apprentis maçons – Jubelo, Jubela et Jubelum – du grand maître Hiram Abiff, responsable de la construction du Temple de Salomon. Après avoir assassiné Hiram, les apprentis s'enfuirent, mais ils furent retrouvés près de la côte à Jaffa et ils furent eux-mêmes tués :

> par l'ouverture de leur poitrine et l'extraction de leur cœur et de leurs viscères abandonnés au-dessus de l'épaule gauche.

C'est devenu la meilleure façon de traiter les maîtres maçons coupables de traîtrise. La description des blessures de Chapman était une partie de cet élément que le D$^r$ Bagster Phillips chercha désespérément à dissimuler pendant l'enquête.

L'élément invraisemblable du meurtre de Nichols était qu'on ne remarqua guère son éventrement avant son arrivée à la morgue. Il semblerait qu'elle n'ait pas été aussi sévèrement mutilée que les victimes suivantes, mais, si ses organes vitaux n'avaient pas été abandonnés au niveau de son épaule, elle avait certainement été « ouverte » d'une façon proprement maçonnique. Et, selon le D$^r$ Llewellyn, quand elle fut trouvée à Bucks Row, ses jambes étaient toutes les deux étirées, comme si elle avait été minutieusement allongée.

La seule incohérence est que le rituel maçonnique parle de « l'épaule gauche » et que les intestins d'Eddowes furent placés sur son épaule *droite*. Cette contradiction pourrait être expliquée par le fait que Mitre Square, où Eddowes fut retrouvée, était le lieu de meurtre le plus précaire entre tous. Elle fut massacrée plus soigneusement que les autres victimes, hormis Kelly, et en moins de temps. Le timing de l'assassinat exigeait de ne perdre pas la moindre seconde en abandonnant le corps. Dans la hâte, en disposant le cadavre d'une manière maçonnique, il est possible que le problème de choisir *telle* épaule ait été négligé. C'est hautement probable, parce que – d'après Sickert – Gull restait dans l'attelage et l'abandon effectif de la dépouille était réalisé, conformément aux instructions de Gull, par Netley.

Le D$^r$ Brown parla lors de l'enquête concernant Eddowes d'une autre mutilation délibérée : « Un morceau de peau triangulaire avait été retiré de chaque joue [...] ». Ces deux triangles ont une symbolique maçonnique précise. Le signe sacré de la maçonnerie est *deux triangles*, lesquels représentent l'autel de la Sainte Arche royale.

Les similitudes entre l'assassinat de Mary Kelly et un meurtre rituel maçonnique sont frappantes, comme le montre une gravure de William Hogarth. *The Reward of Cruelty*, le dernier tableau des *Quatre étapes de la cruauté* d'Hogarth, caricature évidente de la profession médicale, montre en réalité un assassinat rituel maçonnique en cours de perpétration, et présente d'étranges ressemblances avec les mutilations de Kelly. Hogarth était franc-maçon, et l'un des premiers à avoir mis au jour la fraternité. Il y a des symboles maçonniques dans nombre de ses gravures, mais cette œuvre en particulier est la plus franche. Hogarth réalisait un parallèle maçonnique dans cette production-là en représentant la victime *minutieusement allongée* sur une table de dissection avec une vis sur sa tête soulevée par des cordes et une poulie. Cette vis ou mèche est dite « de Lewis » : elle renvoie au Lewis partisan de deux des éléments les plus importants des *impedimenta* maçonniques : la pierre de taille rugueuse et le moellon parfait. Comparons maintenant les blessures de Kelly, telles que décrites dans le *Times*, avec le sort de la victime d'Hogarth :

*La pauvre femme gît sur le dos, entièrement nue [...].*

La victime d'Hogarth gît sur le dos entièrement nue.

*Sa gorge a été tranchée d'une oreille à l'autre, jusqu'à la colonne vertébrale [...].*

La victime d'Hogarth a un « câble de remorquage » maçonnique autour du cou, ce qui est clairement défini dans le rituel maçonnique comme représentant l'égorgement.

*Ses oreilles et son nez ont été découpés, et le visage par ailleurs lacéré jusqu'à ce que ses traits soient complètement effacés [...].*

La victime d'Hogarth est en train de subir une mutilation au visage. L'un des *trois* tueurs maçonniques de la gravure est en train d'entailler un œil avec un bistouri, ce qui renvoie également au meurtre d'Eddowes où les paupières étaient déchirées.

*Le ventre et l'abdomen ont été ouverts [...].*

C'est le cas dans l'illustration d'Hogarth.

*La partie inférieure du torse, l'utérus y compris, a été amputée [...].*

Les détails de la gravure ne permettent pas de dire si des organes manquent (et, bien sûr, un homme n'a pas d'utérus), mais la partie basse du tronc a bel et bien été ouverte.

Le cœur de Kelly fut également retiré, et la victime d'Hogarth a subi le même traitement. Enfin, dans l'une des versions de la gravure, la main gauche de la victime repose près de sa poitrine, soit la même position que Kelly. Cela est confirmé par une photographie de la dépouille de Kelly dans les archives de Scotland Yard. Le bras gauche d'Annie Chapman, le seul autre meurtre où le tueur eut le temps de disposer le corps comme il le désirait, était dans la même position. Le bras *droit* d'Elizabeth Stride reposait près de son sein. Un dernier parallèle entre le meurtre maçonnique dépeint par Hogarth et le massacre de Kelly est que la dernière victime de l'Éventreur eut ses jambes et ses pieds écorchés.

*The Reward of Cruelty*, de William Hogarth

Sickert disait que les meurtres furent menés à bien par trois individus. Hogarth représente *trois* tueurs maçonniques. En fait, les francs-maçons considèrent le chiffre 3 comme un nombre parfait, et les assassinats maçonniques simulés sont traditionnellement réalisés par trois maçons, en mémoire du mythe de Jubelo, Jubela et Jubelum. *Trois* années après la mort de Kelly, en 1891, la loge Clarence et Avondale, ainsi baptisée en l'honneur du prince Eddy, fut créée dans le temple maçonnique de Leytonstone, près du lieu où Kelly était enterrée.

La plupart des auteurs ont mentionné un détail étrange au sujet du meurtre d'Annie Chapman, mais il n'a jamais été convenablement expliqué. Certains chercheurs, comme Farson qui en a été désorienté, n'ont guère essayé de l'expliquer. D'autres ne l'évoquent même pas, et d'autres encore – tel Stewart – prétendent de façon invraisemblable qu'il n'avait aucune signification. Le sentiment de Farson sur ce point était proche de la vérité. Il écrivait :

> Encore plus déconcertant était un détail singulier semblant inexplicable, bien que je ne puisse m'empêcher de penser qu'il a de l'importance : deux bagues en bronze et quelques pièces de monnaie furent soigneusement placées autour des pieds.

Farson avait raison d'accorder de l'importance à ce geste, mais il s'arrêtait là. Cette disposition de bagues et autres objets près du corps était maçonnique, un acte au symbolisme particulier. Le bronze est un métal sacré pour les maçons, parce qu'Hiram Abiff était un artisan bronzier. Il supervisa le moulage des deux grandes colonnes creuses qui se dressaient à l'entrée du Temple de Salomon, devenues le symbole de la franc-maçonnerie. Deux bagues côte à côte ressemblent exactement à deux piliers de bronze creux en coupe transversale. Un autre aspect maçonnique, plus évident, est qu'avant toute initiation, un maçon est dépouillé de ses accessoires métalliques, tels que pièces et anneaux.

Ici, une fois de plus, le complot surgit à nouveau. Les bagues furent extirpées peu après la découverte du corps de Chapman, et il fut dit au coroner Wynne Baxter qu'elles avaient été dérobées par le tueur. C'est un autre point qui semble avoir échappé à tous ceux qui ont écrit sur l'Éventreur. À la p. 61 de son ouvrage, Rumbelow écrivait :

> Comme s'il prenait part à quelque rituel élaboré, l'assassin avait déposé les deux bagues qu'il avait retirées de ses doigts, quelques *pennies* et deux *farthings*[16] nouveaux aux pieds de la femme.

Pourtant, 11 pages plus loin, en résumant les propos du coroner Baxter lors de l'enquête autour de Chapman, il écrivait :

> Deux choses manquaient sur le corps, dit-il. Les bagues de Chapman, *qui n'avaient pas été trouvées*, et l'utérus, qui avait été ôté de l'abdomen.

Ces deux citations sont contradictoires, mais aucun auteur n'a jusqu'à présent relevé cette incohérence, et donc encore moins tenté de l'expliquer. La première question à se poser est : *Les bagues étaient-elles vraiment disposées avec des pièces de monnaie aux pieds de Chapman, ou ce premier témoignage est-il faux ?*

Il n'y avait guère erreur, comme les déclarations reprises par la presse à l'époque du meurtre le confirment. Les bijoux et pièces furent vus et remarqués par plusieurs journalistes. La preuve la plus manifeste est qu'ils furent aperçus par le premier journaliste arrivé sur la scène du crime : Oswald Allen. Dans un reportage qui parut dans la *Pall Mall Gazette* quelques heures seulement après la découverte du meurtre, Allen écrivait :

---

16 Il s'agit d'une pièce valant le quart d'un – ancien – penny, retirée de circulation en 1961 (N.D.T.).

> Une caractéristique curieuse de ce crime est que le meurtrier a retiré des bagues en bronze que portait la victime, et celles-ci, avec d'autres petites choses prises dans ses poches, *furent méticuleusement placées aux pieds de la défunte.*

Comment la disparition ultérieure de ces objets peut-elle être expliquée ? La première personne arrivée sur place après la police et les journalistes était le D$^r$ Phillips, déjà évoqué dans notre chap. VIII pour être impliqué dans l'opération de dissimulation. Il était désireux, pendant l'enquête concernant Chapman, de cacher la nature maçonnique de ses blessures. Il est l'individu le plus susceptible d'avoir supprimé l'indice des bagues en bronze.

Quelques heures après le meurtre de Chapman, la rumeur de Tablier de cuir s'éleva pour la première fois dans Londres. Il est à ce jour impossible de remonter à la source véritable de ce bruit, étant donné qu'il semble avoir été spontanément suscité dans différents endroits autour de l'East End. Fait intrigant, le vêtement maçonnique de base est le *tablier de cuir*. Cet habit est en fait fabriqué en peau d'agneau, et les maçons y font toujours référence comme à leur « tablier de cuir ».

Ce lien saisissant entre les meurtres de Whitechapel et les maçons nous renvoie vers le massacre de Catherine Eddowes à Mitre Square. Car, dans ce meurtre, le *tablier* semble encore une fois avoir son importance. Un bout du tablier d'Eddowes fut découpé par le meurtrier. Il ne fut pas arraché avec frénésie, mais proprement coupé, calmement et délibérément. Pourquoi ? Si l'unique motif ayant présidé à la découpe de ce morceau de tablier était d'essuyer le sang des mains ou du couteau de l'Éventreur, alors quelle bonne raison aurait-il pu avoir de prendre autant de temps à découper un bout d'étoffe ? D'autres éléments de son habillement bien garni auraient offert un moyen plus facile et plus rapide de s'essuyer – ses jupons volumineux par exemple.

Encore une fois, l'explication pratique ne tient pas. Il n'y avait aucune raison d'ordre pragmatique à ce comportement. Nous sommes par conséquent confrontés à la possibilité que le tablier a été découpé dans un but *symbolique*, tout comme les égorgements *post mortem*, les mutilations posthumes et le positionnement soigneux d'objets aux pieds de Chapman.

Il y avait même une signification aux 39 jours laissés entre le meurtre d'Eddowes et celui de Kelly. 39 est un nombre significatif pour les francs-maçons, obtenu en multipliant le chiffre « parfait », 3, avec leur nombre « préféré », 13. Comment un homme aurait pu s'attaquer à Stride peu avant 1 h, la tuer, marcher presque un kilomètre pour trouver Eddowes, l'emmener à Mitre Square, l'y abattre, disposer son corps d'une manière plus que méticuleuse et s'en aller incognito, tout cela en 45 minutes ? L'explication de Sickert selon qui Eddowes fut prise en voiture par les trois assassins, tuée à l'intérieur puis abandonnée à Mitre Square, semble résoudre le problème.

Une objection contre cet argument est que le véhicule aurait forcément été entendu. C'est vrai, mais entendre ne signifie pas nécessairement remarquer ou se souvenir. Dans les tout premiers écrits consacrés à l'Éventreur, il fut suggéré que le meurtrier était un « homme invisible », une sorte d'individu dont la présence dans la rue aurait été si ordinaire qu'il n'aurait guère été remarqué. Un policier, par exemple, se serait de cette façon effacé du subconscient d'une personne. Cela vaut également pour le bruit d'une voiture. Certes, personne n'a signalé avoir entendu un fiacre passer sur l'une ou l'autre scène de crime. C'est parce que le bruit de véhicules passant à travers les rues tard la nuit était si banal à East End à cette époque, et faisait tellement partie du cadre de vie, que personne n'y faisait attention. Comme le témoignage de témoins à plusieurs enquêtes le montrait, les rues étaient – à toutes les heures du jour comme de la nuit – jalonnées de taxis, de véhicules de livraison et de voitures de commerçants et d'employés d'abattoirs. Bucks Row, où des témoins mentionnèrent explicitement n'avoir rien entendu de toute la nuit, n'est pas simplement traversé pendant la nuit par les chariots bruyants des travailleurs : c'était en outre juste à côté d'une ligne ferroviaire. Aucun de ces bruits ne resta dans l'esprit des témoins, et le vacarme des roues de la voiture de Netley n'aurait pu être distingué du bruit de n'importe quel attelage de passage.

L'opinion de Sickert concernant cet attelage donne une explication plausible à un autre aspect déroutant de l'affaire : le fait en apparence inexplicable que le ou les tueurs aient suscité assez de confiance chez leurs victimes pour que celles-ci aillent volontairement dans leur direction. Après la mort de Chapman, aucune prostituée – même au bout du rouleau – ne se serait rendue dans un square obscur avec un inconnu. Mais lorsque tout le pays était en ébullition à cause d'un Jack solitaire, un dangereux obsédé terré dans l'obscurité, les derniers individus à pouvoir être soupçonnés auraient été deux gentilshommes et leur cocher parcourant East End dans leur fiacre. Le dialogue qui aurait pu ferrer Eddowes et chasser ses peurs peut être imaginé :

— Bonsoir à vous, Madame. Ce n'est pas vraiment le moment ou l'endroit où rester seule en ces jours bien sombres. Pouvons-nous vous proposer de vous déposer chez vous ?

Les prostituées qui hantaient le monde évanescent de Whitechapel étaient rarement traitées comme des êtres humains, et encore moins comme des dames. Le problème d'attirer les victimes à l'intérieur de la voiture aurait été facilement surmonté en jouant sur leur vanité et en leur rappelant la terreur sans visage qui rôdait dehors la nuit. Ç'aurait été une ironie facile de convaincre les femmes qu'en montant dans l'attelage elles seraient en sécurité contre Jack l'Éventreur. Seul le fait que les meurtres eurent lieu dans un véhicule explique pourquoi si peu de sang fut retrouvé sur le « lieu » de chaque assassinat.

Mitre Square était pour Eddowes dans la mauvaise direction par rapport au poste de police de Bishopsgate dont elle fut relâchée après avoir dessoûlé. À cette heure de la nuit, sa seule destination raisonnable aurait dû être sa pension de Spitalfields. Qu'elle avait l'intention d'aller à Spitalfields est confirmé par ses propres mots à sa sortie du commissariat. Lors de l'enquête, le geôlier George Hutt dit au représentant de la police municipale, M. Crawford, qu'Eddowes, en partant, lui dit : « Je trouverai un sacré refuge à la maison ».

> CRAWFORD. — Je suppose, avec ça, que vous pensiez qu'elle allait rentrer chez elle ?
>
> HUTT. — Oui.

Qu'elle finît en fin de compte dans la direction opposée par rapport au chemin qu'elle aurait dû prendre vers Spitalfields est un excellent indice montrant qu'elle fut enlevée jusqu'à Mitre Square. Mais pourquoi ? À première vue, c'était le dernier endroit qu'un tueur aurait choisi. Rumbelow décrivait les « risques énormes » pris par l'Éventreur en y accomplissant son œuvre :

> Mitre Square a trois entrées – une depuis Mitre Street, et des passages depuis Duke Street et St James's Place. Sur deux côtés du square, il y avait des entrepôts, appartenant à Kearley & Tonge, avec un veilleur de garde toute la nuit. Sur le troisième côté, à l'opposé de celui où le corps fut découvert, il y avait deux vieilles maisons, dont l'une était inoccupée et l'autre habitée par un policier. Sur le quatrième côté, il y avait trois maisons vides. La nuit, toutes les 15 minutes, le square était sur le chemin d'un agent de police en patrouille : à 1 h 30 du matin, les lieux étaient calmes quand il y passa, à 1 h 45 il avait trouvé le corps.

Le *Times* pensait que :

> L'assassin, s'il ne souffre pas d'aliénation mentale, semble être libre de toute crainte d'interruption au cours de ses atrocités.

Même si le meurtre n'eut guère lieu dans le square mais à l'intérieur du fiacre, Mitre Square présentait toujours un risque énorme pendant les quelques minutes que prit Netley pour y déposer le corps. Pourquoi l'endroit où abandonner Eddowes, où tous ces risques furent pris, était-il si important ?

Rappelons que, d'après Sickert, les tueurs pensaient avoir trouvé Mary Kelly et non Eddowes. Ce devait être le dernier meurtre, et par conséquent le plus ouvertement maçonnique. Mitre Square a une signification maçonnique frappante. En fait, il est juste de dire que c'est l'endroit le plus maçonnique de Londres, si l'on excepte le temple principal de la Grande Loge. Mitre Square était littéralement criblé de renvois maçonniques. Son nom, pour commencer, était entièrement maçonnique : *Mitre* et *Square*[17] sont les instruments de base du franc-maçon, et ils jouent un rôle important dans le rituel et le symbolisme maçonniques. C'étaient les outils utilisés à l'origine par les tailleurs de pierre et, au cours de sa cérémonie d'initiation, l'apprenti reçu est introduit avec les instruments d'un tailleur de pierre et interpellé par le maître : « Nous appliquons ces outils à notre vie morale ». Dans *The Builders. A Story and Study of Masonry*, Joseph Fort Newton décrivait l'équerre (*square*) comme « un symbole de la vérité ». Le nom « Mitre Square » apparut pour la première fois dans une carte d'état-major de 1840. Il trouve son nom de la taverne Mitre, un lieu de rencontre important pour les maçons des XVIII$^e$ et XIX$^e$ siècles.

---

17  Ces deux mots ont une double signification en anglais, puisqu'ils désignent aussi l'*équerre* (N.D.T.).

Il y a deux autres liens essentiels entre Mitre Square et la franc-maçonnerie. Ç'avait été en 1530 le théâtre d'un meurtre imitant en plusieurs points l'assassinat mythique d'Hiram Abiff, le soubassement d'une grande partie du symbolisme de la maçonnerie. Comme le meurtre d'Hiram, celui-ci fut perpétré en un lieu sacré, car au XVI$^e$ siècle Mitre Square était l'emplacement du prieuré de la Sainte-Trinité. Une femme était en train de prier devant le maître-autel du prieuré, exactement comme Hiram dans le Temple de Salomon avant son assassinat, quand elle fut agressée par un moine fou. Il la tua puis se suicida, en enfonçant son couteau dans son propre cœur. La scène du crime, la victime en train de prier et la mort violente du tueur correspondent à l'événement légendaire placé au centre de la tradition franc-maçonnique.

Cette sainteté singulière fut consolidée deux siècles et demi plus tard, lorsque Mitre Square devint le lieu de rencontre des maçons affiliés à la loge d'Hiram. Ses liens avec la maçonnerie étaient si étroits que Mitre Square continua d'être le centre d'une activité maçonnique florissante au XIX$^e$ siècle aussi. La taverne Mitre, à l'entrée de la place, devint le lieu de rendez-vous de deux autres loges : la loge de l'Union et la loge de Jaffa. Cette dernière est de nouveau étroitement liée au meurtre d'Hiram, car c'était près de la côte, à Jaffa, que les trois apprentis maçons furent retrouvés. La preuve que Mitre Square était particulièrement sacré pour les maçons est visible dans les noms des loges qui s'y rassemblaient. La loge d'*Hiram* et la loge de *Jaffa* ont un lien privilégié avec le thème essentiel de la maçonnerie, plus que toutes les autres loges de Londres à l'époque. Ces dernières, plus modestes, avaient des dénominations telles que loge de l'Arche et loge de la Prospérité. Seules les loges les plus importantes se réunissaient à Mitre Square. Outre les frères de la loge d'Hiram et de celle de Jaffa, Mitre Square était encore une ruche pour l'activité maçonnique. Quelques mètres plus loin, l'établissement *Tailor's Arms* de Mitre Street était le rendez-vous de la loge de Juda.

L'une des principales loges du pays, et presque certainement celle à laquelle sir William Gull appartenait, était la loge Royal Alpha. Elle se rassemblait quasiment tout le temps à West End, et plus particulièrement au *King's Arms* de Brook Street (Mayfair), près du domicile de Gull au n° 74. La loge n'avait que deux lieux de rencontre en dehors de West End : Leadenhall Street et… la taverne Mitre, ce qui établit un lien direct entre Gull et Mitre Square.

Le meurtre barbare de 1530 pourrait presque être considéré comme un lien entre l'exécution d'Hiram et l'assassinat de Catherine Eddowes. Car bien que les parallèles maçonniques du premier meurtre de Mitre Square soient solides, ses détails ressemblent également à la quatrième tuerie de l'Éventreur. Dans les deux cas, c'était une femme qui tombait sous les coups d'un assassin apparemment fou, et à chaque fois la victime fut abattue avec un couteau. Ainsi, il y a des points de contact, non seulement entre le meurtre d'Eddowes et la mort d'une inconnue en 1530, mais aussi entre ces deux tueries et l'exécution mythique d'Hiram Abiff. Il semble probable que Mitre Square soit devenu un endroit si important pour les maçons justement en raison du carnage de 1530. Ce n'était pas un accident si les assassins se cachant derrière l'identité solitaire de Jack l'Éventreur choisirent Mitre Square comme lieu de découverte du corps de – pensaient-ils – leur dernière victime.

Hanbury Street, où Chapman fut retrouvée, était un autre carrefour maçonnique important. La loge d'Humber et la loge de la Stabilité se réunissaient régulièrement au Black Swan et au Weaver's Arms, deux établissements d'Hanbury Street, dont l'un se trouve à côté du n° 29 où le corps de Chapman fut découvert.

Enfin, la preuve la plus convaincante de ce que tous les meurtres furent maçonniques peut être trouvée en suivant la piste du morceau manquant du tablier d'Eddowes. L'étoffe, maculée de sang, fut retrouvée par l'agent de police Alfred Long, reposant dans le passage de Wentworth Dwellings, résidences typiques de Goulston Street. Ces habitations ont été à tort identifiées par de précédents auteurs aux « Peabody Buildings ». Au-dessus du bout de tissu, sur le mur du passage, figurait un message à la craie. Jusqu'à ce jour, le contenu exact du graffiti est resté inconnu. La phrase a été reportée de façon différente dans quasiment chaque livre consacré à l'Éventreur. Mais le registre des correspondances de la police métropolitaine, un recueil de lettres confidentielles aujourd'hui au Bureau des archives publiques, rend compte de la version originale du message. Une note de sir Charles Warren au sous-secrétaire permanent du Bureau de l'Intérieur, Godfrey Lushington, dit :

> Je vous envoie une copie du graffiti laissé sur le mur de Goulston Street.

En guise de pièces jointes, nous trouvons dans le registre du Bureau de l'Intérieur un document, des reproductions photographiques. Cela montre le texte et la disposition exacts du message, et il y a eu une volonté évidente de copier le style d'écriture original :

> Les Juifs sont
> Des hommes Qui
> Ne seront
> pas Accusés
> pour rien

Avant la découverte de ce graffiti sur le mur, sir Charles Warren ne s'était guère aventuré à East End. Le bruit du message le fit décamper de Whitehall aussi vite qu'une voiture le lui permit. Le major

Smith, de la police municipale, jamais en bons termes avec Warren, avait déjà décidé d'intervenir. En ayant vent du message à la craie, il autorisa l'inspecteur McWilliam à envoyer trois officiers vers Goulston Street pour le photographier. L'Éventreur avait enfin laissé un indice.

*Les numéros 108 à 119 de Wentworth Dwellings, Goulston Street – le lieu où furent trouvés les inscriptions sur le mur. Ils furent découverts juste à l'entrée sur le mur de droite. Jusqu'en 1975 les spécialistes de Jack l'Éventreur ont à tort supposé que ce bâtiment avait été démoli, car les graffitis avaient prétendument été trouvés aux 'Peabody Buildings'. Richard Whittington-Egan découvrit l'endroit véritable au cours de ses recherches pour son ouvrage A Casebook on Jack the Ripper. Aucune photo du bâtiment n'avait jusqu'alors été publiée.*

Le meurtre avait eu lieu dans le ressort de la police londonienne, mais le graffiti sur le mur était dans celui de Warren. Lorsque les policiers municipaux arrivèrent avec leur équipement photographique encombrant, Warren était déjà arrivé. Il leur interdit de prendre la moindre photo, et il eut une façon de procéder qui n'a point été convenablement expliquée ou justifiée. C'était l'unique indice véritable jamais laissé par Jack l'Éventreur. *Mais Warren le détruisit.* Il donna plus tard comme excuse qu'il craignait que des émeutes antisémites éclatent à cause de l'allusion faite aux « Juifs ». Même si c'était vrai, cela n'explique pas pourquoi il ne permit pas aux agents municipaux de photographier le message. Les clichés auraient fourni une preuve essentielle, et le graffiti aurait pu être effacé après avoir été photographié. Cela n'explique guère pourquoi il n'accepta pas le conseil de plusieurs policiers chevronnés sur place : effacer uniquement le mot « Juifs ». Cela n'explique pas pourquoi il ne fit pas simplement recouvrir le message avec une couverture. C'était, après tout, dans l'entrée d'un bâtiment pouvant facilement être bouclé.

Qu'est-ce que Warren essayait donc de cacher ? Quelle raison avait-il de détruire de façon aussi flagrante des preuves ? Et l'épisode reste tout entier absurde jusqu'à ce que nous comprenions qu'il n'y a qu'une raison pouvant pousser un officier de police à déployer de grands efforts pour mettre en échec la justice : c'est lorsque le fonctionnaire prête allégeance à un maître supérieur à toute justice. Nous avons montré que Warren était un franc-maçon aussi avancé et puissant. Il avait depuis longtemps juré d'aider un frère maçon dans le meurtre ou la trahison en enterrant toute preuve. C'est manifestement ce que faisait Warren à Goulston Street. Mais qu'y avait-il, dans ce message gribouillé, qui pouvait pointer du doigt un franc-maçon ? La réponse se trouve dans le terme « *Juwes* ». Ce n'était pas, comme Warren essayait d'en convaincre les esprits critiques, et selon ce que beaucoup d'auteurs ont cru par la suite, une mauvaise orthographe du mot *Juifs*. *Car les Juwes étaient les trois apprentis maçons qui tuèrent Hiram Abiff et constituent la base du rituel maçonnique.*

Il est impossible d'établir si certains des individus moins connus du récit de Sickert étaient maçons ou non. Les personnages principaux l'étaient sûrement. Warren, Gull, Anderson et Salisbury étaient tous très élevés dans la hiérarchie maçonnique. Salisbury, dont le père avait été le vice-grand maître de toute l'Angleterre, était si éminent qu'en 1873 une nouvelle loge fut nommée d'après son nom. La loge Salisbury se réunissait dans le premier lieu de rendez-vous maçonnique en Angleterre, le quartier général des francs-maçons de Great Queen Street à Londres.

Peut-il y avoir le moindre doute quant à ce que les meurtres de l'Éventreur, la dissimulation qui s'ensuivit, et également l'étouffement du scandale du bordel de Cleveland Street fussent réalisés par une poignée de francs-maçons extrémistes ? Même lord Euston, la force motrice dans la dernière partie, plutôt brutale, de l'opération de Cleveland Street, était un maçon éminent. Et, en dépit du fait qu'il était considéré comme un client du bordel homosexuel, sa carrière maçonnique fut brillante dans le sillage du scandale. La vertu morale que les francs-maçons disaient tenir pour sacrée était manifestement de piètre importance lorsque lord Euston fut fait grand maître des maçons de marque. Sa promotion n'était point une reconnaissance de ses vertus : c'était le prix maçonnique du service qu'il avait rendu en réduisant Ernest Parke au silence.

# CHAPITRE XI

## *Sir William Gull*

La plupart des experts de l'Éventreur mis devant la version des faits de Walter Sickert réagissent par de l'incrédulité. Le sentiment général fut résumé par Colin Wilson, auteur d'*A Casebook of Murder*, écrivant, après l'apparition de Joseph Sickert à la télévision : « De mon point de vue, c'est l'histoire la plus improbable qui ait jamais été racontée ».

Farson et Rumbelow ont depuis fait dans leurs ouvrages des références aux émissions, comme en passant, et ils l'ont réfutée par une unique objection de fond. Leur argument principal contre toute l'aventure de Sickert semble être : *Sir William Gull ne pouvait guère avoir été un membre actif de la saga de l'Éventreur, car il eut une attaque en 1887.*

Il y a de nombreux éléments de preuve justifiant l'accusation de Gull par Sickert. Avant d'expliciter le côté positif de l'affaire, montrons cependant que la seule objection à la participation de Gull aux meurtres est sans fondement.

Le témoignage qui a donné naissance à l'idée erronée selon laquelle Gull était presque paralysé après 1887 se trouve dans le

*Dictionary of National Biography*. L'entrée consacrée à Gull dit notamment :

> À l'automne 1887, il fut atteint de paralysie, ce qui le contraignit à cesser de pratiquer ; une troisième attaque provoqua sa mort le 29 janvier 1890.

D'après cette citation, il paraît impossible pour Gull d'avoir compté au sein du trio Jack l'Éventreur... Mais cette allusion aux infirmités de Gull est une simplification excessive, et d'autres sources nous en rendent beaucoup mieux compte.

La vérité doit être trouvée dans les propos du D$^r$ Thomas Stowell, qui avait pour source d'information la fille même de Gull. Il écrivait que Gull eut « une légère attaque en 1887 ». À quel point cette attaque fut bénigne nous est montré dans l'extrait suivant, emprunté à *In Memoriam. Sir William Gull*, un hommage affectueux rendu à Gull, paru peu après sa mort :

> Il était alors [octobre 1887] chez lui en Écosse, projetant de reprendre presque immédiatement le travail après ses vacances d'automne et, en marchant seul dans son parc, il fut pris de paralysie. *Il ne perdit pas connaissance, mais il ne sentait plus qu'un genou et fut capable de marcher jusqu'à sa maison, sans aide* [l'italique est de moi].

Ce n'était point une attaque sérieuse, contrairement aux insinuations du *Dictionary of National Biography*. Cette soi-disant « attaque » fut si bénigne que Gull *marcha* jusqu'à sa maison. Même s'il arrêta de s'occuper de ses patients en 1887, il menait toujours une vie active. Son gendre, Theodore Dyke Acland, expliquait dans *William Withey Gull. A Biographical Sketch* que :

> Sir William joua un rôle important dans la vie publique de son époque. De 1856 à *1889*, il siégea au conseil de l'Université et se retira progressivement [l'italique est de moi].

Gull donnait religieusement, chaque année, via formulaires, des renseignements personnels archivés dans le *Medical Register*. Il figurait pour la dernière fois dans ce registre en 1889, de sorte qu'au moins jusque fin 1888 – où l'édition de 1889 fut bouclée – il se considérait comme un médecin actif. Pourquoi donc, s'il se trouvait assez bien jusqu'en 1889 pour siéger au conseil de l'université de Londres, renonça-t-il à exercer la médecine en 1887 ? Des événements postérieurs à la maladie de Gull sont résumés dans l'édition de 1892 de la *Biographical History of Guy's Hospital* de Wilks et Bettany :

> Sir W. Gull avait eu deux ou trois courtes maladies avant celle qui marqua le début de sa pathologie mortelle, mais à cette époque il se portait bien et passait du bon temps en Écosse, près de Killiecrankie, lorsqu'il fut atteint d'une *légère* paralysie du côté droit et d'aphasie. C'était en octobre 1887. Il se rétablit presque totalement et retourna à Londres, où il resta plusieurs mois, relativement en bonne santé. Des amis qui le virent ne perçurent pas de grande différence dans son état et ses habitudes, mais il *confiait* avoir l'impression d'être un homme différent, et renonça à toute pratique. Il eut par la suite trois attaques épileptiformes, *desquelles il se rétablit rapidement*, mais le 29 janvier 1890 il fut soudain pris d'apoplexie, tomba dans le coma et trépassa doucement [l'italique est de moi].

Ce passage souligne la légèreté de l'attaque de Gull en 1887. La remarque de Wilks et Bettany sur les amis de Gull voyant à peine une différence après l'« AVC » de 1887 est un énième signe de sa bénignité. Leur témoignage de ce que Gull « disait » avoir l'impression d'être un homme différent suggère qu'il pourrait avoir menti aux gens pour leur faire croire qu'il était trop souffrant pour continuer à exercer.

La vérité au sujet de la maladie de Gull en 1887 est qu'il souffrit d'une légère paralysie, mais pas d'un AVC au sens courant du terme. Mais, même en supposant que son attaque de 1887 était un AVC comme il le prétendait, il fut d'une nature si insignifiante qu'il ne pouvait que difficilement avoir affecté sa façon de vivre. Un AVC est une perte soudaine de la conscience, des sens et des mouvements volontaires, généralement provoqué par la rupture d'un vaisseau sanguin dans le cerveau. Aucun de ces symptômes n'était visible chez Gull. Il y a deux sortes d'AVC : aigu et mineur. Le D$^r$ Alan Barham Carter, un expert de ce type de maladie et l'auteur d'*All About Strokes*, définit l'AVC mineur comme se produisant « quand les séquelles sont faibles, limitées dans leur étendue et souvent réversibles, de sorte qu'il n'y a pas mort des cellules [cérébrales] ».

Le D$^r$ Barham Carter expliquait qu'un homme normalement constitué peut se remettre entièrement même d'un AVC aigu, pour lequel des cellules cérébrales sont définitivement détruites. Gull était plus qu'un individu normalement constitué. Un auteur l'a décrit comme étant de taille moyenne, mais « d'une grande force et vigueur », et le *Dictionary of National Biography* rend hommage à sa « grande endurance ». Il est tout sauf difficile d'accepter qu'une attaque aussi bénigne que celle dont souffrit Gull n'aurait été qu'un obstacle négligeable dans la vie d'un homme ayant une force *exceptionnelle*. Il est important de remarquer que sa constitution n'avait guère été diminuée par la maladie. Toute sa vie durant, il fut en très bonne santé, sauf lors d'une attaque de fièvre entérique.

Si Farson et Rumbelow s'étaient enquis de tout cela, ils n'auraient jamais pris la maladie de Gull pour objection à sa participation aux meurtres. Pas un auteur n'interviewa Joseph Sickert avant de publier des critiques contre son récit audiovisuel de six minutes. En gardant cela à l'esprit, ils ne peuvent être blâmés pour avoir tiré les conclusions qui sont les leurs. Non seulement il s'agissait d'un récit qui défiait l'impossible en résumant les faits, de sorte que des informations essentielles furent oubliées, et plusieurs aspects de l'histoire originelle furent en réalité déformés dans ce processus de miniaturisation. Ainsi, les téléspectateurs entendirent :

> Elle [Mary Kelly] fut tuée la dernière, des cinq femmes, d'une manière faisant penser au geste d'un malade mental.

Walter Sickert n'a jamais fait cette déclaration. Il insistait sur le fait que toutes les victimes – hormis Eddowes – se connaissaient entre elles ; que Nichols, Chapman, Stride et Kelly prenaient part à une tentative sordide de chantage ; et qu'Eddowes fut assassinée par erreur, ayant été confondue avec Kelly. Mais le plus grand défaut de la programmation était qu'elle manquait de détails. Il n'était guère expliqué, par exemple, que Sickert disait que les meurtres – sauf ceux de Kelly et Stride – furent commis dans une voiture en mouvement, et que par conséquent Gull n'aurait eu besoin de ne fournir que de légers efforts physiques pour prendre part aux tueries. Sickert racontait que Gull rendait d'abord les victimes inconscientes en leur donnant du raisin noir empoisonné. Ensuite, comme elles étaient immobiles dans le fiacre, il pouvait réaliser ses mutilations maçonniques avec l'aide d'Anderson. Cela signifie que les efforts physiques de Gull furent insignifiants. John Netley se chargeait ensuite d'une mission plus fatigante : déposer les corps dans la rue. Il fut plus d'une fois secondé par Anderson, mais Gull ne descendait jamais de voiture.

L'hypothèse que Farson et Rumbelow ont réfutée – celle d'un Gull solitaire rôdant furtivement à travers les ruelles de l'East End et massacrant tout seul ses victimes, puis se volatilisant à pied – était évidemment grotesque. Mais Sickert n'a jamais rien insinué de tel.

S'il demeurait quelque doute quant à la capacité physique de Gull de s'asseoir dans une voiture et d'accomplir son intervention chirurgicale sur quatre femmes en l'intervalle de 10 semaines, il sera utile de garder à l'esprit les efforts physiques et mentaux beaucoup plus importants que fourniront – non pas ponctuellement comme dans le cas des meurtres de l'Éventreur, mais constamment et sous une pression importante – des patients atteints d'un ou plusieurs AVC *aigus*. Répétons-le : au pire, Gull souffrit de l'AVC le plus bénin qu'il est possible de souffrir sans qu'il passe inaperçu. Redonnons la parole au D$^r$ Barham Carter :

> Nombre d'individus célèbres ont eu un AVC, mais ceux que je vais mentionner ici comptent parmi ceux qui ont apporté une grande contribution à l'humanité après un AVC *aigu*, démontrant ainsi que cette calamité ne marque pas la fin de la carrière d'un homme ou d'une femme.

Il rappelait l'AVC aigu enduré par Louis Pasteur :

> Le 29 décembre, Pasteur était capable de marcher sans aucune aide, et après cela sa récupération assez lente aboutit sur un avenir remarquable. Son dynamisme et son enthousiasme ne semblaient en rien avoir été diminués, et il formula toutes ses théories célèbres sur l'immunité et la vaccination dans les années qui suivirent son attaque.

Pasteur passa par des *années* d'efforts intenses et de travail harassant pour atteindre ses résultats révolutionnaires, après un AVC *aigu*.

Le D$^r$ Barham Carter parlait de Churchill :

> Il récupéra très bien de son AVC [aigu] de 1949 et remporta les élections de 1951, devenant Premier ministre. En dépit d'*une succession* d'AVC mineurs en 1950 et 1952, et d'un plus important en 1953, il assuma admirablement toutes les responsabilités de sa charge, et il n'y a rien qui montre qu'à ce moment il avait perdu ne serait-ce qu'un peu de son jugement et de sa fougue de toujours. En fait, à cette époque, il prit même sur lui le fardeau des Affaires étrangères et fut très heureux dans ses décisions concernant nos relations avec d'autres pays.

En 1953, Churchill avait 79 ans, soit huit ans de plus que Gull au moment des meurtres de Whitechapel. Il est certain que les fonctions combinées de Premier ministre et de secrétaire des Affaires étrangères exigent plus de vigueur et de santé physique que le rôle prêté à Gull dans les tueries de Jack l'Éventreur, lesquelles étaient dispersées sur une période de deux mois et demi. Si nous acceptons le fait qu'un homme de quasiment 80 ans peut être Premier ministre et secrétaire des Affaires étrangères après deux AVC aigus et une série d'accidents mineurs, nous devons convenir de ce qu'un homme plus jeune de quelques années est capable d'être un Jack l'Éventreur véhiculé après une attaque si légère qu'il ne s'écroula même pas…

Enfin, fort de la description des meurtres faite par Sickert, le D$^r$ Barham Carter confiait :

> Il ne fait aucun doute qu'un homme de 72 ans, physiquement robuste et actif, qui a eu un AVC mineur, ait pu couler une vie parfaitement normale et avoir commis les meurtres de Whitechapel de la façon décrite par Sickert.

De nombreux auteurs ont affirmé que Jack l'Éventreur était médecin. Sur les 103 qui ont publié des théories, que j'ai examinées, ils sont plus d'un quart à affirmer que l'Éventreur était un médecin ou un étudiant en médecine. La plupart des théoriciens croyant qu'un homme de médecine était responsable des meurtres fondent leur raisonnement sur les commentaires du D$^r$ Ralph Llewellyn et du D$^r$ Bagster Phillips déclarant pour les enquêtes de Nichols et Chapman que le meurtrier devait avoir des connaissances en anatomie. L'opinion fut largement acceptée, et la suspicion pesant sur les hommes de science en général fut habilement évoquée par Dennis Halsted dans son livre *Doctor in the Nineties*. Halsted était un médecin du London Hospital à Whitechapel à l'époque des meurtres, et il décrivit lui aussi la « grande adresse chirurgicale » manifestée par l'Éventreur. Que les médecins comptaient parmi les principaux suspects au moment des tueries est confirmé par un document du Bureau de l'Intérieur dédié aux accusations portées contre des médecins et des policiers, et par le grand nombre d'hommes de science répertoriés dans le dossier « Suspects » de Scotland Yard.

Deux médecins ayant examiné le corps d'Eddowes – le chirurgien divisionnaire de police George Sequeira et le médecin hygiéniste de la City de Londres, le D$^r$ William Saunders – étaient d'avis qu'aucune connaissance anatomique n'était déployée. Mais l'opinion selon laquelle le meurtrier possédait *vraiment* des connaissances en chirurgie est justifiée par davantage de preuves précises, émanant d'autres médecins.

Lors de l'enquête consacrée à Nichols, le D$^r$ Llewellyn dit : « Le meurtrier doit aussi avoir eu quelque connaissance générale en anatomie. »

Le D$^r$ Phillips déclara pour l'enquête sur Chapman : « Il y a des signes de connaissances en anatomie. Le corps ne fut pas tout entier retrouvé, et les parties manquantes proviennent de l'abdomen. La façon dont ces organes ont été extraits atteste de connaissances anatomiques. »

*The Lancet*, le journal des médecins, faisait la remarque que les meurtres étaient « évidemment l'œuvre d'un expert – de quelqu'un, du moins, qui avait assez de connaissances en examens anatomiques ou cliniques pour pouvoir prélever les organes pelviens en un coup de couteau ».

Le D$^r$ Frederick Brown, le chirurgien de la police municipale qui réalisa l'examen *post mortem* d'Eddowes, était assez catégorique : « Celui qui a accompli cet acte avait besoin de bonnes connaissances quant à l'emplacement des organes dans la cavité abdominale. »

Brown ne dévia pas de sa position, malgré l'opinion contraire de Sequeira et Saunders. Interrogé, il poursuivit : « Il fallait une bonne dose de dextérité et de savoirs quant à l'emplacement du rein pour l'extraire. Le rein pouvait facilement être oublié, car il est recouvert par une membrane. »

Ce dernier commentaire confirme enfin que, quel que soit le responsable des meurtres de l'Éventreur, il ou ils jouissaient de *quelque* connaissance en anatomie, et probablement de beaucoup.

En tenant compte de ce fait, plusieurs théoriciens ont développé leurs thèses autour de la possibilité qu'un chirurgien soit coupable. Sickert, toutefois, en affirmant que Gull était le leader du trio, allait à l'encontre de l'opinion majoritaire, car Gull était médecin. De prime abord, un médecin semble bien moins à même qu'un chirurgien d'avoir été l'auteur des chirurgies létales de l'Éventreur, et si Sickert avait inventé des histoires il aurait été beaucoup plus crédible de prendre un chirurgien pour tueur.

Comme toujours, les affirmations les plus improbables de Sickert se vérifient après un examen approfondi.

Colin Wilson signale dans *A Casebook of Murder* que l'assassin français Eusebius Pieydagnelle ne passa guère à l'acte avant que sa famille ne l'oblige à renoncer à être boucher (métier vers lequel il était attiré en raison de sa fascination pour le sang) pour être juriste – alors qu'en découpant des animaux ses envies sadiques auraient été entièrement satisfaites. Cela ruine les théories sur les chirurgiens fous furieux. La soif de sang d'un chirurgien fou aurait été étanchée dans le cadre de son travail quotidien.

En réalité, un médecin est un candidat largement plus plausible, car il n'aurait que rarement accompli quelque opération chirurgicale d'ampleur. Même si le tueur avait des connaissances en chirurgie, il semble évident – même en prenant en compte les conditions défavorables dans lesquelles les mutilations furent réalisées – qu'il n'avait ni l'expérience ni la formation d'un chirurgien. Le membre de la société dont l'habileté chirurgicale doit toujours prendre la seconde place, après celle du chirurgien, est indéniablement le médecin.

William Withey Gull est né dans la paroisse Saint-Léonard, à Colchester, le 31 décembre 1816. Son père était John Gull, un humble propriétaire de péniche sur la rivière Lea. William était le plus jeune de huit enfants, dont deux moururent encore jeunes. La famille déménagea vers Thorpe-le-Soken en Essex vers 1820. Peu après, le frère aîné de William obtint une bourse au Christ's Hospital, mais le fier John Gull la refusa, arguant qu'aucun de ses enfants ne dépendrait jamais de la charité.

John décéda du choléra à Londres en 1827. Par la suite, Elizabeth – la mère de William – éleva ses enfants de son mieux et avec des moyens limités, enseignant à ses trois fils et à ses trois filles que « quoi que l'on fasse, il faut que ce soit bien fait ». Le jeune William fut éduqué dans une petite école de village, mais il mit toute sa vie l'accent sur le fait qu'il avait reçu sa véritable éducation de sa mère, femme d'une grande intelligence et perspicacité.

L'une de ses citations préférées était, dans son enfance :

> Si j'étais tailleur
> Je me serais fait une fierté
> D'être le meilleur de tous les tailleurs ;
> Si j'étais rétameur,
> Aucun autre rétameur
> N'aurait pu retaper mieux que moi une vieille bouilloire.

Les enfants furent dotés d'une éducation chrétienne stricte, M$^{me}$ Gull observant toutes les fêtes liturgiques, s'habillant en noir pendant le carême et faisant manger à sa famille du poisson et du riz au lait le vendredi.

En 1832, M$^{me}$ Gull déménagea avec sa famille à Thorpe, une propriété près de Thorpe-le-Soken détenue par les autorités du Guy's Hospital de Londres. La paroisse de Beaumont était adjacente à ce bien. Son pasteur, M. Harrison, était un neveu de Benjamin Harrison, le trésorier du Guy's Hospital. Il semble que le pasteur appréciait énormément M$^{me}$ Gull, et l'un de ses nombreux gestes d'affection dans son comportement désintéressé et courtois fut d'accueillir William dans son presbytère pour lui donner des cours particuliers, quel que soit le jour. Pendant cette période heureuse et tranquille de son enfance, William nourrit une fascination pour la faune et la flore. L'influence du pasteur Harrison éroda progressivement le désir de l'adolescent de s'embarquer, et lui insuffla l'ambition résolue de devenir médecin.

Sa devise des dernières années n'avait pas encore été exprimée en mots, mais sa réalité faisait déjà partie intégrante de son caractère :

> Si ton objectif est dans tes capacités,
> Assure-toi de le remplir, quand bien même il serait infime.

Une fois qu'il eut l'idée de faire de la médecine, rien ne put le décourager. Un court moment, il fut appariteur dans une petite école rurale à Lewes, dans le Sussex. Mais, en 1837, juste avant ses 21 ans, il rencontra enfin Benjamin Harrison et fut pris comme élève au Guy's Hospital. On lui donna deux pièces à l'hôpital, un salaire annuel de 50 £ et la possibilité d'étudier. Déterminé à réussir et pour démontrer sa gratitude envers Harrison, il s'appliqua avec diligence à ses études et il remporta la première année tous les prix possibles. Il obtint sa licence en médecine à l'université de Londres en 1841, glanant les honneurs en physiologie et en anatomie comparée, en chirurgie et en médecine.

L'année suivante, Gull fut désigné pour enseigner les bases de la médecine au Guy's Hospital et il fut logé dans une petite maison de King Street avec un salaire annuel de 100 £. Son zèle pour la médecine lui promettait des promotions rapides, de même que sa décision – à la même époque – de devenir franc-maçon. En 1843, il fut nommé lecteur en philosophie naturelle au Guy's Hospital. La même année, il devint directeur d'un petit asile de 20 folles, faisant partie du même établissement.

Trois ans plus tard, il décrocha une médaille d'or dans son doctorat en médecine à l'université de Londres, le plus grand honneur en médecine que pouvait décerner l'Université. Les 10 années suivantes, il fut conférencier en physiologie et anatomie comparée au Guy's Hospital. En attendant d'être élu professeur de physiologie (chaire Fuller) à la Royal Institution, il devint sociétaire du Collège royal des médecins et médecin en titre du Guy's Hospital.

En 1848, Gull épousa Susan Ann, fille du colonel Lacy de Carlisle, et ils eurent un garçon, Cameron, ainsi qu'une fille, Caroline.

Le nom de Gull devint célèbre après 1871, lorsque le prince de Galles contracta la fièvre typhoïde à Sandringham. La reine Victoria était certaine que son médecin favori, sir William Jenner, médecin du roi, pourrait soigner son fils, mais Gull – alors inconnu de celle-ci – fut introduit auprès de la princesse Alexandra – et Jenner ne fit que donner un second avis. Le prince se rétablit grâce aux remèdes de Gull et, en 1872, il fut fait baronnet et nommé médecin ordinaire du prince de Galles. Il devint par la suite médecin extraordinaire, puis médecin ordinaire de la reine Victoria.

Il fut dit de Gull que « peu d'hommes ont pratiqué une profession lucrative avec moins d'avidité à s'emparer de ses récompenses pécuniaires ». C'est sans doute vrai : Gull laissa derrière lui 344 000 £ ainsi que des terres, un patrimoine sans précédent dans l'histoire de la médecine et une réussite matérielle qui, depuis, n'a que rarement pu être égalé par des médecins. Sir Edward Muir, chirurgien en second de la reine et président du Collège royal des chirurgiens, mort en octobre 1973, ne laissa que 87 000 £ – ce qui n'est qu'une infime fraction de la fortune de Gull, étant donné que l'inflation a rogné la valeur de la livre depuis 1890. Le marquis de Salisbury, un homme plus puissant que Gull, qui ne fut pas seulement Premier ministre des Tories, mais aussi le dernier d'une longue liste de Cecil fortunés qui, en tant que ministres influents, ont joué un rôle important dans le gouvernement de l'Angleterre depuis le règne d'Élisabeth I$^{re}$, ne laissa que 300 100 £ à sa mort en 1903. Selon les standards d'aujourd'hui, Gull, le fils du propriétaire de péniche, aurait été un multimillionnaire.

Gull avait des contacts certains avec des hommes politiques conservateurs influents, étant un ami de Disraeli et le médecin le plus important d'Angleterre au moment où Salisbury était Premier ministre. Il est certain qu'il connaissait Salisbury. Le gendre de Gull, Theodore Dyke Acland, était un intime de la famille Cecil et était au service de Gull comme de Salisbury, ayant signé le certificat de décès de chacun. Dans ses fonctions de médecin du roi, Gull aura probablement eu vent de l'enfant illégitime du prince Eddy.

Étonnamment, il y a d'autres personnes que Sickert qui pointent un doigt accusateur sur Gull en évoquant les meurtres de l'East End.

Par exemple, dans le *Sunday Times-Herald* de Chicago du 28 avril 1895, un article fut publié sous le titre « Capture of Jack the Ripper ». Il faisait part d'une histoire racontée par un médecin de Londres bien connu, le D^r Howard. Howard, la langue déliée par l'alcool, affirmait avoir été l'un des 12 médecins londoniens ayant siégé à une enquête médicale et à une commission d'expertise mentale au sujet d'un confrère impliqué dans les assassinats de Jack l'Éventreur. Voici ce qu'il disait :

> Jack l'Éventreur n'était autre qu'un médecin de grand renom et était même un homme jouissant d'une clientèle issue de la meilleure société de l'ouest londonien.
>
> Quand il fut absolument prouvé que le médecin en question était sans nul doute l'assassin, et sa folie pleinement attestée par une commission *de lunatico inquirendo*, tous les participants furent tenus au secret. Jusqu'à l'indiscrétion du D^r Howard, cette promesse a été strictement tenue.
>
> C'était un médecin de grande renommée, avec beaucoup de pratique. Il avait toujours été, depuis qu'il était devenu étudiant au Guy's Hospital, un vivisectionniste ardent et enthousiaste.

Le reportage se poursuit en disant qu'après l'enquête le médecin (jamais nommé) fut immédiatement relégué dans un asile privé d'Islington :

> et il est maintenant le dément le plus intraitable et dangereux enfermé dans cet établissement. Afin d'expliquer la disparition de ce médecin pour l'opinion publique, un faux décès et des funérailles fictives furent inventés.

En bon journalisme américain, l'article se termine avec :

> Aucun de ses gardiens ne sait que le fou à lier, qui se jette contre les murs de sa cellule matelassée et rend les longues veilles de la nuit atroces à cause de ses cris stridents, est le célèbre Jack l'Éventreur. Pour eux, et pour les inspecteurs en visite, il n'est que Thomas Mason, ou le matricule 124.

Tout en permettant le traitement sensationnel que n'importe quelle histoire de ce genre était sûre de recevoir en Amérique à cette époque, il y a des éléments prouvables. Il y avait, par exemple, un asile à Islington – l'asile St Mary –, mais ses archives ont été détruites. En 1896, un « indigent » d'Islington s'appelant Thomas Mason mourut – exactement à l'âge que Gull aurait eu si son acte de décès avait été de cette année.

Il est important de remarquer que Walter Sickert ne mentionna jamais cette coupure de presse. Il est improbable qu'il en ait eu connaissance. Par conséquent, *si celle-ci faisait allusion à Gull*, ce serait une corroboration totalement indépendante de son récit.

Le D$^r$ Howard cité dans l'article ne peut être que le D$^r$ Benjamin Howard répertorié dans le *Medical Register* dans les années 1880-1890. Howard était un éminent médecin américain habitant à Londres. Il obtint ses diplômes de médecine à New York en 1858, et le *Medical Directory* montre qu'il voyagea souvent à l'étranger – à Paris, Vienne et Berlin, et ainsi qu'aux États-Unis, ce qui est cohérent avec l'article, publié en Amérique en 1895. Des recherches de fond sur Howard mirent au jour un fait étincelant dans l'obscurité de l'affaire l'Éventreur, un fait qui – à nouveau – défie trop l'imagination pour pouvoir être considéré comme une coïncidence. Et, si ce n'est pas une coïncidence, cela signifie que Walter Sickert a dit vrai. Car l'adresse londonienne du D$^r$ Howard était le St George's Club à Hanover Square – et cette institution gérait l'hôpital du 367 Fulham Road, où Annie Elizabeth Crook s'éteignit. Ce nouvel élément manifeste comment les francs-maçons chargés de l'opération pouvaient avoir obtenu l'incarcération d'Annie Elizabeth. Si le médecin Howard dénonçait effectivement Gull comme étant Jack l'Éventreur, Howard devient un lien direct entre Gull et Annie Elizabeth. Howard, presque certainement un franc-maçon comme nombre de ses confrères, pouvait bien avoir été l'un des membres maçonniques du St George's Club complices de la neutralisation d'Annie Elizabeth après l'avoir séparée du prince Eddy. Ainsi, Howard aurait été un choix idéal pour faire partie des 12 médecins nécessaires pour mettre en place une commission d'expertise secrète concernant Gull – *si Gull était le médecin dont il parlait*, ce que nous n'avons pas encore établi.

Comme Howard ne nommait pas son Éventreur, il est nécessaire d'identifier le suspect en reprenant point par point sa déclaration :

> Ce n'était autre qu'un médecin de grand renom et c'était même un homme jouissant d'une clientèle recrutée dans la meilleure société de l'ouest londonien.

Nulle affirmation ne pouvait être plus vraie au sujet de Gull. Il était médecin ordinaire de la reine, et ses patients appartenaient à la famille royale et à la noblesse. Gull en personne aimait se vanter que son cabinet, au 74 Brook Street à Mayfair (au cœur de West End), accueillait sans doute une plus grande clientèle que n'importe quel autre médecin.

> Depuis qu'il était devenu étudiant au Guy's Hospital [...]

Comme nous l'avons montré, Gull intégra en 1837 le Guy's Hospital en tant qu'étudiant. Cet indice restreint énormément le champ des possibles, car seul un nombre limité de médecins renommés de West End ont étudié au Guy's Hospital.

> [...] il avait toujours été un vivisectionniste ardent et enthousiaste

Gull était exceptionnellement franc dans sa défense de la vivisection, comme son témoignage devant la commission royale sur la vivisection de 1875 l'attestait. Il était le soutien le plus connu de cette cause dans son pays et, en 1882, il écrivit un article de 16 pages dans *The Nineteenth Century*, exprimant son soutien ardent à la pratique d'expérimentations sur les animaux. Arguant que « le bien que nous pouvons obtenir pour nous-mêmes par des expériences physiologiques devrait l'emporter sur l'immoralité du procédé », et que « nos susceptibilités morales devaient être surmontées et réduites au silence devant les gains », il se faisait l'apôtre énergique de l'affliction de douleurs aux animaux s'il en résultait des progrès pour la médecine. En réponse à une accusation selon laquelle le vivisectionniste Claude Bernard avait inventé un four afin de pouvoir observer la « cuisson de chiens vivants », Gull écrivait :

> « Faire cuire des chiens en vie ! Que c'est horrible et dégoûtant ! » serait une exclamation toute naturelle. Quel dessein peut-il y avoir derrière quelque chose d'aussi cruel ? C'est ce que nous allons voir.

Et il poursuivait en justifiant dans les termes les plus catégoriques cette expérimentation, et bien d'autres, pour la cause de « la vie humaine et le soulagement de la misère des hommes ».

Le récit du D$^r$ Howard signale que le médecin qualifié de Jack l'Éventreur avait une femme lui ayant survécu, et il est fait allusion à un fils. Ces deux faits sont vérifiés pour Gull, qui avait également une fille.

Un autre point important est que l'Éventreur était décrit par Howard comme étant un médecin de West End. Bien sûr, en 1888, il y avait beaucoup de médecins dans l'ouest londonien. Mais, de tous ceux-ci, un seul disparut – ostensiblement, par son décès – peu après les péripéties de l'Éventreur. C'était sir William Gull. Ce fait est rappelé dans les écrits d'un homme qui – c'est cocasse – essayait de démontrer un point de vue diamétralement opposé. William Stewart, dans son livre *Jack the Ripper. A New Theory*, désirait établir que le meurtrier *ne pouvait pas* avoir été un médecin de West End. Il écrivait :

> J'ai dressé une liste complète, grâce au *Medical Register*, des praticiens résidant à West End avant août 1888, et délimité l'ouest londonien avec une équerre.
>
> Au coin supérieur gauche de mon carré, j'ai placé Harlesden ; en haut à droite Camden Town ; au coin inférieur droit, Charing Cross ; en bas à gauche, Hammersmith. Dans la liste des praticiens de cette zone, j'ai ajouté tous ceux qui travaillaient dans des hôpitaux. En comparant cette liste avec la nécrologie des praticiens pour l'année qui suit novembre 1888, j'ai découvert qu'il ne manquait aucun nom parmi les docteurs de West End. En d'autres termes, *tous* les hommes de médecine de l'ouest londonien qui pratiquaient avant les meurtres étaient en vie et en activité pendant au moins une ou deux années après.

Néanmoins, la dernière allégation de Stewart est erronée. Comme nous l'avons expliqué, sir William Gull est censé être mort en janvier 1890, 14 mois seulement après le dernier meurtre, de sorte qu'*il n'était pas en vie et en activité pendant une année ou deux après les meurtres*. Il y a deux raisons possibles à l'erreur de Stewart. La première est qu'il était négligent ; la seconde que, pour un motif précis, il n'intégra pas Gull dans sa première liste. Cette seconde possibilité est davantage vraisemblable, parce que la répétition de toute l'enquête de Stewart montre que, hormis pour l'erreur concernant Gull, sa conclusion était juste. Aucun autre médecin éminent de West End ne mourut dans les années qui suivirent les assassinats de Whitechapel. De sorte que Stewart rend encore plus solide le procès fait à Gull.

Il écarta Gull de sa première liste parce que, bien qu'il cherchât à prouver qu'aucun *médecin* de West End n'était Jack l'Éventreur, en réalité il n'examina pas chaque docteur, mais simplement chaque *praticien*. Comme Gull avait pris sa retraite en 1887, il ne pouvait être considéré comme praticien et, pour cette raison, Stewart ne l'inclut pas dans sa liste. Par conséquent, en tombant sur la notice nécrologique de Gull, il ne la trouva pas pertinente. Mais même si Gull avait pris sa retraite, il continua d'habiter à Brook Street et pouvait toujours être dans les faits considéré comme un *médecin de West End*, selon l'expression d'Howard.

Ainsi, Stewart blanchit soigneusement tous les praticiens de West End par une recherche méticuleuse, n'oubliant qu'une poignée de médecins retraités – dont Gull. Une vérification plus approfondie des notices que celle entreprise par Stewart, et aussi un contrôle exhaustif des entrées du *Medical Register* et du *Medical Directory*, montrent que, sur ces quelques suspects supplémentaires, seul Gull mourut peu après les meurtres. Ces découvertes signifient deux choses. Associées au fait que tous les détails du récit d'Howard le désignent, elles montrent que Gull était certainement le médecin identifié à Jack l'Éventreur dans l'article paru à Chicago. Plus important peut-être, elles attestent de ce que si l'Éventreur était un médecin Gull serait le seul suspect possible.

D'autres personnes ont accusé Gull d'être Jack l'Éventreur. Il est le médecin pointé du doigt dans une autre accusation : l'histoire désormais célèbre du médium Robert James Lees censé avoir identifié l'Éventreur grâce à ses pouvoirs de divination et, après le meurtre de Kelly, conduit la police chez un médecin de West End, qui fut plus tard secrètement enfermé dans un asile.

Il n'est guère nécessaire de croire en la voyance pour reconnaître la valeur du récit de Lees. Qu'il en arrivât à ses conclusions par des moyens surnaturels ou naturels est un sujet de débat, et nombreux pencheront sans doute vers ce dernier point de vue. Mais le fait qu'il savait quelque chose – probablement grâce à ses contacts étroits avec les tribunaux – semble indéniable. La portée véritable de l'histoire de Lees deviendra bientôt évidente, quand son témoignage s'avérera correspondre dans les moindres détails à un récit partagé par la fille même de Gull.

*Robert James Lees à l'âge de quatre-vingt-un ans*

La principale objection aux allégations de Lees est que plusieurs analystes ont prétendu qu'elles ne furent guère rendues publiques avant 1931. S'il avait quelque fondement, l'argument tiendrait la route : des allusions à cette histoire auraient dû être connues bien avant. L'objection se flétrit face au fait que le récit de Lees parut pour la première fois sous forme imprimée 36 ans avant ce que les « jackologues » ont jusqu'à maintenant cru. Il fut publié dans la dernière partie d'un article du *Sunday Times-Herald* de Chicago en avril 1895. Avant qu'Ian Sharp ne le découvrît pour la BBC, ce billet n'avait jamais été repris. Il n'apparaît guère dans la bibliographie exhaustive de l'Association des assistants bibliothécaires consacrée au sujet : *Jack the Ripper or The Mysteries of the East End*. L'article de

Chicago fut oublié dans ce répertoire admirable, simplement parce qu'il était resté dans l'ombre jusqu'en 1973.

Même en 1895, sept années après les meurtres, ce n'était pas la genèse de l'histoire de Lees : c'était seulement la première fois que celle-ci était imprimée. Le récit fut largement diffusé, à Londres tout au moins, dès juillet 1889 – neuf mois après les meurtres. Cela est confirmé par une note du dossier « Lettres » des archives de Scotland Yard. Certes, cette dernière provient d'un excentrique qui signait « Jack l'Éventreur », mais l'état mental de son auteur est sans importance. Seules comptent ses connaissances. Le contenu de la missive montre que l'histoire de Lees ayant aidé la police à retrouver Jack l'Éventreur était connu 33 ans plus tôt que ce que ses détracteurs ont soutenu. La lettre reçue par Scotland Yard le 25 juillet 1889 dit :

> Cher patron,
> Vous ne m'avez pas eu, comme vous pouvez le voir, avec toute votre ruse, avec tous vos « Lees », avec tous vos poulets.
> Jack l'Éventreur

Pour que cette histoire ait acquis une telle notoriété dès juillet 1889, il faut qu'elle ait à l'origine été racontée (ou qu'elle ait fuité) quelques semaines après l'assassinat de Kelly, ce qui correspond à la participation de Lees à la traque de l'Éventreur en novembre 1888, comme le soutient son récit.

En dépit du fait que cette histoire ait été, depuis, grossièrement exagérée, au point que certaines versions apocryphes mentionnent plus de 20 meurtres, il est possible de revenir à ses sources. J'ai analysé toutes les versions subsistantes du récit, supprimé les incohérences et les inventions des auteurs postérieurs à sa naissance, et uniquement retenu les éléments qui leur sont communs. J'ai ensuite fait une comparaison avec le récit original raconté par Lees en personne, une histoire très différente de celle qui nous est parvenue par la presse à sensation. L'histoire d'origine provient de la petite-nièce de Lees, M$^{me}$ Emily Porter de Wembley, qui connut très bien l'« oncle James », mort alors qu'elle avait 20 ans. Le récit dont il lui fit part concorde presque entièrement avec la trame restant après la suppression de la glose des journalistes.

Lees était un voyant hautement respecté. Ses pouvoirs de divination étaient tellement développés que l'on dit qu'à l'âge de 19 ans il fut invité à entrer en contact, devant la reine Victoria, avec feu le prince Albert. Lees devint ensuite le chef de file des spiritualistes chrétiens en Angleterre. C'était un proche de Disraeli, et il l'assista dans ses derniers jours. Il dirigeait un centre spiritualiste à Peckham, fut un socialiste de premier plan et un ami de Keir Hardie, plus tard leader du Parti travailliste.

L'histoire originale et sans fioritures racontée par Lees était qu'à l'époque des meurtres de l'Éventreur il était à l'apogée de ses pouvoirs. Un jour, il était en train d'écrire dans son bureau quand il fut convaincu de ce que le coupable était sur le point de commettre un nouveau meurtre. Il se rendit à Scotland Yard, mais on ne lui prêta guère d'attention, parce que des excentriques et de pseudo-détectives importunaient chaque jour la police (cf. chap. XIV). Mais, cette nuit-là, il y eut en effet un meurtre de l'Éventreur. Lees était tellement choqué par la précision de sa vision que, sur les conseils de son médecin, il partit en vacances à l'étranger. Un jour, une fois de retour, il monta avec son épouse dans un omnibus londonien. Il se mit soudain à ressentir les étranges sensations qui avaient précédé sa première vision. L'omnibus remontait Notting Hill. Quand il s'arrêtait tout en haut, un homme monta.

Se penchant vers sa femme, Lees lui signala sérieusement : « C'est Jack l'Éventreur ».

Son épouse en rit et lui dit de cesser ses plaisanteries.

« Je ne me trompe pas », répondit-il, « je le sens. »

L'omnibus dévala toute la longueur d'Edgware Road, tournant vers Oxford Street à Marble Arch. À ce niveau, l'énergumène en descendit, et Lees décida de le suivre. Après avoir parcouru la moitié d'Oxford Street, Lees parla à un contractuel de ce qu'il avait « surnaturellement » appris, mais il dut une nouvelle fois affronter les moqueries. Le policier le menaça même, en riant, de le « mettre sous les verrous ». Après avoir atteint Apsley House, l'Éventreur – nerveux – monta dans une voiture et fut rapidement conduit vers Piccadilly. Finalement, Lees trouva un inspecteur de police disposé à le prendre au sérieux. Après le dernier meurtre le 9 novembre, Lees concentra ses pouvoirs sur la vision de l'homme qu'il avait aperçu. Il conduisit l'inspecteur vers une demeure de West End, le domicile de l'un des médecins les plus renommés de Londres. Une fois à l'intérieur, l'inspecteur conversa avec l'épouse du médecin. Au cours de son interrogatoire poussé, elle avoua qu'elle ne croyait pas que son mari était sain d'esprit. Elle avait été terrifiée de constater qu'à chacun des meurtres de Whitechapel il était absent. Une fois accusé, le médecin reconnut être déséquilibré depuis plusieurs années, et que dernièrement il n'avait aucun souvenir de ce qu'il avait fait à certains moments. Le médecin pouvait parfois se montrer farouchement cruel, d'autres fois extrêmement gentil. Il disait s'être à une ou deux reprises trouvé assis chez lui comme s'il s'était soudainement éveillé d'une longue torpeur, et une fois il avait retrouvé du sang sur ses habits, qu'il avait attribué à un saignement de nez. À un autre moment, son visage avait été sévèrement écorché.

Ici, le récit de Lees concorde avec le témoignage du D^r Howard, car selon Lees le médecin fut envoyé sous une fausse identité par 12 médecins dans un asile. Pour cacher la vérité, il fut annoncé que le médecin était mort. Un cercueil fut rempli de pierres, et ses obsèques causèrent un grand émoi.

Bien que Lees ne nommât guère le médecin qu'il affirmait avoir livré à la police, il y a des éléments de son histoire qui, de nouveau, pointent directement du doigt Gull. Ces signes, associés au fait que Lees décrivait clairement le même médecin qu'Howard, qui accusait Gull, nous assurent que lui aussi voulait dire : « Sir William Gull est Jack l'Éventreur ».

Les indices du récit de Lees qui pointent vers Gull sont...

1. La route prise par l'Éventreur échappant à Lees – commençant à Marble Arch, allant jusqu'à la moitié d'Oxford Street et descendant vers Piccadilly – dessine un grand trajet avec la maison de Gull au 74 Brook Street presque au centre. Peu de praticiens comptant parmi « les médecins les plus réputés de Londres » habitaient dans cette zone relativement restreinte, excluant Harley Street.

2. Un autre élément est à trouver dans le calendrier de la découverte du médecin par Lees. Ce fut peu après le dernier meurtre le 9 novembre 1888. Il est singulier que sir William Gull écrivit son testament 18 jours seulement après cette date, le 27 novembre 1888. Ce qui incita Gull à préparer son testament à ce moment n'est guère connu. C'était plus d'un an après son attaque d'octobre 1887, et il n'avait plus été inquiété depuis. En fait, d'après son acte de décès, il n'eut que deux AVC en tout, le second s'avérant fatal. Il aurait été compréhensible que ses pensées se tournent vers la rédaction de ses dernières volontés peu après s'être rétabli de sa première attaque, mais

ce ne fut point le cas. Le restant de 1887 et tout au long de 1888, il fut très bien portant – mais quelques jours seulement après le moment où Lees prétendait avoir conduit la police jusqu'à Jack l'Éventreur, Gull décida inexplicablement de prévoir le partage de ses biens après sa disparition...

3. Un troisième fait concerne la mort et les funérailles fictives du médecin dans les versions de Lees et d'Howard. Ce faux enterrement est censé avoir causé « un grand émoi ». Les obsèques de Gull provoquèrent une émotion telle qu'un cortège spécial dut être mis en place, et l'assistance comprenait plusieurs des hommes les plus importants de Londres : lord Justice Lindley, sir Joseph Lister, sir Henry Acland, ainsi que le meilleur ami de Gull à la fin de sa vie, sir James Paget, chirurgien en second de la reine Victoria. Gull fut inhumé aux côtés de son père et de sa mère dans le cimetière paroissial de Thorpe-le-Soken. Une foule s'assembla depuis les villages situés à 30 kilomètres à la ronde sur son lieu de sépulture, et jalonnait la route empruntée par le cercueil depuis la gare jusqu'à l'église.

4. Le médecin neutralisé grâce à Lees fut décrit par ce dernier comme étant un homme quelquefois étonnamment charmant, et d'autres fois froid et férocement cruel. Ceci résume parfaitement le caractère de Gull. Il se balançait entre une disposition à la cordialité et à la bienveillance où la gentillesse était au rendez-vous, et des sautes d'humeur pendant lesquelles il semblait aussi humain qu'un mur de pierre... Dans son livre *How Charles Bravo Died*, Yseult Bridges montrait exactement à quel point Gull pouvait être dur de cœur :

> Le D$^r$ Johnson, homme d'un âge avancé qui avait obtenu une reconnaissance certaine dans sa profession, était parfaitement orthodoxe dans son attitude et ses méthodes, et donc l'antithèse de sir William Gull. Le premier, par exemple, s'abstenait de dire à son patient : « Vous vous intoxiquez », s'il n'en avait

aucune preuve tangible ; ou « Vous êtes en train de mourir », parce que c'était contraire à l'éthique du métier.

Mais le second n'hésitait guère à annoncer brutalement ces deux diagnostics. « De ma propre responsabilité et sans consultation préalable », confia-t-il aux juges [de l'enquête concernant Bravo], « j'ai averti M. Bravo de ce qu'il était mourant. »

Charles [...] luttait pour réagir. « Je suis en train de mourir ? » demanda-t-il désespérément à sir William.

« Vous êtes très malade et, selon toute probabilité, vous n'avez plus beaucoup d'heures à vivre, mais, bien sûr, il restera de l'espoir aussi longtemps que vous vivrez. »

« Il n'y a vraiment aucun espoir me concernant ? » fit-il encore, comme s'il était incapable de se résigner à son sort. Sir William sentit son cœur battre plus fort. « Il ne reste que très peu de vie en vous. En fait, votre cœur est comme déjà mort[18]. »

Mais Gull était loué pour son amabilité vis-à-vis de ses patients et, le 31 janvier 1890, une lettre signée « R.A. » fut publiée dans le *Times*, décrivant comment sir William avait traité un gentilhomme « manquant de santé et de fortune ». Gull lui administra un premier remède, qui manqua son but, puis le dispensa de régler la somme de 30 guinées. Il fut également amplement critiqué pour une autre facette de sa nature. Un jour, il dévoila ses traits inhumains d'une façon encore plus franche que pour Bravo. Ironiquement, cet épisode est raconté dans l'une des notices biographiques louangeuses qui parurent après sa mort : *In Memoriam. Sir William Gull*. Il porta assistance à un patient peu fortuné pour un problème cardiaque et, après le décès de cet homme, il fut extrêmement désireux d'en faire une autopsie.

---

18   Ceci a souvent été rapporté sous une version encore plus impitoyable : « En réalité, vous êtes déjà à moitié mort ».

L'autorisation lui fut donnée avec beaucoup de difficulté, et avec la condition que rien ne soit « soustrait ». Une sœur dévouée au défunt était présente au cours de l'examen afin de s'en assurer. Plutôt que de s'embarrasser de cette situation plus que délicate avec toute la délicatesse possible, Gull coupa délibérément le cœur du cadavre devant ses yeux, le mit dans sa poche et dit : « J'en appelle à votre honneur pour ne point me trahir ».

Ce faisant, il partit, avec le cœur du frère de cette femme interloquée dans sa poche, et le cadavre mutilé gisant devant elle sur la table de dissection...

Sans être excessivement influencé par le *Dr Jekyll et Mr Hyde* de Robert Louis Stevenson publié deux années avant les meurtres, il est juste de dire que la « double personnalité » a été reconnue par des psychiatres comme étant un état assez fréquent aujourd'hui appelé « schizophrénie ». La maladie est répandue chez ceux qui ont souffert d'une violente tension mentale et émotionnelle, bien qu'elle atteigne rarement les proportions macabres décrites par Stevenson. De temps à autre, cependant, un tel cas se produit, illustrant le fait que le caractère du médecin décrit par Lees n'est pas aussi incroyable que beaucoup pourraient le penser. En octobre 1974, un jeune marié fut incarcéré par un juge d'Old Bailey pour avoir violé une nourrice. La cour tint compte du fait que l'accusé était un homme marié de 24 ans, en apparence heureux et normal, mais qu'il pouvait « se transformer » en agresseur sexuel brutal. Son avocat expliqua au tribunal que hormis les attouchements qu'il avait commis sur cinq femmes il n'était d'aucune façon malveillant ou méchant. « Sauf lorsque sa pathologie reprend le dessus, c'est un jeune homme tout à fait normal. Ces faits sont presque totalement incontrôlables pour lui. » Il y a d'autres cas façon Jekyll et Hyde méritant d'être étudiés : celui d'Edward Paisnel, la célèbre « bête du Jersey », et, plus récemment, celui de Peter Cook, le violeur de Cambridge. Paisnel fut condamné à 30 ans de prison en 1971 pour 13 agressions sexuelles contre des enfants : portant un masque grotesque et un costume excentrique, il avait terrorisé l'île de Jersey 11 années durant, obsédé par la sorcellerie ainsi que les atrocités de Gilles de Rais, le premier Barbe bleue. Nonobstant la facette malfaisante de sa nature, Paisnel étant un homme gentil et généreux aimant les petits enfants…

Comme son comportement lors de l'autopsie dont nous avons parlé et l'épisode Bravo le suggèrent, Gull n'était pas un homme normal. Il pensait être gouverné par ses propres lois. Il démontrait régulièrement n'avoir que peu d'égards pour les sentiments d'autrui, et il n'hésitait guère à blesser. Il adaptait ses paroles à ses actes, car l'une de ses devises était : « La morale et la religion n'ont pas de base solide et véritable. »

On a écrit à son sujet : « De tous les maux, il considérait l'ignorance comme le pire. »

Cela donne une indication de la façon dont il pouvait regarder une domestique ignare, Mary Kelly, qui osa mettre ses frères maçons et lui-même en danger par sa langue bien pendue. En homme arrogant, il ne se courbait devant aucune autorité autre que celle de son esprit. Ainsi, une fois disposé à s'occuper de Kelly de la façon qu'il trouvait convenable, il n'aurait laissé aucun obstacle se dresser sur son chemin. Beaucoup pensaient que sa ressemblance frappante avec Napoléon dépassait la simple apparence. Il fut dit de lui :

> S'étant formé une opinion et étant déterminé à suivre une ligne de conduite, il s'exécutait sans hésiter, sans s'inquiéter des conséquences possibles. Il était inébranlable dans sa notion du bien et du mal, jamais influencé par les points de vue et les opinions des autres. Sa pénétration pour des vérités que des esprits inférieurs étaient incapables de percevoir et impuissants à saisir, et une longue expérience de ce que ses grandes capacités le plaçaient généralement

dans une meilleure relation avec les choses, développèrent en lui une confiance absolue en l'infaillibilité de son jugement personnel en certaines matières.

Les « attaques épileptiformes » de Gull mentionnées par Wilks et Bettany sont significatives ici. Celles-ci n'avaient rien à voir avec des AVC. Les attaques épileptiformes sont provoquées par une affection mentale et sont caractérisées par des crises au cours desquelles la victime s'écroule inconsciente et raide, et ses mâchoires se resserrent. À la suite de l'attaque, il peut y avoir une assez longue période de trouble où le malade a tendance à s'isoler et quelquefois à se montrer violent, un état qui résume exactement les symptômes éprouvés par le médecin dans le récit de Lees.

Mais un argument peut toujours être invoqué : si Lees avait véritablement conduit la police jusque chez sir William Gull, il devrait y avoir une trace de ces faits dans les archives secrètes. Mais nous avons déjà montré qu'une entreprise de dissimulation avait été menée. Tous les documents concernant Lees et Gull devraient donc avoir compté parmi les pièces maîtresses à détruire. C'est justement ce qui semble s'être passé. De tous les éléments contenus dans les archives confidentielles du Bureau de l'Intérieur et de Scotland Yard, seul un dossier est incomplet. C'est le dossier A49301 du Bureau de l'Intérieur, dans lequel il est précisé que 33 des 51 documents avaient été détruits ou étaient manquants lorsque le dossier fut archivé en 1893. N'est-ce qu'une coïncidence si c'est le dossier contenant les accusations contre des *médecins* et des policiers ?

Deux éléments rendent suspectes les circonstances entourant la mort de Gull, éléments qui deviennent compréhensibles une fois appliqués à un homme qui fut secrètement enfermé dans un asile alors que tout le monde croyait qu'il était mort. Ils font plus que montrer que le médecin des récits de Lees et Howard était Gull et ils confirment que tout ce qui est décrit dans ces histoires s'est réellement produit.

1. Dans ses dernières années, Gull fut suivi par trois médecins : le D$^r$ Hermann Weber, le D$^r$ Charles Hood et son gendre Theodore Dyke Acland. Tandis qu'il n'y a aucune loi interdisant un médecin de constater la mort d'un proche, il est généralement considéré préférable de s'en passer. C'est particulièrement vrai quand un patient est soigné par plusieurs médecins, où un seul a un lien de parenté avec lui, comme c'était le cas pour Gull. Une bonne pratique exige que le certificat de décès soit signé par un médecin non apparenté au défunt, parce qu'il pourrait être par la suite insinué que le patient n'était pas mort des causes alléguées par le praticien. Des proches sont jugés plus à même d'avoir une raison de falsifier un acte de décès. Dans le cas de sir William Gull, son certificat de décès fut paraphé, contrairement à l'usage, par son gendre. Les allégations selon lesquelles Gull n'était pas mort en 1890 mais placé dans un asile expliqueraient cette entorse singulière aux conventions.

2. Ce ne fut que fin 1888 – peu après le dernier meurtre de l'Éventreur – que Gull disparut réellement du devant de la scène. Cela contredit le mythe selon lequel il était trop souffrant pour participer à la vie de la société d'octobre 1887 jusque-là, et place son retrait de la vie sociale très près de la date à laquelle Lees conduisit la police jusqu'à Jack l'Éventreur. La raison donnée à sa disparition mondaine courant 1889 était généralement qu'il souffrit de nouveaux AVC cette année-là. C'était un mensonge. Son certificat de décès atteste de manière définitive qu'il ne fut atteint d'aucune attaque d'apoplexie, de quelque sorte que ce soit, entre sa première en 1887 et sa seconde deux jours avant sa mort. L'acte stipule comme cause du décès :

Hémorragie

Cérébrale
Hémiplégie
1<sup>re</sup> attaque 10 oct. 1887
2<sup>e</sup> 27 janv. 1890
Certifié par Theodore Dyke Acland

                  M.D.

 Les faits connus ne sont pas cohérents avec un homme brisé après 1887. Il resta actif plus d'une année. Puis, sans raison apparente (et certainement pas une maladie physique), il disparut de la société, et sa mort fut annoncée en janvier 1890. Mais les faits *concordent* avec un placement sous contrôle après le dernier meurtre de Whitechapel. Il aurait évidemment été trop dangereux d'annoncer le décès de Gull immédiatement après les assassinats. La coïncidence aurait été flagrante, et aurait été repérée – par exemple – par Stewart. Un laps de temps raisonnable devait permettre que moins de suspicion ne retombe sur Gull et, par suite, naturellement, sur ses frères maçons. Mais son retrait soudain du devant de la scène après l'assassinat de Kelly devait être expliqué. Il fut par conséquent déclaré qu'il avait souffert d'autres AVC, une affirmation que son certificat de décès stipule être sans aucun doute possible une pure invention.

 Le nom sous lequel le médecin fut déclaré fou dans l'histoire d'Howard – Thomas *Mason* – rappelle la tradition maçonnique selon laquelle, dans certaines circonstances, *un maçon meurt de sa plus grande réalisation*. Gull, disait Sickert, était dans son élément lorsqu'il neutralisait des perturbateurs en les faisant passer pour fous. Maintenant, nous avons une démonstration totalement indépendante de ce que ce fut le sort de Gull lui-même... Quel nom était, pour un franc-maçon déclaré fou, plus approprié que « Mason », un calembour horriblement cohérent avec l'humour évoqué dans les *Protocoles* maçonniques ?

Les preuves s'accumulent lentement. Le médecin décrit par Howard est indubitablement Gull. D'après les indices contenus dans l'histoire de Lees, nous pouvons voir que le docteur dont il parlait est, là encore, Gull. Que ces deux individus aient chacun de son côté dépeint des épisodes différents mais concordants d'un même drame renforce cette argumentation. Le fait que leurs deux récits concordent parfaitement avec des faits établis et les explications de Sickert – encore une fois tout à fait distinctes des autres – et que les détails concernant les derniers jours de Gull rapportés par le passé *ne sont pas* cohérents avec les faits avérés, telles les indications figurant sur son certificat de décès, donne beaucoup de poids aux charges pesant contre lui.

Pour obtenir une condamnation dans un tribunal britannique, l'accusation doit être prouvée au-delà de tout doute raisonnable. Cependant, le banc des accusés plus que surpeuplé du procès de Jack l'Éventreur requiert de façon plus réaliste des preuves sans équivoque. Dans notre cause intentée à sir William Gull, nous pouvons enfin nous approcher de cette certitude tant attendue. Il y a une preuve tout à fait indépendante de ce que l'histoire de Lees impliquant Gull était parfaitement exacte.

Elle se trouve dans les écrits d'un chirurgien célèbre et expert de l'Éventreur, le D$^r$ Thomas Stowell, commandeur de l'ordre de l'Empire britannique, docteur en médecine, sociétaire du Collège royal de médecine, etc. Stowell disait avoir reçu les confidences de Caroline, la fille de Gull :

> C'était la femme de Theodore Dyke Acland, docteur en médecine, membre du Collège royal de médecine, à un certain moment mon aimable supérieur. Je les connaissais tous deux intimement et profitais souvent de l'hospitalité de leur demeure de Bryanston Square, plusieurs années durant.

Que Stowell ne mentait pas est confirmé par le fait que dans son testament Dyke Acland demandait à ce que Stowell soit désigné comme administrateur et exécuteur, et il lui laissa un tableau préraphaélite de valeur. Stowell était clairement un ami proche de la fille de Gull et de son mari. Il continuait :

> L'histoire de M^me Acland était qu'au moment des meurtres de l'Éventreur sa mère, lady Gull, fut grandement ennuyée une nuit par une visite importune d'un officier de police, accompagné par un homme qui se disait médium. Elle fut irritée par leur toupet : un grand nombre de questions qui lui semblaient insolentes. Elle répondit à leurs questionnements par des réponses évasives telles que : « Je ne sais pas », « Je ne peux pas vous le dire », « Je crains de ne pouvoir répondre à cette question ».
>
> Ensuite, sir William en personne descendit et, en réponse aux questions, dit qu'il souffrait de temps à autre de « trous de mémoire depuis qu'il avait eu un léger AVC en 1887 » ; il avoua qu'une fois il avait retrouvé du sang sur sa chemise.

La ressemblance entre ce récit et celui raconté par Lees est troublante. Il ne fait aucun doute qu'un même événement est décrit. Certes, il *semble* y avoir une contradiction dans le fait que lady Gull réagit avec des réponses évasives et les aveux de la femme du médecin dans l'histoire de Lees de ce qu'elle ne pensait pas que son mari était sain d'esprit. Mais la première réaction de la femme dans la version de Lees doit avoir été exactement la même que celle de lady Gull dans le récit de Caroline Acland ; Lees décrivait l'« interrogatoire » de l'épouse du médecin, mais aucun interrogatoire poussé n'aurait été nécessaire si elle avait d'emblée voulu répondre aux questions. Il est également évident que l'explication de Caroline Acland ne raconte pas toute l'histoire. Pourquoi lady Gull fit-elle des réponses *évasives* ? Si les questions du médium et de l'inspecteur avait été si impertinentes, elle les aurait sûrement simplement mis dehors. Si lady Gull était évasive, cela signifie qu'elle ne désirait en aucune façon s'engager sur la participation présumée de son époux aux assassinats. S'il avait été totalement innocent, elle aurait été tout sauf évasive.

Caroline Acland ne savait manifestement rien de plus que ce qu'elle raconta à Stowell. Elle ignorait que son histoire était un peu plus qu'une historiette intéressante au sujet de deux visiteurs ridicules reçus par ses parents à l'époque des meurtres de Jack l'Éventreur. Elle aimait profondément son père, et appela même son fils Theodore William Gull Acland, de sorte qu'insinuer que Gull était l'Éventreur aurait été la dernière chose qu'elle aurait souhaité.

Le plus étonnant dans l'article de Stowell, c'est qu'il essayait apparemment de montrer que l'Éventreur était Eddy, le duc de Clarence. Il citait l'histoire de Caroline Acland pour soutenir sa théorie selon laquelle Gull eut du sang sur sa chemise après avoir médicalement examiné Eddy à l'issue d'un des meurtres. Stowell étudia de nombreuses années l'affaire Jack l'Éventreur avant de publier ses conclusions dans The Criminologist en 1970. Bien qu'il ne nommât jamais son suspect, si ce n'est par la lettre « S », il est généralement accepté qu'il voulait que ses lecteurs pensent qu'il accusait le prince sans vraiment le dire. Interrogé à la télévision, il fut inflexible dans son refus d'affirmer concrètement que son suspect était Eddy. Pourquoi ? Ayant répandu une pléthore d'indices pointant dans la direction d'Eddy, il n'y avait aucune raison pour lui de refuser de s'engager – sauf si, en réalité, il ne soupçonnait pas du tout Eddy ! Encore plus intéressant était le fait que le 9 novembre 1970, pour le 82$^e$ anniversaire du meurtre de Mary Kelly, une lettre de Stowell parut dans le *Times*, où il niait avoir dit ou même pensé qu'Eddy était l'Éventreur. L'écriture de cette lettre curieuse et inexpliquée doit sans doute avoir été le dernier geste de Stowell, car une brève dépêche annonçait, dans le *Times* du lendemain, la mort du D$^r$ Thomas Stowell *le 9 novembre*.

D'après son fils le D^r Thomas Eldon Stowell, les documents et notes que le vieil homme avait accumulés au cours de toute une vie à étudier les meurtres de Whitechapel furent détruits, sans avoir été lus, dès sa disparition.

La dernière déclaration catégorique du vieux Stowell, selon laquelle il n'avait jamais *pensé* qu'Eddy était l'Éventreur, prend une signification nouvelle à la lumière d'un autre passage de son article : « Il fut dit qu'en plus d'une occasion sir William Gull a été aperçu dans le quartier de Whitechapel la nuit d'un meurtre. » Ce qui pointe directement le doigt sur Gull, mais Stowell prétend expliquer ce fait par une hypothèse bien mince : « Je ne serais guère surpris qu'il fût là dans le but de certifier la folie du meurtrier » (!).

Dans le même article, il révélait que les rumeurs contemporaines des meurtres disaient positivement que Gull était l'Éventreur. Soigneusement lu, tout l'article de Stowell est manifestement pensé pour donner *l'impression* qu'Eddy était son suspect. Mais les seules preuves qu'il donnait pointaient du doigt Gull !

Comme les archives du vieux Stowell furent inexplicablement détruites, nous ne savons guère où il découvrit ses indices incriminant sir William Gull. Il est peu plausible de soutenir que Stowell inventa ces preuves, parce que s'il faisait dans le roman il aurait été beaucoup plus susceptible d'inventer des éléments de preuve pour étayer ses charges contre « S ».

Il semble n'y avoir qu'un seul indice quant à la cause du comportement si étrange de Stowell après sa découverte de charges contre Gull. On le trouve dans son testament :

> Je lègue mon vêtement de grande loge maçonnique à la loge de Chelsea [...] mon habit du chapitre général et mon bijou de P.Z. au chapitre de Chelsea [...] et le reste de mes livres et biens maçonniques à la loge Cornubia n° 450.

« P.Z. » signifie que Stowell était un Prince Zorobabel, le principal franc-maçon au sein d'un groupe d'initiés ayant passé l'Arche royale. La fonction essentielle d'un Prince Zorobabel est d'accomplir le dernier rite de la cérémonie clôturant un chapitre d'arche royale. Ce faisant, les mots que Stowell aura psalmodiés pourraient bien s'appliquer à son désir de taire la vérité au sujet de la complicité de Gull dans les meurtres de Whitechapel :

> Compagnons, il ne nous reste rien à faire si ce n'est, conformément à l'antique tradition, d'enfermer nos secrets en toute sécurité, nous unissant dans un acte de Fidélité, Fidélité, Fidélité, Fidélité.

Pour le secret maçonnique découvert par Stowell, y avait-il plus grande sécurité que celle de le dissimuler sous une accusation voilée du prince Eddy ?

Il est aujourd'hui difficile de dire ce qui a vraiment motivé Stowell dans l'écriture de son article. Bien qu'il semblât vouloir que tout le monde pense qu'Eddy était le tueur, il ressort du contenu de son étude et de sa mauvaise excuse quant à la présence de Gull à Whitechapel qu'il pouvait en réalité avoir voulu incriminer *Gull* sans prendre la responsabilité de l'accuser directement. À sa manière, mystérieuse et singulière, Stowell établit de nouveaux indices accusant Gull. Le premier élément signalait que Gull n'était pas mort au moment où il est censé l'être, ce qui soutient encore les trois déclarations indépendantes selon lesquelles Gull était le médecin envoyé à l'asile sous un nom d'emprunt. Stowell dit à Colin Wilson qu'il avait trouvé dans les documents privés de Gull l'indication de ce que « S » n'était pas décédé d'une pneumonie selon ce qui était rapporté de lui pour 1892, mais de la syphilis. C'est proprement remarquable, car Gull est supposé être mort deux années plus tôt, en 1890, auquel cas il n'aurait pas su grand-chose sur le décès de « S » ! Cette étrange déclaration de

Stowell ne serait-elle pas une autre accusation sibylline de Gull, expliquant selon sa méthode bien à lui que « sir William n'était pas mort en 1890 » ?

Une étude approfondie de l'attitude curieuse de Stowell inaugure une autre possibilité encore. Son article pourrait avoir été conçu, non pas pour *étouffer* la culpabilité de Gull, mais pour la *révéler* d'une façon telle qu'il ne pouvait pas en être tenu pour responsable par ses supérieurs maçonniques.

Dans une entrevue postérieure à la publication de son article, Stowell expliquait qu'il ne voulait pas nommer son suspect parce qu'il ne souhaitait point embarrasser la famille du coupable, à laquelle il devait tant. Stowell n'avait aucune relation avec la famille royale et ne leur *devait* sans doute rien. Mais il était très lié à la famille de sir William Gull, en la personne de Caroline Acland et de son mari. Un autre élément soutenant l'idée qu'il pointait son doigt timide vers Gull est l'assertion suivante, empruntée à son analyse :

> Pour étayer cette fantaisie [que le meurtrier était un homme de médecine], il n'était guère anormal pour les semeurs de rumeurs de désigner l'un des membres les plus renommés de la profession à cette époque – et peut-être de tous les temps –, sir William Gull, baronnet, docteur en médecine, membre du Collège royal des médecins ainsi que de la Royal Society.

Michael Harrison réagit ainsi à cette allégation énigmatique :

> Au contraire, on pourrait penser que de s'en prendre à l'un des médecins les plus illustres de son temps aurait été la chose la plus insensée qui soit.

Cette analyse est exacte, mais elle ne va pas assez loin. Une étude exhaustive de l'affaire Jack l'Éventreur ne met au jour aucune rumeur de ce genre. Jusqu'en août 1973, soit trois années après l'article de Stowell, Gull n'avait pas été publiquement dénoncé comme étant l'Éventreur. Depuis, seul Sickert l'a fait. Qu'est-ce que Stowell voulait-il donc dire ? En ayant vécu une avalanche de discussions et de spéculations concernant l'Éventreur depuis 1970, il est maintenant difficile de reconstituer l'état d'esprit des lecteurs au moment où Stowell fit paraître sa dissertation accusant « S ». En novembre 1970, aucune allusion n'avait jamais été faite au prince Eddy ou à Gull en lien avec les meurtres de l'Éventreur. Peu de quidams avaient ne serait-ce qu'entendu parler d'eux. Stowell fit ensuite cette déclaration, complètement fausse : « il n'était guère anormal pour les semeurs de rumeurs de désigner [...] sir William Gull ».

La conclusion inéluctable est que Stowell, en faisant une déclaration délibérément fausse au sujet d'un homme qui n'avait jamais été publiquement évoqué dans l'affaire, accusait en fait cet individu. La dénonciation de Gull n'était voilée dans la soi-disant focalisation de Stowell sur Eddy que pour dérouter les supérieurs maçons de Stowell. Mais quiconque a une connaissance étendue de l'affaire Jack l'Éventreur pouvait se rendre compte qu'il accusait sir William Gull.

Un résumé de notre démonstration jusqu'ici montre que sir William Gull était un franc-maçon influent, qu'il souffrait d'attaques mentales pendant lesquelles il se serait comporté de façon étrange et même violente ; que bien des mensonges ont été forgés autour de sa mort pour lui donner une apparence naturelle ; qu'il était lui-même un homme imprévisible et fantasque ; qu'il fut aperçu à Whitechapel les nuits des meurtres ; et que, selon ses propres aveux, il s'était réveillé chez lui en trouvant du sang sur ses affaires.

Il fut désigné comme étant Jack l'Éventreur par Walter Sickert, le D$^r$ Benjamin Howard, William Stewart, Robert James Lees, le D$^r$ Thomas Stowell et même sa fille Caroline.

Sir William Gull avait un rapport personnel avec les prostituées de l'East End. Le *Dictionary of National Biography*, dans l'entrée consacrée à Gull, laisse ce commentaire en passant : « Il était un intime de James Hinton ». Cette déclaration inoffensive cache des faits qui sont essentiels une fois envisagés à la lumière de l'accusation de Sickert contre Gull. Ce dernier était plus qu'un bon ami d'Hinton. Jusqu'à la mort d'Hinton en 1875, il fut toute sa vie son meilleur ami. Ils étaient si proches qu'en 1878 ce fut Gull qui fut choisi pour écrire l'introduction de la biographie et de la correspondance d'Hinton. Dans cette préface, il disait : « Cela fait maintenant 20 ans que nos relations ont commencé. Des vues communes sur des sujets importants d'ordre humain nous rapprochaient beaucoup. »

Il est intéressant que Gull choisit pour meilleur ami et confident un obsédé des *prostituées de Whitechapel*. Son obsession se manifesta en 1839-1840 quand il travaillait comme vendeur chez un grossiste de draps en laine au cœur de Whitechapel. Cette expérience, écrivait son biographe Ellice Hopkins, « vint s'enfoncer dans son jeune cœur avec une force toute cruelle, et l'avilissement des femmes le posséda comme un désespoir métaphysique ». Toute sa vie, continuait Hopkins, Hinton fut « complètement dingue » de la prostitution.

En 1855, il était un compagnon habituel de Gull et ils se voyaient chaque matin, « musardant, plongés dans leur discussion, à travers les rues presque désertes de Londres ». À cette époque, Gull était médecin adjoint au Guy's Hospital, juste à côté du pont de Londres sur la rive méridionale de la Tamise, en un lieu permettant de se rendre à East End à pied. Serait-il possible qu'Hinton, avec son obsession dévorante pour Whitechapel et ses créatures avilies, employa certains moments de ces promenades matinales pour partager avec son ami des « sujets importants d'ordre humain » ? Il aurait emmené Gull dans les mêmes ruelles que les prostituées arpentaient soûles dans la pénombre – celles-là mêmes où Jack l'Éventreur devait éliminer de misérables femmes de ce genre en 1888. Car, quelques années avant de déménager vers Brook Street, Gull avait un cabinet au 8 Finsbury Square, à la limite du centre de Londres et de l'East End. Il connaissait intimement le territoire de chasse de l'Éventreur et, selon toute probabilité, il avait été doté de connaissances personnelles et extrêmement passionnées quant à la vie et au caractère des prostituées de Whitechapel.

Il est impossible de dire à quel point Gull pouvait être concerné par l'obsession d'Hinton. Même si sa raison de créer Jack l'Éventreur était maçonnique, il y avait peut-être aussi, dans son esprit déséquilibré, un élément ressemblant à ce qui fut décrit dans le *Times* comme « un fanatique ayant l'orgueil d'avoir reçu d'en haut la mission d'extirper le vice au moyen de l'assassinat ».

Nous ne le saurons jamais.

*La tombe de Gull à Thorpe-le-Soken*

En mars 1974, j'ai visité le cimetière paroissial de Gull à Thorpe-le-Soken, dans l'Essex. Il est censé partager sa sépulture avec sa femme. Par coïncidence, sa pierre tombale porte la même inscription que le mur du Working Lads' Institute à Whitechapel où eurent lieu les deux premières enquêtes sur l'Éventreur : « Et ce que l'Éternel demande de toi, c'est que tu pratiques la justice, que tu aimes la miséricorde, et que tu marches humblement avec ton Dieu ». C'était la référence biblique favorite de Gull. La sépulture me fut montrée par un aimable bedeau, un serviteur de l'Église âgé de 66 ans : M. Downes. Avant lui, son père avait été bedeau au même endroit, et il se souvenait de son père lui disant que quand il était petit il avait marché 30 kilomètres depuis leur maison de Clacton avec une foule de villageois endeuillés pour assister aux obsèques de Gull.

Les observations de Downes, tandis que nous regardions le tombeau, rappelaient l'histoire du D$^r$ Howard disant que le médecin célèbre se cachant derrière Jack l'Éventreur avait été enfermé dans un asile tandis que l'on mit en scène une mort factice et des funérailles fictives. Downes n'avait aucune idée de pourquoi je m'intéressais à Gull, de sorte que je fus stupéfait lorsqu'il dit : « C'est une grande tombe, d'environ trois mètres et demi sur trois, trop grande pour deux personnes. Certains disent qu'il y a plus de deux personnes enterrées là. Cette tombe est assez large pour *trois*. »

Il resta silencieux un moment, puis il dit, pensif : « Les fosses d'inhumation pour deux ne sont normalement pas aussi larges. »

Ensuite, plaisantant à moitié, il rêvassa : « Bien sûr, il est *possible* que quelqu'un d'autre soit enterré ici, mais sans que l'on sache qui. »

J'insistais pour avoir plus d'information, mais il changea rapidement de sujet, non parce qu'il semblait savoir quelque chose de macabre, mais parce qu'il tenait Gull en grande estime. Gull est la seule célébrité que puisse revendiquer Thorpe-le-Soken, et Downes ne voulait pas ne serait-ce que considérer sérieusement la possibilité que quelque chose de « pas très normal » ait pu se produire. Mais même s'il ne savait rien de glauque quant à la sépulture, ni du lien entre William Gull et l'Éventreur, ses confidences étaient celles d'un honnête homme confronté à un phénomène étrange – une tombe pour deux personnes assez grande pour trois.

Tout indique que Gull était le docteur évoqué par Howard et Lees, et qu'il fut interné dans un asile sous le nom de Mason. Parallèlement, de fausses obsèques furent organisées et un cercueil rempli de pierres placé dans sa tombe. Mais qu'arriva-t-il quand Gull mourut pour de vrai ? Soit il fut inhumé quelque part sous le nom de Mason, soit justice fut rendue et il fut secrètement enterré dans son caveau légitime, prenant la troisième place de la tombe.

À la fin de sa vie, sir James Paget – un franc-maçon de plus – fut le compagnon et l'ami le plus intime de Gull. Paget était le chirurgien en second de la reine Victoria. Rappelons qu'en examinant l'opération entreprise pour étouffer l'épisode Annie Elizabeth Crook-prince Eddy, il était difficile de comprendre comment – après son incarcération – Annie fut déplacée d'hospice en hospice sans la moindre procédure ou formalité administrative normale. L'explication en est la présence commode, dans l'office des tuteurs s'occupant d'Annie Elizabeth, d'un certain révérend Henry Luke Paget. Le révérend Paget était l'un des membres élus de l'office des tuteurs de St Pancras – duquel Annie Elizabeth dépendait pour la première moitié de ses 31 années dans des institutions. Parmi les tuteurs, un seul pouvait s'être arrangé pour qu'Annie Elizabeth soit déplacée de telle sorte que l'on puisse déroger aux règles. Paget était vicaire, puis doyen à la campagne, de St Pancras, puis il devint évêque suffragant d'Ipswich (1906), évêque suffragant de Stepney (1909), et évêque de Chester de 1919 à 1932. Surtout, c'était le fils de sir James Paget, le grand ami de Gull. À en juger par les antécédents de sa famille, et à l'exemple des membres les plus éminents de la hiérarchie ecclésiastique anglaise de l'époque, il est presque certain qu'il était franc-maçon, bien que la Grande Loge ait refusé de m'autoriser à accéder à ses archives pour vérifier cette hypothèse et d'autres.

\*\*\*

*Deux éléments importants furent soulevés dans les mois suivant la remise de ce livre à l'éditeur. Comme le manuscrit définitif était déjà entre les mains de l'imprimeur, il était impossible d'effectuer des changements dans le corps du texte, de sorte que notre nouvelle preuve a été insérée ici, à la fin du chapitre concerné, à l'étape des relectures.*

*En 1975, Richard Whittington-Egan a découvert dans une librairie de Londres une lettre manuscrite du D$^r$ Benjamin Howard, dont le témoignage s'est révélé étayer l'histoire de Sickert. La lettre, reproduite dans* A Casebook on Jack the Ripper *par Whittington-Egan, était adressée au journal* The People *qui avait publié un article inspiré du récit du* Sunday Times-Herald *de Chicago. Dans sa missive, Howard niait avoir connaissance du témoignage qui lui était attribué, et il démentait même avoir été en Amérique au moment où ses révélations étaient censées avoir été faites. Whittington-Egan conclut que ce démenti élimine la version prêtée à Howard.*

*Au contraire, le D$^r$ Howard aurait difficilement reconnu avoir été éméché et rompu le serment solennel le tenant au secret au sujet des procédures d'une commission médicale maçonnique. Je trouve* *parfaitement possible qu'Howard ait très vigoureusement nié cette trahison des secrets maçonnique. Et, si Whittington-Egan doit être sincèrement félicité pour avoir retrouvé cette lettre, son existence n'est en aucun cas surprenante.*

*Le second point, peut-être une coïncidence mais néanmoins digne de mention, pourrait donner l'identité de l'inspecteur de police que Lees conduisit jusqu'à l'Éventreur. Les origines familiales de Lees se trouvaient à Bournemouth. En prenant sa retraite, l'inspecteur Abberline s'installa à Bournemouth. C'est en soi à peine étonnant : Bournemouth était, et continue d'être, une ville prisée pour ceux qui désirent une retraite confortable. Ce qui est intéressant, c'est qu'Abberline mourut en 1928, en ayant désigné pour exécuteur un certain Nelson Edwin Lees. Je n'ai guère pu établir si Nelson Edwin Lees avait un lien avec le médium Lees. Si c'était le cas, et cela semble être une forte probabilité en ayant en tête la coïncidence du lieu et la rareté relative du nom, l'argumentation en faveur de l'histoire de Lees en est renforcée.*

# Chapitre XII

## *L'abominable cocher*

John Netley, le deuxième membre du trio de l'Éventreur selon Sickert, est un homme sans visage. C'est le seul personnage nommé par Sickert à être vraiment peu connu. En tant que tel, il constitue l'un des meilleurs éléments de preuve de la véracité de l'histoire. Jusqu'ici, l'examen de tout le récit de Sickert s'est avéré le montrer exact. Si le vieux peintre avait menti quant aux personnes impliquées dans les tueries, le point le plus faible de son histoire aurait certainement été John Netley, la figure mystérieuse dont aucun « jackologue » n'avait entendu parlé auparavant.

Rappelons la description faite de Netley par Sickert, et son rôle dans l'affaire.

Ce jeune homme fut très tôt impliqué dans l'affaire : il prenait Eddy en un lieu prédéfini et le conduisait vers ses rencontres secrètes avec Sickert et Annie Elizabeth à Cleveland Street. Netley ne faisait pas partie de la domesticité officielle du palais, mais possédait sa propre voiture. Sickert n'expliqua pas comment il avait rencontré Eddy au tout début. À leur point de rencontre, Eddy descendait du carrosse royal et montait dans le véhicule de Netley afin de dérouter tous les serviteurs princiers qui pouvaient avoir eu l'ordre de garder un œil sur son attelage.

Lorsque Gull et ses frères maçons extrémistes organisèrent l'élimination des prostituées les menaçant par le chantage, Netley fut invité à prendre part à l'opération. D'après Sickert, la contrainte ne fut pas nécessaire. Sickert pensait ne pas être loin de la vérité en disant que comme Netley était un homme petit – un fait auquel il était très sensible –, il aurait fait n'importe quoi pour alimenter son *ego* et atteindre un état où il se sentirait, non pas égal aux autres hommes, mais supérieur. Il était disposé à participer à n'importe quel projet, y compris détestable, pour parvenir à ses fins. Il était épouvantablement ambitieux et, bien qu'il fût un coureur de jupons irréductible, il fut dit qu'il avait pris part à des activités homosexuelles avec des invertis fortunés pour l'aider à atteindre d'une façon ou d'une autre, comme il l'imaginait, les sommets. Quel sommet ? Sickert ne s'y intéressait guère. Il ne savait pas si Netley était maçon, mais, qu'il le fût ou non, il était prêt à tout s'il pouvait aider cette société secrète dans son propre intérêt. Sickert ne cessait de s'étonner que Netley fût assez insensible au fait qu'il était méprisé par ceux qui l'utilisaient pour servir *leurs* fins.

Il fut enrôlé par les tueurs, tout d'abord parce qu'il était déjà impliqué dans l'affaire, et ensuite parce qu'il connaissait Cleveland Street et ses habitants. Il serait très précieux, pensèrent-ils, pour mener à bien de premières enquêtes discrètes dans le voisinage après la disparition de Kelly. Enfin, c'était un homme de la classe ouvrière, et il serait efficace et à peine visible en faisant ses recherches, à l'aide d'un portrait de Kelly, à East End.

Pendant les meurtres, Netley véhiculait ses complices à travers East End, dans sa voiture. Tandis qu'il conduisait, les deux assassins maçonniques accomplissaient leur œuvre abjecte dans l'obscurité relative du véhicule. Ensuite, Netley plaçait les corps des victimes là où ils furent découverts. C'est vrai pour Nichols, Chapman et Eddowes ;

Kelly fut assassinée dans sa chambre et Stride tuée à l'endroit où son cadavre fut retrouvé.

Walter Sickert était incertain quant à ce qu'il advint de Netley après les meurtres. Tout ce qu'il savait, c'est que cet abominable cocher nourrit en quelque sorte l'idée que vendre son corps à des homosexuels aisés n'était plus la meilleure voie menant au pouvoir. Peut-être parce qu'il avait pu jeter un coup d'œil sur les activités de la maçonnerie, il souhaitait dorénavant se lier avec des francs-maçons influents, plutôt qu'avec leurs marionnettes de l'aristocratie. Il parvint à ses fins, et il échangea son allégeance pour Eddy contre celle de la franc-maçonnerie sans le moindre scrupule, dans la continuité de son attitude au cours des tueries. Cette créature dévoyée et répugnante, dont le principal attribut était son complexe d'infériorité, entreprit une traque solitaire contre Alice Margaret, la fille d'Eddy et Annie Elizabeth. Au plus fort des assassinats de l'Éventreur, Sickert disait que la fillette fut renversée par la voiture de Netley à Fleet Street ou sur le Strand. Elle faillit y passer, mais, après plusieurs mois à l'hôpital (St Bartholomew), elle se rétablit.

Cet accident se répéta en février 1892. Cette fois-ci, Netley fonça avec son attelage sur Drury Lane, exactement quand Alice Margaret traversait la chaussée avec un parent plus âgé qui put l'aider à en réchapper. L'enfant ne fut pas très gravement blessée à cette occasion, parce qu'elle était sortie de la trajectoire des roues lorsque le rebord de la voiture la faucha. Elle fut emmenée inconsciente à l'hôpital, mais elle en ressortit au bout d'un jour, ayant été soignée pour une commotion. La femme qui l'avait accompagnée décrivit par la suite le conducteur du fourgon à Sickert. Il comprit aussitôt que c'était Netley. Ce fut avec une satisfaction sardonique qu'il raconta à son fils qu'après avoir renversé Alice Margaret dans ces circonstances la voiture fila contre une pierre de bordure et une roue en fut endommagée. Incapable de remettre son engin en mouvement, et prêt à tout pour ne pas être arrêté, Netley fut aperçu en train de sauter de la cabine et, dans la confusion qu'il avait provoquée, il traversa la foule et s'enfuit vers le pont de Westminster, plusieurs passants le poursuivant. En dépit de sa petite taille, Netley fut des plus rapides, et il sema ses poursuivants bien avant d'atteindre la Tamise. Sickert apprit plus tard que, pour quelque raison inconnue, Netley se jeta dans la rivière depuis la jetée de Westminster et se noya. Telle fut la fin de Netley, racontait le vieux peintre, et le dernier chapitre du mystère Jack l'Éventreur était clos.

Il fut difficile de faire des recherches sur Netley. Pour commencer, il n'y avait aucune preuve de ce qu'il ait jamais existé.

Après six semaines de recherches, Karen de Groot découvrit l'acte de naissance de Netley. Il est né en mai 1860 à Kensington, et baptisé John Charles Netley. Le certificat indiquait qu'il était le fils d'un conducteur d'omnibus, ce qui rendait pour le moins probable qu'il devînt quelque chose de semblable. C'était un temps où suivre les pas de son père était plus courant qu'aujourd'hui.

Même si un homme peut n'avoir rien fait de toute son existence, une chose est pratiquement certaine : il doit laisser une trace de sa naissance et une de sa mort. John Netley a sans aucun doute existé. Maintenant, il était temps d'examiner l'élément le plus concret du récit de Sickert concernant Netley : son suicide supposé dans la Tamise en février 1892.

Mais, d'après les archives de Somerset House, aucun John Netley ne mourut en 1892 ; et une telle mort – ce fut démontré par la suite – n'eut point lieu en 1891 ou 1893. La police de la Tamise n'a enregistré aucun suicide pour tout le mois de février 1892.

Il n'y avait rien qui ressemblât à une explication, jusqu'à ce que Karen de Groot trouve ce compte rendu succinct dans *The Observer* du 7 février 1892 :

> Hier, peu avant une heure, tentative de suicide depuis la jetée de Westminster. Un jeune homme bien habillé enleva ses bottes et son manteau, les cacha sous un siège dans une salle d'attente, se jeta dans l'eau et dériva de quelques mètres. Secouru par M. Douglas, capitaine, il lutta contre. Conduit à l'hôpital de Westminster, il donna le nom de *Nickley*, mais il refusa de laisser son adresse.

Cet épisode s'accorde si bien avec les dires de Sickert qu'il semble être plus qu'une coïncidence. La tentative de suicide rapportée dans *The Observer* eut lieu au même endroit et le mois exact où Sickert déclarait que Netley avait sauté dans la Tamise. Certes, l'homme secouru par le capitaine donna pour nom Nickley et non Netley. Mais, en dehors de la similarité évidente entre les deux noms, il y aussi le fait que le nom *Nickley* était fictif. Aucune personne du nom de Nickley n'était en vie à ce moment – pas quelqu'un, certainement, qui pût être décrit comme étant un jeune homme. En supposant que le « jeune homme bien habillé » de l'article de l'*Observer* avait entre 14 et 35 ans, j'ai vérifié les 84 registres des naissances de Somerset House couvrant tous les mois compris entre 1857 et 1878, mais aucun Nickley n'était né au cours de la période. Les archives sautent presque invariablement de Nickless à Nicklin. Le nom *Nickley* n'apparaît même pas dans le *Dictionary of British Surnames*. L'attitude étrange du jeune homme donnant ce nom d'emprunt (si semblable à Netley) et refusant de donner son adresse, était cohérente avec le fait d'avoir quelque chose à cacher, comme c'était plus que certain pour Netley. La tentative de suicide de « Nickley » correspond honnêtement au suicide allégué de Netley ; la conclusion de ce qu'il ne s'agit que d'un seul et même acte est irrésistible. Que Sickert ait cru que Netley se soit noyé est compréhensible : cette partie de l'histoire repose évidemment sur ce que quelqu'un d'autre lui avait raconté. Les documents de l'hôpital de Westminster, où fut emmené « Nickley », ont été perdus, de sorte qu'il est impossible de confirmer l'épisode autrement que par le billet de The Observer.

Il y avait encore bien du chemin à parcourir. Nous n'avons pas encore établi que Netley était chauffeur de taxi ou qu'il avait quelque chose à voir avec Cleveland Street et les meurtres de Whitechapel ; les deux atteintes à la vie d'Alice Margaret sont également non encore prouvées ; et si Netley n'est pas mort dans la Tamise en 1892, quand est-il décédé ?

Il semble n'exister aucune trace des deux attentats contre l'enfant. Les archives de la police et des hôpitaux – telles qu'elles avaient survécu à deux guerres – furent inutiles. Il parut longtemps impossible de vérifier l'histoire des deux accidents, jusqu'à ce qu'un exemplaire des *Illustrated Police News* du samedi 6 octobre 1888 vienne nous porter secours. Rappelons que Sickert soutenait que la première atteinte à la vie d'Alice Margaret eut lieu à Fleet Street ou au Strand, au plus fort des meurtres de l'Éventreur. Le rapport disait :

> Peu après 16 h lundi après-midi [deux jours après le « double meurtre »], une petite fille fut renversée par un fiacre à Fleet Street, en face de l'hôtel Anderton. L'enfant fut placée dans une voiture et transportée vers le St Bartholomew's Hospital sans connaissance, une roue étant passée sur son corps. Compte tenu de la gravité des blessures, la jeune victime n'est guère susceptible de s'en remettre.

Une fois encore, bien qu'aucun nom ne soit donné, l'histoire concorde trop bien avec la version des faits de Sickert pour n'être qu'une coïncidence. Le moment et le lieu de l'accident sont rigoureusement justes. Sickert affirmait qu'Alice Margaret faillit succomber de cette collision. Cela est confirmé par la note. Enfin, il dit qu'elle fut emmenée au St Bartholomew's Hospital, exactement comme l'enfant de l'article.

Nos lacunes commencent à disparaître, mais toujours est-il que nous n'avons aucun indice de ce qu'il arriva à Netley après sa sortie d'hôpital faisant suite à sa tentative de suicide en 1892.

Ici, il est intéressant de rappeler le contenu des lois maçonniques décrites dans notre chap. X. Les *Protocoles* stipulent qu'un franc-maçon doit, dans certaines circonstances, mourir de sa plus grande réalisation. Nous avons montré que sir William Gull, dans son élément lorsqu'il s'agissait pour le compte des maçons de faire passer pour fous des trublions, fut lui-même traité de la sorte et interné sous le nom de Thomas *Mason*.

Comme par miracle, dans ses recherches, Karen de Groot découvrit que, lorsque Netley mourut, ce fut dans un « accident » tel que lui aussi semble finalement avoir été victime de ceux qu'il désirait désespérément servir. Car Netley, dont les principales réalisations au nom de la maçonnerie furent de promener les tueurs maçonniques dans sa voiture, puis d'utiliser cette dernière dans des tentatives infructueuses d'éliminer Alice Margaret, *mourut sous les roues de son propre véhicule*. L'« accident » ne se produisit pas avant 1903 : il semble toutefois qu'un événement analogue advint vers 1897, mais il s'en remit. L'élément étonnant de cette histoire est le lieu du décès de Netley. L'idée improbable d'un homme succombant sous les roues de *sa propre voiture* est déjà difficile à admettre. Mais lorsque nous apprenons qu'il trépassa à *Clarence* Gate (Regent's Park), le souvenir de l'humour maçonnique tordu qui caractérisa la neutralisation de Gull ne peut être chassé de notre esprit.

Le récit du décès de Netley fut publié dans deux journaux locaux. Le *Marylebone Mercury and West London Gazette* du 26 septembre 1903 rapportait :

> COLLISION FATALE AU PARC
>
> Une enquête fut entreprise par le coroner Danford Thomas mercredi après-midi autour du corps de John Netley, âgé de 43 ans.
>
> Preuve fut faite que le défunt était un employé de MM. Thompson et McKay, voituriers de la Great Central Railway Company. Dimanche après-midi, il était en train de conduire une de leurs fourgonnettes à deux chevaux le long de Park Road (Regent's Park), quand l'une des roues de l'attelage heurta une pierre : il fut projeté sur le sol depuis son siège. Tandis que le défunt gisait par terre, l'un des chevaux lui donna un coup sur la tête et une roue lui passa sur le corps. Il n'avait pas de cravache autour de lui.
>
> Le D$^r$ Norris, du 25 Park Road, dit avoir été appelé et vu le défunt étendu mort sur la chaussée près de Clarence Gate. Il avait des blessures graves à la tête. Le décès, dû à la fracture du crâne, fut instantané. Le jury retint le verdict de la mort accidentelle.

Le *Marylebone Times* de la veille citait le père de Netley disant que son fils était environ six ans plus tôt tombé d'un véhicule, mais qu'il s'était entièrement remis des conséquences de son accident.

Que Sickert ait eu vent d'une version fausse quant à la mort de Netley est un soutien accru au fait qu'il disait la vérité. Si Sickert était un farceur ayant créé une histoire sensationnelle pour rester dans les annales (pas vraiment nécessaire pour un homme considéré comme le plus grand peintre anglais depuis Turner), alors il aurait été pressé de donner des détails justes, et il aurait certainement utilisé cette mort à Clarence Gate pour « vendre » son récit.

La vérité au sujet de Jack l'Éventreur a déjà été tellement obscurcie par des spéculations absurdes qu'il est dangereux de s'éloigner des faits certains. Mais il y a dans nos données d'inévitables lacunes, désormais repérables. Par exemple, seule une spéculation avertie peut aider à expliquer la mort de Netley. Si celle-ci était effectivement maçonnique, pourquoi ses maîtres de jadis auraient-ils voulu se débarrasser de lui ? La réponse doit sûrement se trouver dans les tentatives répétées de Netley de se gagner la faveur des maçons par des coups d'éclat tels que ses atteintes à la vie de la jeune Alice Margaret. Son « aide », outre sa participation aux péripéties de l'Éventreur, ne fut pas sollicitée et aura sans doute scandalisé les hiérarques maçonniques au nom desquels il imaginait, à tort, agir. Le fait qu'il n'était en 1903 rien de plus qu'un cocher semble indiquer que sa fortune avait subi un revers. Commit-il lui aussi l'erreur terrible d'essayer de faire chanter les maçons avec ses connaissances sur les meurtres de l'Éventreur ?

## Chapitre XIII

## *Votre serviteur, Jack l'Éventreur*

*« Je ne suis pas un boucher,
Je ne suis pas un Juif,
Ni même un marin étranger,
Mais je suis votre joyeux ami,
Votre serviteur, Jack l'Éventreur. »*

« Cette strophe étrange », ainsi décrite par sir Melville Macnaghten, est l'une des communications les plus savoureuses reçues à Scotland Yard pendant le règne de terreur de l'Éventreur. À ce stade, il est important de porter un regard impartial sur ce fatras de correspondances adressées à la police et à la presse depuis les quatre coins du globe. On a estimé que Scotland Yard recevait près d'un millier de lettres par semaine au plus fort des meurtres. La plupart venaient d'individus donnant des conseils quant à la façon d'attraper l'Éventreur. Des centaines d'autres provenaient d'excentriques au sens de l'humour pervers, envoyant de courtes notes grossières signées « Jack l'Éventreur ».

Presque toutes les théories publiées jusqu'à ce jour ont compté dans une large mesure sur plusieurs de ces lettres en les présumant être du meurtrier. Les missives arrivèrent du monde entier dans tous les états, formats et formes imaginables. Certaines étaient dans des enveloppes normales, d'autres dans des enveloppes faites à la main, d'autres encore sur des cartes postales, quand elles n'étaient pas griffonnées à la façon d'un télégramme. Elles étaient dans tous les styles d'écriture possibles, parfois très raffinés, d'autre fois à la manière de personnes éduquées jouant à l'illettré, quand ce n'étaient pas carrément des farceurs de bas étage. Le seul dénominateur commun de la grande majorité de ces correspondances est la formule d'appel – « Cher patron » – et la signature – « Jack l'Éventreur ».

C'était en imitation des deux premiers mots reçus. Du fait que le second, une carte postale, faisait référence au contenu du premier, une lettre crasseuse, on en a conclu qu'ils étaient d'un même auteur. L'écriture diffère nettement, mais, comme le second message fut reçu avant que la publication du premier, il est presque certain que ces deux éléments sont issus, si ce n'est pas du même individu, du même groupe de personnes.

J'ai attentivement examiné le contenu du dossier « Lettres » de Scotland Yard, et eu le sentiment qu'une seule parmi les centaines de lettres reçues est vraiment susceptible d'être de Jack l'Éventreur.

Si c'est vrai, cela neutralise nombre de théories antérieures au sujet de l'Éventreur, et notamment l'hypothèse élaborée d'Harrison accusant le précepteur du prince Eddy, James Kenneth Stephen. La thèse d'Harrison se fonde presque entièrement sur une comparaison entre la poésie de Stephen et le « style » détecté dans la soi-disant correspondance de l'Éventreur. Il cite comme étant de Jack l'Éventreur des poèmes, des cartes postales et des lettres qui sont sans aucun doute de différents auteurs.

Donald Rumbelow était proche de la vérité en écrivant :

> Peu de lettres signées « Jack l'Éventreur » ou censées venir de lui, sont d'un intérêt réel – en fait, un tri impitoyable n'en laisse que deux.

En réalité, Rumbelow jugeait que *trois* messages étaient authentiques, mais les deux premiers étaient de la même main, d'où son chiffre de deux. Ce sont la lettre postée le 28 septembre et la carte postale postérieure, émanant du même groupe de plaisantins, reçue après le double meurtre. Le second acte de confiance de Rumbelow va à la lettre « *From Hell* » reçue le 16 octobre. La première lettre est importante parce qu'elle employait pour la première fois le nom de Jack l'Éventreur :

25 sept. 1888

Cher patron,

J'entends toujours dire que la police m'a attrapé, mais ils ne m'auront pas de sitôt. J'ai bien ri quand ils ont fait leurs intéressants en déclarant être sur la bonne piste. Cette histoire de Tablier de cuir n'est qu'une vaste blague. J'en ai après les putes et je n'arrêterai pas de les éventrer jusqu'à ce qu'on me boucle. Du beau travail, mon dernier boulot. Je n'ai même pas laissé à la fille le temps de couiner. Comment pourraient-ils m'attraper maintenant ? J'adore mon travail et je veux recommencer. Vous entendrez bientôt parler de moi et de mes amusants petits jeux. J'ai gardé un peu du liquide *rouge* dans une bouteille de bière lors de mon dernier boulot afin de pouvoir écrire avec, mais c'est devenu épais comme de la colle et je ne peux pas l'utiliser. L'encre rouge fera l'affaire, je pense. *Ha ha*. Au prochain travail, je trancherai les oreilles de la dame et les enverrai aux officiers de police, histoire de m'amuser un peu. Gardez cette lettre sous le coude jusqu'à ce que je travaille un peu plus, après sortez-la. Mon couteau est si beau et si bien aiguisé que j'ai envie de l'utiliser tout de suite si l'occasion se présente. Bonne chance.

Cordialement,

Jack l'Éventreur

Ne m'en voulez pas d'utiliser un surnom.

Puis, dans le coin droit de la place qui restait :

> je n'ai pas réussi à poster ça avant de m'être débarrassé de toute l'encre rouge sur les mains. Vraiment pas de chance. Ils disent que je suis un docteur maintenant. *Ha ha.*

La carte postale reçue après le double meurtre disait :

> Je ne plaisantais pas cher vieux patron quand je vous avais donné le tuyau. Vous entendrez parler du travail de Saucy Jacky demain événement double cette fois-ci la numéro un couina un peu je n'ai pu terminer d'emblée. N'avais pas eu le temps de couper les oreilles pour la police merci d'avoir gardé la dernière lettre jusqu'à ce que je retourne au travail encore.
>
> Jack l'Éventreur

Les deux dernières phrases sont des allusions directes au contenu de la première lettre, laquelle n'avait pas été publiée au moment où ce second message fut reçu. Rumbelow croit que c'est l'œuvre de l'assassin pour la même raison que le plupart des principaux chercheurs sur le sujet. Il écrivait :

> La seconde lettre fut postée le 30 septembre, le jour du « double événement ». [...] Les faits du « double meurtre » ne furent guère connus avant d'être publiés dans les journaux le lendemain, le lundi 1ᵉʳ octobre, et ils ont dû pendant 24 heures au moins être confinés à Whitechapel et une partie du centre de Londres. Seul l'assassin pouvait avoir su qu'il n'avait pas pu finir son travail sur la première victime et eu le temps de « couper ses oreilles ».

Peu d'auteurs passionnés par l'Éventreur ont accordé assez d'attention aux détails. La plupart ont pris au mot leurs prédécesseurs, sans prendre la peine de vérifier eux-mêmes les faits de base. D'où l'erreur persistante – résolue au chap. IX – quant à l'adresse des victimes. Cette attitude explique aussi l'un des plus grands malentendus concernant les meurtres, à savoir que la carte postale *« Saucy Jacky »* aurait été postée le dimanche 30 septembre, quand seul le tueur aurait pu connaître les détails des tueries.

Donald McCormick, Tom Cullen, Robin Odell, Daniel Farson et Donald Rumbelow ont tous fait la déclaration erronée selon laquelle la carte postale aurait été envoyée le dimanche 30 septembre. Si l'un d'eux avait regardé l'oblitération, ils auraient vu décrit « OC1 », ce qui signifiait qu'elle pouvait aussi bien avoir été postée le lundi 1$^{er}$ octobre, quand tous les détails du double meurtre étaient universellement connus. Cela semble confirmé par le service des archives de la poste, signalant qu'en 1888 il y avait des levées des boîtes aux lettres chaque dimanche. Cela signifie que toute lettre postée un dimanche doit avoir été oblitérée le jour même, de sorte que si le message du « double événement » avait été posté le dimanche, comme on nous demande de le croire, il aurait presque certainement arboré l'oblitération « SEP 30 ».

L'autre lettre sélectionnée par Rumbelow est celle qui fut adressée à M. George Lusk, président du comité de vigilance de Whitechapel mis en place pour patrouiller dans les rues après le meurtre d'Annie Chapman. Un bout de rein était joint à la lettre, cette dernière disant :

De l'enter,

M. Lusk
Monsieur,
Je vous ai envoyé la moitié du *rin* que j'ai pris d'une *femmes consarvé* pour vous *lautre pertie* je l'ai frite et mangée c'était très *bont*. Je pourrais vous envoyer le *couto* ensanglanté qui l'a pris si seulement vous *attandez* un *peut plusse* longtemps.
Signé          Attrapez-moi quand
                       vous pourrez
                       M'sieur Lusk

Remarquons que cette lettre censée être authentique n'est point signée « Jack l'Éventreur ». Cette missive attisa plus que toute autre un vent de panique à East End, ce règne de terreur si cher aux maçons. Je ne crois pas que ce soit l'œuvre d'un illettré, bien que l'auteur ait pris la peine de le faire accroire. Un illettré aurait été plus susceptible d'écrire « *coûteau* » que « *couto* », ou « *atendez* » plutôt qu'« *attandez* ». Et quelqu'un croyant que « plus » s'écrit « *plusse* » n'aurait que probablement su que le son « *pouré* » est rendu par « pourrais », que l'auteur a correctement orthographié.

*La lettre « de l'enfer » (from hell) de l'Éventreur*

Il a été retenu que le bout de rein joint à la lettre constituait une preuve déterminante de ce que cette communication était vraiment du ou des tueurs. La première réaction de la presse, avant tout examen digne de ce nom, fut de dire qu'il s'agissait d'un rein de chien, ou que la lettre provenait d'un étudiant en médecine farceur. Ce qui finit par convaincre beaucoup de gens que la lettre devait être de l'Éventreur fut le résultat très médiatisé de l'autopsie du rein par le D$^r$ Openshaw, médecin-conservateur du London Hospital Museum. Le D$^r$ Openshaw est censé avoir affirmé que c'était un rein « plein de gin » tel qu'on aurait pu en trouver chez un alcoolique (comme nombre de ses semblables, Eddowes était une ivrogne), qu'il avait été prélevé dans les trois semaines (Eddowes avait été tuée deux semaines et deux jours avant que le rein ne fût reçu par Lusk) et qu'il attestait d'un état avancé de la maladie de Bright (le rein restant du cadavre d'Eddowes était exactement dans le même état). Ce qui ressemblait à une preuve décisive de ce que c'était en effet le bout d'un rein d'Eddowes était le fait que deux pouces d'artère rénale avaient été laissés à la dépouille. L'artère rénale doit faire près de sept centimètres et demi de long – et deux centimètres et demi d'artère étaient avec le rein adressé à Lusk.

Quiconque serait convaincu de ce que l'identité du meurtrier a été révélée dans une théorie déjà connue n'a qu'à éliminer de son esprit la « preuve » de toute la correspondance, hormis la lettre à Lusk, pour voir que le procès fait à la plupart des suspects est joliment battu en brèche.

L'authenticité de la lettre de Lusk paraît être confirmée par les conclusions d'une Canadienne experte en graphologie, M$^{lle}$ C. M. MacLeod, qui écrivit dans *The Criminologist* en 1968 : « S'il n'y avait qu'un seul véritable Jack l'Éventreur, je me prononcerais en faveur de l'auteur de l'échantillon 1 (la lettre à Lusk). »

Mais, si cela est vrai, qui a écrit la missive ? Plus d'un meurtrier se para de l'identité macabre de Jack l'Éventreur. L'identité de l'auteur doit être trouvée grâce à la même analyse de l'écriture. M$^{lle}$ MacLeod écrivait :

> J'aurais recherché cet assassin parmi des hommes tels que des cochers, qui pouvaient avoir une bonne excuse pour se trouver n'importe où à n'importe quel moment. J'aurais recherché un homme très liant aimant boire et manger ; qui pouvait attirer des femmes de la classe de ses victimes par un charme animal irrésistible. Je dirais qu'il s'agissait en fait d'un homosexuel refoulé (ce qui est suggéré par des traces dans l'espace inférieur allant vers le mauvais côté de la lettre) et passait pour un homme « vrai de vrai » ; un gaillard tapageur

qui se faisait pilier de bar et dénigrait les femmes comme des objets à utiliser et à jeter.

En disant en outre que « notre auteur était capable de concevoir n'importe quelle atrocité, et de l'exécuter de façon organisée », M$^{lle}$ MacLeod pourrait être accusée d'être avisée après coup. Mais son esquisse de la personnalité du tueur fondée sur son écriture est remarquable, révoquant tout doute quant à l'auteur de la lettre « *From Hell* ». C'est une parfaite description de Netley.

## CHAPITRE XIV

## *Fous et misogynes*

En dépit de tous les fléaux qui lacèrent la société moderne, un vaste échantillon de l'humanité – dans n'importe quelle grande ville – est peu susceptible de mettre au jour un grand nombre d'aliénés, de misogynes ou de maniaques sexuels. En considérant Jack l'Éventreur avec un point de vue contemporain, il semblerait raisonnable de penser que si un homme éprouve une haine profonde pour les femmes, *ce seul fait* devrait le placer parmi les principaux suspects. La majorité de la sympathie que la théorie de Michael Harrison s'est attirée se fonde sur le fait indéniable que James Kenneth Stephen détestait les femmes. Voici quelques vers de Stephen :

> Si tout le mal que les femmes ont fait
> Était placé et roulé dans un ballot,
> La terre ne pourrait le supporter,
> Le ciel ne pourrait l'envelopper,
> Il ne pourrait être éclairé ni réchauffé par le soleil ;
> Une telle masse de maléfices
> Mystifierait le démon
> Et lui donnerait nombre d'âmes au gré de la roue du Temps.

Comme la misogynie est de nos jours un phénomène rare, il semble possible de soutenir que tout individu partageant le dégoût de Stephen pour le sexe féminin est inéluctablement un Éventreur potentiel. Cet argument retombe cependant à plat face aux éléments contenus dans le dossier « Suspects » de Scotland Yard. Celui-ci révèle qu'en 1888 les fous, les maniaques sexuels et les misogynes étaient monnaie courante.

Il regroupe plusieurs histoires stupéfiantes, et fournit une belle description de l'univers dans lequel Jack l'Éventreur évoluait, ainsi qu'un aperçu déroutant sur les effets que les meurtres de Whitechapel eurent sur de nombreux esprits. Un rapport de cinq pages écrit par un homme venu à pied à Scotland Yard le lendemain de Noël en est un exemple marquant :

> Je voudrais attirer votre attention sur l'attitude du D$^r$ Morgan de ... Street (Houndsditch) vis-à-vis des meurtres. Mais mes soupçons pèsent sur lui principalement par rapport au dernier meurtre, qui fut commit dans un intérieur.
>
> Il y a trois semaines, j'étais soigné au London Hospital, dans un service privé (Davis), avec un certain D$^r$ Evans, souffrant du typhus et ayant l'habitude d'être visité presque chaque soir par le D$^r$ Davies, quand les meurtres étaient un sujet de conversation coutumier.
>
> Le D$^r$ Davis [sic] insistait toujours sur le fait que le meurtrier était un homme à la puissance sexuelle très affaiblie, qui ne pouvait se mettre en action que grâce à quelque forte stimulation – comme la sodomie. Il était catégorique sur ce point : que le meurtrier prenait les femmes par-derrière – en fait, *per ano*. À cette époque, il n'avait guère eu plus d'information que moi quant au fait que l'autopsie révéla que du sperme fut retrouvé dans le rectum de la femme, mélangé à ses selles [c'est entièrement faux].
>
> Bien des choses, qu'il semblerait futile d'écrire, me paraissent le relier à l'affaire : par exemple, il est misogyne. Quoique homme de stature vigoureuse et (d'après les traits de son visage cireux) aux passions sexuelles impérieuses, ses proches *supposent* néanmoins qu'il n'a jamais touché de femme.
>
> Une nuit, alors que cinq toubibs étaient présents, discutant tranquillement de la question et combattant son argument selon lequel le meurtrier n'agissait pas

pour se procurer des échantillons d'utérus (matrices) mais que – dans son cas – c'était par envie de meurtre et désir sexuel – une chose non inconnue des médecins. Il joua toute la scène (d'une façon qui *terrifia vraiment* les cinq docteurs) : il prit un couteau, « encula » une femme imaginaire, lui coupa la gorge par-derrière ; ensuite, quand elle était manifestement étendue, il la déchira et la taillada de tous côtés dans un état de frénésie totale.

*Avant* ce spectacle, j'avais dit : « Après qu'un homme eut fait une telle chose, il devrait y avoir chez lui une réaction, et il devrait s'effondrer, et être aussitôt pris par la police, ou attirer l'attention des curieux à cause de son épuisement... » Le D$^r$ D... dit : « Non ! Il serait parfaitement en forme après sa crise et aussi doux qu'un agneau. Je vais vous montrer ! » Il commença alors son numéro. À la fin, il s'arrêta, boutonna sa veste, mit son chapeau sur la tête et quitta la pièce dans un calme absolu. Son visage était certainement pâle comme celui d'un mort, mais c'était tout.

Ce n'est qu'il y a quelques jours, après avoir été *positivement* informé par le rédacteur en chef de la *Pall Mall Gazette* de ce que la *dernière* femme assassinée avait été sodomisée, que j'ai pensé : *Comment le savait-il ?* Sa performance est la plus vivante que j'aie jamais vue. Henry Irving était, en comparaison, un amateur. Autre chose encore... Il soutint que l'assassin ne voulait pas des spécimens d'utérus, mais qu'il les prenait et les coupait dans sa folie comme étant *les seules organes solides* que croisait sa poigne dans l'abdomen des victimes.

Je peux dire que le D$^r$ Davies était depuis un certain temps médecin interne au London Hospital à Whitechapel, qu'il a dernièrement élu domicile à Castle Street (Houndsditch) ; qu'il a vécu pendant plusieurs années dans le quartier des meurtres ; et qu'il fait part de son intention de partir bientôt en Australie s'il ne réussit pas rapidement avec sa nouvelle clientèle.

Roslyn D'O Stephenson

P.-S. J'ai évoqué ce problème avec un pseudo-détective dénommé George Marsh, au 24 Pratt Street, Camden Town, avec qui j'ai conclu un accord (ci-joint), de partager toute récompense qui pourrait découler de mes informations.

R.D'OS

P.-P.-S. Je peux être trouvé n'importe quand par l'intermédiaire de M. Iles du *Prince Albert* à St Martin's Late – en l'espace de quelques minutes – près d'où je vis, mais je ne désire pas donner mon adresse.

R.D'OS

Collée à ce témoignage, nous trouvons une feuille de papier déchirée datée du 24 décembre 1888 :

Par la présente, j'accepte de reverser au D$^r$ R. D'O Stephenson (également appelé « Mort subite ») la moitié de toute récompense ou rétribution reçue grâce à ses informations sur le rapport du D$^r$ Davies avec un meurtre prémédité.

Roslyn D'O Stephenson MD<br>29 Castle Street WC<br>St Martin's Lane

On ne peut que s'interroger quant à la santé mentale de l'auteur de ce document singulier. Hormis la teneur douteuse de l'accusation, il y a tellement de bizarreries qu'il est difficile de savoir où commencer l'analyse.

Les incohérences commencent avec le fait que le D$^r$ Roslyn D'O Stephenson (est-ce son vrai nom ?) n'était à l'évidence point préparé à donner l'adresse de son suspect, puisqu'il parle du « D$^r$ Morgan Davies de … Street (Houndsditch) ». Mais, plus loin, il biaise ses intentions en expliquant que le D$^r$ Davies a trouvé une maison à *Castle* Street, comblant ainsi son trou… Il mentionne ensuite au moyen d'un post-scriptum qu'il a conclu un marché avec un homme pour lequel il a manifestement peu de respect, en le traitant comme il l'a fait de « pseudo-détective ». Puis il exprime son désir de ne pas donner sa propre adresse, mais il joint un accord *sur lequel son domicile est précisé*. L'adresse elle-même est curieuse, car il s'agit aussi d'une Castle Street, mais dans le quartier de Whitechapel et non à Houndsditch.

l'arrangement joint à la déposition est absurde, car c'est une promesse de verser de l'argent au D$^r$ R. D'O Stephenson… mais signée par le D$^r$ R. D'O Stephenson en personne ! La situation devient encore plus cocasse quand, quelques papiers plus loin dans le dossier, on découvre un autre témoignage, cette fois-ci de l'« associé » de Stephenson. Il fut fait la veille de Noël. La déposition a été prise par l'inspecteur J. Roots à Scotland Yard :

> M. George Marsh, vendeur de ferronnerie (à présent sans emploi, et ce depuis deux mois), domicilié au 24 Pratt Street à Camden Town, arriva ici même à 19 h et fit la déclaration suivante.
>
> « Il y a près d'un mois, au *Prince Albert* (Upper St Martin's Lane), j'ai rencontré un homme s'appelant Stephenson et j'ai par hasard discuté avec lui des meurtres à Whitechapel. Depuis lors, je l'y ai revu deux ou trois fois par semaine et, à chaque fois, nous avons parlé des meurtres de façon confidentielle. Il a cherché à me dire comment je pourrais capturer notre homme. Je lui répondis simplement que je ferais mon bonhomme de chemin et que, tôt ou tard, je l'aurais. Je lui dis que j'étais un détective amateur et que je cherchais le coupable depuis des semaines. Il m'expliqua comment les meurtres furent perpétrés. Il affirmait qu'ils furent commis par un misogyne de cette manière :
>
> « l'assassin persuadait une femme d'aller dans une ruelle sombre ou dans un appartement et, pour s'exciter, il l'"enculait" et lui tranchait en même temps la gorge avec sa main droite, se tenant sur la gauche.
>
> « Il mimait la scène. Ainsi, je suis d'avis qu'il est le meurtrier des six premières affaires, si ce n'est de la seule dernière.
>
> « Aujourd'hui, Stephenson me dit que l'assassin est le D$^r$ Davies d'Houndsditch (je ne connais pas son adresse, bien que je m'y sois rendu) et qu'il désirait me voir. Il rédigea un accord pour partager la récompense quant à l'arrestation du D$^r$ Davies. Je sais que cet arrangement est sans valeur, mais il permettait d'obtenir son écriture manuscrite. Je le fis boire, pensant que j'obtiendrais quelques indices supplémentaires, mais j'y ai échoué, car il partit voir le D$^r$ Davies et aussi M. Stead de la *Pall Mall Gazette* avec un article pour lequel il désirait 2 £. Il écrivit cet article dans la *Pall Mall Gazette* par rapport

au graffiti sur les Juifs. Il en obtint 4 £. J'ai vu des lettres de M. Stead en sa possession à ce sujet ; en outre, une lettre de M. Stead refusant de lui donner de l'argent pour trouver le meurtrier de Whitechapel.

« Stephenson m'a montré une décharge de patient du London Hospital. Le nom "Stephenson" est effacé et celui de Davies est inscrit à l'encre rouge. Je n'en connais pas la date.

« Stephenson est maintenant à la pension meublée du 29 Castle Street, à St Martin's Lane, et ce depuis trois semaines. Voici son signalement : 48 ans, 1 m 78, visage entier, teint jaunâtre, moustaches denses – couleur souris – cirées et relevées, cheveux bruns tirant sur le gris, yeux caves. Porte généralement un monocle pour regarder un nouveau venu. Vêtements : costume gris et chapeau en feutre châtain – tout bien usé ; d'apparence militaire : dit avoir participé à 42 batailles : bien élevé.

« Le contrat qu'il m'a donné veut que je collabore avec vous et apporte toute l'aide dont la police aura besoin.

« Stephenson n'est pas un ivrogne : il est ce que j'appelle un *buveur régulier* et une *éponge* – il peut boire de 8 h du matin jusqu'à l'heure de la fermeture, mais en restant toujours frais. »

En dépit de la note marginale de Roots précisant que l'accord de Stephenson est joint, il n'y a plus aucune trace de celui-ci dans le dossier. Il y a un dernier rapport sur cet épisode : une esquisse par Roots de la personnalité de Stephenson, réalisée après la visite de celui-ci à Scotland Yard le lendemain de Noël. Sous l'en-tête « Meurtres de Whitechapel, Marsh, Davies et Stephenson », Roots dit :

Au sujet de la déposition de M. George Marsh, du 24 de ce mois, concernant l'implication probable du D$^r$ Davies et de Stephenson dans les meurtres à Whitechapel.

Je dois rapporter que le D$^r$ Stephenson est venu ici ce soir et a écrit le témoignage ci-joint faisant part de ses suspicions contre le D$^r$ Morgan Davies, de Castle Street à Houndsditch ; il me laissa aussi son accord avec Marsh quant à la récompense. Je le joins.

> Lorsque Marsh vint ici le 24, j'avais l'impression de ce que Stephenson était un homme que je connaissais depuis une vingtaine d'années. Maintenant, je sais que mon impression est justifiée. C'est un homme qui a voyagé, éduqué et capable, un docteur en médecine diplômé à Paris et New York ; un officier de l'armée italienne – il se battit sous les ordres de Garibaldi – et un publiciste. Il dit qu'il avait écrit l'article sur les Juifs dans la *Pall Mall Gazette*, qu'il faisait occasionnellement des piges pour ce journal, et qu'il offrait ses services à M. Stead pour traquer l'assassin. Il me montra une lettre de M. Stead, datée du 30 novembre 1888, à ce sujet et précisa que le résultat fut un refus par le journal de s'engager sur cette voie. Il avait coulé une vie de bohème, boit beaucoup, et emporte toujours des médicaments pour le dessoûler et éviter un *delirium tremens*.
>
> Il fut candidat au secrétariat de l'orphelinat lors de la dernière élection.

Ces témoignages furent transmis à l'inspecteur Swanson, mais aucune action ne semble avoir été intentée pour enquêter sur le D$^r$ Morgan Davies (qui *aurait certainement dû* être répertorié comme un suspect si l'Éventreur était toujours dans la nature, aussi improbable puisse paraître l'histoire de Stephenson), et aucun autre entretien avec Stephenson ou Marsh ne paraît avoir été mené. C'est étrange, surtout au vu du fait que, d'après le contenu de sa propre déposition et les soupçons soulevés par Marsh, Stephenson était plus susceptible que Davies d'être le meurtrier. Non seulement son comportement devant Marsh fut identique à celui qu'il attribuait au D$^r$ Davies, mais son propre témoignage semble être parsemé d'indices volontaires pointant le doigt sur lui-même. Que lui et son suspect vivent dans des rues du même nom ; qu'il fasse une fois allusion à son suspect comme au « D$^r$ D... », ce qui pouvait aussi bien le désigner ; et qu'il s'évoque lui-même par le surnom « Mort subite » : tout cela soutient l'argument qu'il aurait fait l'objet d'une enquête *si Jack l'Éventreur était toujours en liberté*.

La valeur de ces allégations et contre-allégations étranges va au-delà d'une plongée psychologique dans les conséquences de la saga de l'Éventreur et d'un regard en coulisse sur les problèmes ordinaires des hommes de Scotland Yard. Le fait crucial est que les douzaines de documents du dossier « Suspects » montrent que la police *savait* que les meurtres de Whitechapel s'étaient terminés avec la mort de Kelly le 9 novembre. C'est certain, parce qu'après cette date aucune accusation ne fut exploitée par la police. Les arrestations ne s'arrêtèrent certainement pas immédiatement. Aussi loin que le flic moyen en activité et ses supérieurs du poste étaient concernés, Jack l'Éventreur était toujours dans la nature et pouvait frapper à nouveau n'importe quand. Mais Scotland Yard savait visiblement quelque chose, sans quoi il n'y aurait pas eu de raison d'accumuler les rapports sans entreprendre la moindre action pour enquêter sur les suspects. Farson a suggéré que la police cessa d'agir dans cette affaire parce qu'elle savait que Druitt était le tueur. C'est faux, car les archives de Scotland Yard montrent qu'aucune véritable enquête ne fut menée dans l'affaire après le décès de Kelly, soit sept semaines avant la découverte du corps de Druitt. Les témoignages contre Stephenson et Davies, par exemple, furent respectivement portés la veille et le lendemain de Noël, et Druitt ne fut repêché dans la Tamise que le 31 décembre. À moins que la police sût déjà qui était le ou les meurtriers, elle n'aurait sans doute pas entendu le témoignage de Marsh accusant Stephenson le 24 décembre sans rien entreprendre pour enquêter à ce sujet. Il semble qu'absolument aucune mesure n'aurait été prise, ne serait-ce que pour obtenir une expertise de la personnalité de Stephenson, si le suspect ne s'était pas lui-même montré de son plein gré deux jours plus tard.

Un autre récit consacré à un misogyne provient du bureau du chef de police de Rotherham (5 octobre 1888). Le dossier « Suspects » contient les lettres reçues de Rotherham, mais il n'y a aucune copie des réponses de l'inspecteur Abberline. La teneur de celles-ci peut cependant être devinée. Voici ce qu'évoquent les lettres de Rotherham :

> Monsieur,
>
> J'ai l'honneur de vous informer de ce que je viens d'avoir la visite d'un individu dénommé James Oliver, résidant au 3 Westfield View à Rotherham, un soldat du 5ᵉ régiment de lanciers rendu à la vie civile, qui est fermement convaincu qu'il connaît le coupable des meurtres de Whitechapel. Il était tout à fait sobre et fit sa déposition de manière claire et circonspecte. Elle est de telle nature que je considère qu'elle doit vous être transmise sans délai.
>
> Il affirme qu'un homme du nom de « Dick Austen » servait avec lui dans les troupes royales du 5ᵉ régiment de lanciers, qui, avant de rejoindre l'armée, avait été marin : il devrait maintenant avoir 40 ans environ – 1 m 73, un individu actif et extrêmement fort, mais d'aucune manière lourdaud ou gros. Yeux et cheveux clairs. Il avait, pendant son service, de longues moustaches blondes, peut-être laissé pousser d'épaisses bacchantes et de la barbe. Son visage était agréable, sévère et plein de santé. Il lui *manquait un petit bout de nez*. Sans être aliéné, il n'avait pas toute sa tête, « il était trop brusque pour être normal ». Il avait l'habitude d'être très modéré, mais parfois il sautait de son lit la nuit et circulait autour de la chambrée. Il ne voulut jamais dire d'où il venait et déclarait souvent n'avoir aucun ami.
>
> Il se vantait quelquefois de ce qu'il avait fait jadis pour se montrer violent, mais plus souvent encore de ce qu'il était capable de faire, « comme s'il n'était bon à rien ».
>
> Au régiment, il était réputé n'avoir jamais fréquenté de femmes et quand ses camarades parlaient d'elles dans le baraquement il avait coutume de grincer des dents – c'était un misogyne patenté. Il disait que s'il en avait la possibilité *il tuerait toutes les prostituées et les éventrerait*, de sorte qu'en quittant l'armée il n'aurait d'autre destination que la potence.
>
> Il avait traversé de grandes épreuves et des moments difficiles dans différentes régions du globe, ayant été matelot sur de grands navires à voile. C'était un homme agile et très vif, et un bon élève. Oliver pense pouvoir obtenir un échantillon de son écriture.

Il était très convaincant. Ses mains étaient longues et fines.

Il écopa de 12 mois pour avoir fait irruption dans la salle des rapports et déchiré ses feuilles de notation.

On croit qu'il a touché sa solde différée (24 £ environ) et il disait qu'il voulait s'établir à Londres.

C'est un homme des plus frugaux et il vivra de pain sec. « Il avait l'habitude d'épargner son argent et de vivre de tout ce qu'il pouvait obtenir dans la chambrée. »

Il devrait sans doute toujours être bien habillé, mais c'est plus souvent la description d'un marin que d'un soldat qui revient.

L'idée d'Oliver est qu'il aura probablement travaillé sur les quais ou à bord d'un navire – s'il était le meurtrier, il aurait peut-être entrepris de courts voyages sur quelque bâtiment et commis les assassinats peu avant d'embarquer. Les dates des meurtres concordent avec cette théorie.

« Il était toujours hanté par le désir de se venger des femmes, broyant du noir. »

J'ai averti Oliver de ne rien ébruiter à ce sujet, et il m'a dit qu'il n'avait pour l'instant fait part de ses soupçons à personne, si ce n'est à son épouse.

Je lui ai également promis que, à moins que ses suspicions s'avèrent exactes, ou d'une grande aide, sa déposition serait considérée comme confidentielle.

J'ai l'honneur d'être, Monsieur, votre très humble serviteur

L. R. Barick [?], capitaine

À ce stade, après seulement quatre meurtres commis par l'Éventreur, les indices de ce genre étaient exploités, comme en atteste un rapport d'Abberline :

> Au sujet du courrier ci-joint émanant du chef de police de Rotherham, je souhaite rapporter que j'ai demandé un encart dans nos feuilles de liaison

demandant si l'on savait quelque chose concernant Austen, en donnant sa description et d'autres détails [...] mais sans résultat jusqu'à ce jour.

Il serait peut-être bon de demander au chef de police de Rotherham de revoir James Oliver et de l'inciter à préciser la date de la démobilisation d'Austen du 5$^e$ régiment de lanciers, en précisant le nom de la caserne depuis laquelle il fut rendu à la vie civile, et toute autre information.

## Une nouvelle lettre de Rotherham, datée du 19 octobre, disait :

Monsieur,

J'ai l'honneur d'accuser bonne réception de votre lettre d'hier, relative à mon courrier du 5 de ce mois, et de vous informer en retour de ce que j'ai vu James Oliver ce matin : il est incapable de donner la date ou le lieu du départ d'Austen, mais – comme stipulé dans ma missive précédente – il est catégorique quant au désir d'Austen d'habiter à Londres. Une demande au 5$^e$ régiment de lanciers à Aldershot devrait faire connaître le jour et le lieu de désincorporation, et s'il fut habilité à toucher une solde différée ou de réserviste – ses déplacements pourraient de la sorte nous être connus. Oliver dit que plusieurs photos de groupe de leur troupe furent prises : il n'en a aucune copie, mais il pourrait – si l'on dénichait un cliché – désigner Austen. Il me faudrait la copie de quelque lettre attribuée au meurtrier, car Oliver – comme affirmé précédemment – pense pouvoir identifier l'écriture d'Austen.

J'ai l'honneur d'être, etc.

## La dernière lettre de cette correspondance partit de Rotherham le 24 octobre :

Monsieur,

En réponse à votre lettre datée d'hier accompagnée d'une annonce de la police métropolitaine, j'ai l'honneur de vous informer de ce que j'ai montré le fac-similé du manuscrit à notre homme, Oliver, qui dit que l'écriture ressemble beaucoup à celle d'Austen, notamment pour ce qui est de la lettre (écrite avec un stylo en acier). Il ne trouve pas aussi ressemblante celle de la carte postale (écrite à la plume), même s'il est bien évidemment facile de voir qu'elles ont été rédigées par la même personne. La signature d'Austen pourrait bien sûr être obtenue grâce aux archives militaires des soldes du 5ᵉ régiment de lanciers, même si cette source ne nous en donnerait qu'un maigre échantillon.

J'ai l'honneur d'être, etc.

Et l'affaire s'arrêtait là. Aucune recherche supplémentaire ne fut menée sur les faits et gestes de Dick Austen. Dans notre chap. VIII, nous avons fourni la démonstration de ce que la vérité sur Jack l'Éventreur avait été étouffée. Pour que l'opération soit réussie, il était essentiel d'avoir le concours de l'individu chargé de l'enquête : l'inspecteur Abberline. À l'évidence, Abberline n'était impliqué dans aucune conspiration lorsqu'il s'empara de l'affaire, car ses notes des archives de Scotland Yard attestent sans conteste de ses efforts inlassables pour suivre la trace de l'Éventreur. Les dossiers dédiés aux deux premiers meurtres, sur Nichols et Chapman, sont pleins de rapports. Le dossier de Stride est plus petit que les précédents, mais il rend quand même compte d'un certain nombre d'éléments montrant qu'il y eut une enquête de la part d'Abberline. Eddowes, bien sûr, fut assassinée sur le territoire de la police londonienne, de sorte que son dossier ne fut pas instruit par Scotland Yard. Mais, dans le dossier de Kelly, il n'y a aucun véritable rapport ni rien d'autre faisant état de recherches autour du meurtre. La seule contribution d'Abberline dans ce dossier est un rapport de l'enquête initiale consacrée à Kelly, sans intérêt. Ce dossier montre que Scotland Yard ne fit pratiquement rien pour traquer le tueur après la troisième semaine d'octobre. Une étude des papiers d'Abberline montre qu'il doit avoir pris part au complot vers ce moment. Aucune autre explication ne justifie le fait que, au beau milieu du règne de terreur de l'Éventreur, toute activité policière sérieuse fut tout simplement arrêtée. Seule l'implication d'Abberline dans le complot à l'époque de Jack l'Éventreur expliquerait sa réapparition moins d'une année plus tard pour couvrir l'affaire de

Cleveland Street au niveau de la police. Rappelons que, dans l'affaire de Cleveland Street, Abberline permit volontairement à des témoins essentiels de quitter leur bordel homosexuel et de fuir le pays, alors que ses hommes surveillaient le bâtiment…

Warren démissionna la veille du décès de Kelly. Quatre jours plus tard, Abberline abandonnait l'affaire. Et, même si après la mort de Kelly il y eut à Whitechapel trois meurtres ressemblant à ceux de l'Éventreur, Abberline ne revint jamais. Il *savait* que les agissements de Jack l'Éventreur appartenaient au passé.

*Sir Charles Warren*

# Chapitre XV

## *Les secrets des archives*

L orsque Roy Jenkins devint secrétaire de l'Intérieur en 1974, il insista pour avoir personnellement un contrôle sur tous les dossiers confidentiels de son département. Entre autres changements, cela signifie que les demandes d'auteurs et de chercheurs pour consulter des dossiers fermés doivent désormais être examinées par ses soins et non plus, comme auparavant, par de hauts fonctionnaires. Sa politique générale a été de permettre l'accès asux documents à des chercheurs sérieux, plutôt que de le refuser comme c'était jadis le cas. Cette attitude, bien qu'impopulaire auprès d'un certain nombre de fonctionnaires, est un grand pas en avant. En conséquence, j'ai pu examiner les archives du bureau de l'Intérieur consacrées aux meurtres de Whitechapel, lesquelles étaient censées rester secrètes jusqu'en 1993.

Avec à mon actif les archives de Scotland Yard et celles du bureau de l'Intérieur, j'avais enfin à ma disposition la documentation au sujet de laquelle les « jackologues » spéculent depuis près de 90 ans. Le premier point intéressant est que la déclaration de Daniel Farson, dans l'édition révisée de son *Jack the Ripper*, selon laquelle les dossiers du bureau de l'Intérieur confirmeraient Montague Druitt en tant que suspect principal, est fausse. On n'y trouve aucune mention de Druitt !

Les premiers chapitres de ce livre montrent l'immense valeur des sources pour entreprendre des recherches sur une bonne base. En s'appuyant simplement sur les rapports des policiers ayant effectué les investigations, il a été possible d'éliminer les déformations que l'histoire de l'Éventreur a subies aux mains des journalistes, des réalisateurs et d'auteurs infidèles – tel Leonard Matters. Les dossiers contiennent également des informations importantes qui n'ont guère été analysées jusqu'à présent. La rumeur largement répandue de ce qu'ils renfermeraient la solution de l'énigme de façon explicite est infondée. Aucun dossier, jauni par les années et officiellement estampillé, ne dévoile l'identité de Jack l'Éventreur. Les éléments cachés dans ces centaines de documents secrets maintenant disponibles sont plus subtils que ça – mais ils montrent que des points fondamentaux du récit de Sickert sont parfaitement justes.

Le vieux Sickert donna force détails dans sa description des meurtres, et il sera utile de rappeler l'essentiel de son histoire.

Mary Nichols, affirmait-il, fut enlevée dans la voiture de Netley, rituellement abattue pendant une course à travers les rues de l'East End, puis son corps fut déposée à Bucks Row, là où il fut découvert.

Annie Chapman fut pareillement massacrée dans le véhicule et abandonnée dans un passage entre le 29 Hanbury Street et une arrière-cour, par Netley et sir Robert Anderson, dont la participation dans l'affaire sera examinée dans notre dernier chapitre.

Elizabeth Stride était un cas à part. Elle était ivre et elle marchait le long de la chaussée lorsque le fiacre s'arrêta et Gull lui proposa de la véhiculer. Dans sa demi-conscience d'alcoolique, elle fut imperméable aux appels courtois que Gull faisait à sa vanité. Netley gara alors son attelage dans une petite rue et, laissant Gull seul à l'intérieur, Anderson et lui suivirent la silhouette titubante de Long Liz – d'après Sickert. Au croisement de Berner Street, Netley accosta Stride et marcha avec elle jusqu'aux zones plus sombres un peu plus loin dans la rue, tandis qu'Anderson faisait le guet de l'autre côté de la route. Le temps pressait, car le refus de Stride de monter dans la voiture et le passage à l'acte des tueurs leur avaient pris plus de temps que prévu. D'une façon ou d'une autre, cette triade savait déjà que la femme qui devait être leur dernière victime était dans une cellule du poste de police de Bishopsgate et, comme la plupart des ivrognes arrêtés par la police municipale, qu'elle était susceptible d'être relâchée à n'importe quel moment après minuit. Sickert disait que Netley avait pénétré avec Stride dans la pénombre de la cour se trouvant derrière l'International Workers' Educational Club au 40 Berner Street, l'avait jetée à terre et lui avait tranché la gorge d'un coup de couteau. Les deux hommes revinrent ensuite vers leur véhicule et s'élancèrent en direction de Bishopsgate Street (aujourd'hui : Bishopsgate tout court) où ils avaient l'intention d'attendre jusqu'à ce que leur dernière victime sorte du commissariat. Notre vieux peintre n'expliqua jamais comment les assassins avaient pu savoir qu'elle était en garde à vue pour ébriété publique.

Pendant que le fiacre rejoignait Bishopsgate, Eddowes (que les tueurs pensaient être Kelly) avait déjà été relâchée, et ils la croisèrent alors qu'elle était en train de revenir vers son taudis de Spitalfields. Il ne fut pas difficile de l'attirer dans la voiture, où l'acte diabolique de la tuer et de la mutiler sur un mode maçonnique fut accompli avec un arrière-goût de vengeance. Dans l'espoir qu'elle ne puisse pas être identifiée, un bout de son nez fut arraché et son visage lacéré. C'était le dernier meurtre, dans l'esprit des assassins, et, de ce qu'ils savaient, cette victime était la cause de toute l'affaire. Une fois l'œuvre accomplie à l'intérieur de l'habitacle, Netley se dirigea vers Mitre Street. Anderson et lui traînèrent Eddowes en dehors de la voiture et l'abandonnèrent dans le coin le plus proche de Mitre Square, par chance le plus sombre aussi, où ses intestins furent jetés par-dessus son épaule – un clin d'œil maçonnique.

Il leur fallut peu de temps pour se rendre compte qu'ils avaient éliminé la mauvaise personne, mais ils ne purent abattre Kelly tout de suite à cause de la recrudescence de panique et de vigilance de la part de la police et des riverains après ce double meurtre. Quand elle fut enfin retrouvée, Kelly fut approchée par Netley, qu'elle introduisit chez elle. Elle aussi était soûle. Sickert ne fit jamais connaître à son fils tous les détails du massacre de Kelly. Il l'avait connue en tant qu'ami et secours, et même après tant de temps ces souvenirs étaient trop douloureux pour lui, avait-il expliqué.

Des signes étayent l'affirmation de Sickert selon laquelle trois des femmes ne furent pas tuées aux endroits où leurs corps furent découverts. Le rapport de l'inspecteur Spratling sur le meurtre de Nichols dans les archives de Scotland Yard note qu'il interrogea trois personnes qui étaient à Bucks Row la nuit où elle fut assassinée : « personne n'avait entendu le moindre cri dans la nuit, ou quoi que ce soit qui puisse leur faire penser que le meurtre avait été commis là ».

Ce fut confirmé par l'inspecteur Helston qui informa le *Times* le matin du meurtre de ce qu'« en voyant l'endroit où le corps a été retrouvé, il semble difficile de croire que la femme a été tuée là ». Il n'y avait pas de taches de sang ici ou là. Le D$^r$ Llewellyn, qui fut appelé à Bucks Row pour examiner le corps de Nichols, remarqua qu'il n'y avait que peu de sang dans le caniveau – « pas plus que deux verres à vins, ou qu'une demi-pinte autour du corps ». Rumbelow suggéra que ce manque apparent de sang pourrait être dû au fait que les vêtements de Nichols en auraient absorbé, mais les rapports minutieux et détaillés de son meurtre dans les archives secrètes ne fournissent aucun élément en faveur de cette théorie. Il est improbable que ses habits aient absorbé beaucoup de sang. Si ç'avait été le cas, ç'aurait tout de suite été manifeste, et la police n'aurait jamais pensé – comme ce fut le cas – que le meurtre avait été commis ailleurs. Il est vrai que l'inspecteur Spratling attesta lors de l'enquête de ce qu'il n'avait vu aucune marque de roue sur la chaussée, mais cela ne réfute pas le récit de Sickert. Il y avait jour et nuit à Bucks Row des allées et venues de chariots d'équarrisseurs autour des abattoirs. Si les propriétés de la route étaient telles qu'*elles* ne gardaient aucune marque, selon toute probabilité, celle de la voiture de Netley ne pouvait pas non plus être visible.

Annie Chapman ne fut pas tuée dans l'arrière-cour du 29 Hanbury Street, où elle fut retrouvée. Cela est confirmé par un rapport de l'inspecteur en chef Swanson des archives du Bureau de l'Intérieur. Il faisait allusion à un certain John Richardson qui, à 4 h 45 du matin, s'était rendu dans la cour et assis sur les marches, près de l'endroit où le corps fut ensuite découvert. Richardson était certain de ce que si la dépouille avait été là il l'aurait vue. L'expertise médicale indiquait que Chapman était morte depuis 25 minutes au moins lorsque Richardson descendit dans la cour. Le compte rendu de Swanson précisait :

> Si les expertises du D$^r$ Phillips sont justes quant à l'heure du décès, il est difficile de comprendre comment Richardson ne vit pas le corps lorsqu'il passa dans la cour à 4 h 45, mais comme ses vêtements furent examinés, sa maison fouillée et son témoignage écouté même s'il n'apportait pas un seul élément de preuve, nos soupçons ne pouvaient pas retomber sur lui, bien que la police ait particulièrement dirigé son attention sur sa personne […] Il [Phillips] fut convoqué et vit la dépouille à 6 h 20, puis il émit l'avis de ce que la mort s'était produite deux heures plus tôt environ (4 h 20).

Les propos exacts de Phillips étaient : « Je dirais que la défunte a été tuée il y a deux heures au moins, *et probablement encore plus tôt.* » Annie Chapman fut assassinée à 4 h 20 au plus tard, mais à 4 h 45 son corps n'était toujours pas dans la cour du 29 Hanbury Street. Où était-il ? Seul Sickert nous donne une réponse. Plusieurs auteurs ont incorrectement rapporté qu'il n'y avait pas de sang, si ce n'est immédiatement autour du corps de Chapman. Le journaliste de l'*East London Advertiser*, susceptible d'avoir été l'un des premiers reporters sur les lieux, précisait que du sang fut retrouvé, pas seulement dans le passage conduisant vers la cour, mais aussi dans Hanbury Street. Cela concorde avec un transport du corps depuis la voiture de Netley jusqu'à cette cour, étant donné qu'il s'agit là d'un autre élément crucial que personne n'a encore expliqué. L'utérus et ses appendices étaient manquants. Ce trophée sanglant fut-il emporté par un tueur solitaire fou, ou simplement laissé de façon inaperçue à l'endroit où elle fut tuée – le véhicule de Netley ?

En gardant à l'esprit la description par Sickert du meurtre de Stride, une déposition jusqu'ici inédite conservée dans les archives du Bureau de l'Intérieur est de la plus haute importance. Un rapport de l'inspecteur en chef Swanson dit :

> Le 30 à 12 h 45, Israel Schwartz du 22 Helen Street, Back Church Lane, déclara qu'à cette heure, en prenant Berner Street depuis Commercial Road et en allant jusqu'au portique où le meurtre fut commis il vit un homme s'arrêter et parler à une femme, laquelle se tenait dans le passage. L'homme essaya de tirer la femme dans la rue, mais il la contourna et il la jeta par terre sur la chaussée, et la femme cria trois fois, mais pas très fort. En passant du côté opposé de la rue, il vit un deuxième homme, debout, en train d'allumer sa pipe. L'homme qui avait jeté à terre la femme fit apparemment appel à l'homme qui se trouvait de l'autre côté de la route – « Lipski » –, puis Schwartz s'en alla, mais, se rendant compte qu'il était suivi par le second individu, il courut jusqu'au pont ferroviaire, et l'homme ne le suivit pas si loin. Schwartz ne peut pas dire si les deux hommes étaient ensemble ou se connaissaient l'un l'autre. Emmené au dépôt mortuaire, Schwartz identifia le corps comme étant celui de la femme qu'il avait vue et il décrivit le premier homme, qui la fit tomber : 30 ans environ, 1 m 65, teint clair, cheveux sombres, petites moustaches brunes,

visage entier, large d'épaules ; vêtements : veste et pantalon sombres, grand chapeau noir, rien dans ses mains.

Le second individu : 35 ans, 1 m 80, teint frais, cheveux châtain, moustaches brunes ; vêtements : manteau sombre, vieux chapeau noir en feutre dur, à bord large, il avait une pipe en écume dans sa main.

Le témoignage de Schwartz, que Swanson considérait comme fiable, constitue un parallèle troublant avec la version que Sickert avait du meurtre. Certes, ce dernier ne précisa pas que Netley avait fait appel à un « Lipski », une manière d'insulter les Juifs devenue à la mode après qu'un israélite de ce nom fut pendu pour meurtre en 1887[19]. Sickert ne dit pas non plus qu'Anderson avait suivi qui que ce soit pendant sa surveillance du côté opposé de la rue. En fait, il ne fit aucune allusion à quelqu'un passant par Berner Street pendant l'agression de Stride se produisait. Malgré ces détails oubliés, on ne saurait toutefois nier que la scène décrite par Sickert était exactement celle dont Schwartz a témoigné. Et même en tenant compte d'une note en marge de la déposition de Schwartz, rédigée par le secrétaire de l'Intérieur Matthews, selon laquelle « la police ne soupçonne apparemment pas le second homme que Schwartz a vu de l'autre côté de la rue », peut-on douter de ce que cet individu était en train de faire le guet, exactement comme Sickert le disait ? Nous n'avons pas de véritable description physique de Netley, hormis les propos de Sickert disant qu'il était petit et la preuve de son certificat de naissance montrant qu'il avait 28 ans au moment des meurtres. L'agresseur aperçu par Schwartz avait « 30 ans environ, 1 m 65 », ce qui concorde.

---

19  D'autre rapports des archives du Bureau de l'Intérieur rendent certain le fait que lorsque l'agresseur de la femme hurla « Lipski » il s'adressait à Schwartz et non à l'homme se trouvant de l'autre côté de la chaussée comme Schwartz l'avait d'abord cru.

Malgré les spéculations de l'inspecteur en chef Swanson de ce que l'homme que Schwartz vit accoster Stride peut ne pas avoir été son assassin, la logique veut qu'il le fût. L'homme fut aperçu en train de contourner Stride et de la jeter sur la chaussée, à l'endroit même où elle fut découverte tuée 15 minutes plus tard seulement. Il est invraisemblable que cet homme l'ait laissée et que, par coïncidence, un autre individu soit apparu pour accomplir un même genre d'agression de la même femme au même endroit. Le timing des violences surprises par Schwartz confirme que la scène à laquelle il assista était celle du tueur en action. Lors de l'enquête sur Stride au Vestry Hall de Cable Street, le D<sup>r</sup> Blackwell déclara : « J'ai regardé ma montre en arrivant (sur la scène du crime) et il était tout juste 1 h 10. »

Interrogé sur l'heure de la mort de Stride, il répondit : « De 20 minutes à une demi-heure avant mon arrivée. »

En remontant le temps à partir de l'arrivée du médecin, soit 1 h 10, nous voyons que le décès est peu susceptible d'être intervenu après 00 h 50, soit cinq minutes après l'agression signalée par Schwartz. D'après l'expertise de Blackwell, l'heure du décès se situerait plus probablement dans les 10 minutes précédant 00 h 50, ce qui établirait le meurtre *presque exactement* au moment où Schwartz vit Stride se faire agresser.

Le témoignage de Schwartz donne la preuve irréfutable de ce que la description par Sickert de l'assassinat de Stride est exacte. Il est impossible que Sickert se soit arrangé pour que son histoire concorde avec les observations de Schwartz, parce que jusqu'à maintenant le récit de ce dernier n'avait jamais été rendu public. Bien qu'il fût la seule personne qui eût jamais assisté à un meurtre de l'Éventreur en gestation, *Schwartz ne fut pas invité à donner ses éléments de preuve lors de l'enquête*. Ici, c'était encore un autre témoignage crucial qui était étouffé.

L'affirmation de Sickert selon qui Gull fit tomber dans les pommes quatre des victimes en leur faisant ingurgiter du raisin empoisonné est un autre aspect singulier de l'affaire se recoupant avec d'autres faits jusqu'ici inconnus rapportés par des archives confidentielles.

Le raisin a un lien avéré avec Jack l'Éventreur et reste attaché au folklore de l'affaire. Cullen mentionnait le cas d'une vieille Polonaise, Annie Tapper, lui racontant qu'elle avait vendu des grappes de raisin à Jack l'Éventreur quand elle était une petite fille de 9 ans. Cullen expliquait que la présence du raisin dans la légende de l'Éventreur se fondait sur un rapport « erroné » selon lequel des grains avaient été retrouvés dans les mains inertes d'une victime. Robin Odell a tendance à rejoindre l'avis de Cullen quant à l'inexactitude du rapport parlant des raisins. Il précisait : « La plupart des "jackologues" suivent la ligne de l'enquête consacrée à Stride, laquelle établit qu'elle avait des *cachous* dans sa main quand elle fut retrouvée morte, *et non du raisin*. »

C'est vrai qu'il fut affirmé pendant l'enquête sur Stride que sa main s'était refermée sur des cachous. Comment donc cette histoire de raisin a-t-elle vu le jour ? La réponse se trouve dans une dépêche publiée par le *Times* du lundi 1$^{er}$ octobre : « Sa main droite serrait fermement des grains de raisin, et dans sa main gauche elle tenait quelques bonbons. » Maintenant, il est bizarre que le *Times* se soit trompé dans un tel détail, parce que pour tout le reste sa minutieuse description de la dépouille de Stride était parfaitement fidèle. Dans un compte rendu distinct, l'*Evening News* confirmait la découverte de raisin dans la main droite de Stride, et ce journal trouva même un témoin qui prétendit avoir vendu du raisin à un homme qu'il avait vu en compagnie de Stride. Pourtant, lors de l'enquête, le D$^r$ Phillips, le médecin qui avait essayé de cacher les éléments impliquant la franc-maçonnerie dans les investigations autour de Chapman, sortit de son ressort pour discréditer les informations affirmant que du raisin avait été retrouvé.

Il déclara : « Je suis convaincu que la défunte n'a avalé ni peau ni pépin de raisin dans les heures précédant sa mort. »

Mais il reconnut que les marques visibles sur le mouchoir de Stride étaient des taches de fruit.

L'existence des grains de raisin est confirmée par une déclaration officielle présente dans le dossier du Bureau de l'Intérieur. L'inspecteur en chef Swanson écrivait :

> deux détectives privés œuvrant conjointement avec le comité de vigilance et la presse, en cherchant une bouche d'égout dans la cour, *trouvèrent une tige de raisin qui se trouvait parmi les autres choses balayées* après la fouille de la police […].

Seule l'expertise discutable du médecin franc-maçon Phillips mettait la vérité en doute, une vérité avancée non seulement par le *Times* et *Evening News*, mais par la police même. Comme le montre notre citation des archives du Bureau de l'Intérieur, l'indice du raisin fut littéralement *jeté dans le caniveau*. Nous serons sans doute proches d'en trouver le responsable en rappelant que Phillips fut un participant actif de l'opération de couverture, et aussi la personne la plus à même d'avoir dissipé la symbolique maçonnique autour d'Annie Chapman.

Un marchand de fruits et légumes de Berner Street, Matthew Packer, fut signalé dans l'*Evening News* comme ayant vendu du raisin à un homme accompagnant Stride peu avant son meurtre. *Mais il ne fut pas cité à comparaître pour les audiences. Pourquoi ?*

L'explication de ce détournement de la justice pourrait être que l'histoire de Packer était probablement fausse, que lui ou l'*Evening*

*News* l'avait inventée. Mais ce n'est pas le cas. Les dossiers de Scotland Yard renferment des documents montrant sans l'ombre d'un doute que Packer était considéré par la police comme un témoin clef et que sa déclaration était prise très au sérieux par les autorités. Ces documents sont rangés dans une petite liasse consacrée à ce meurtre. Le premier est un rapport du sergent Stephen White, contresigné par Abberline et le surintendant Arnold :

> J'ai l'honneur de signaler qu'en agissant conformément aux instructions de l'inspecteur Abberline, en compagnie de l'agent Dolden, du CID, j'ai fait des recherches dans chaque demeure de Berner Street, Commercial Road, le 30 du mois dernier, dans le dessein de glaner des renseignements concernant le meurtre. J'ai pris note de toutes les informations que j'ai pu obtenir dans un cahier qui m'a été donné à cette fin. Vers 9 h, je suis arrivé au 44 Berner Street et j'ai vu Matthew Packer, humble marchand de fruits. Je lui ai demandé l'heure à laquelle il avait fermé son commerce la nuit précédente. Il répondit : « 00 h 30, à cause de la pluie. Ce n'était pas intéressant pour moi de rester ouvert. » Je lui ai demandé s'il avait vu un homme ou une femme se diriger vers Dutfield's Yard, ou qui que ce soit dans la rue au moment où il fermait son magasin. Il répondit : « Non, je n'ai vu personne par là, ni vers la cour. Je n'ai rien vu d'anormal ni entendu le moindre bruit, et je ne savais rien du meurtre avant d'être mis au courant ce matin. »
>
> J'ai également vu M$^{me}$ Packer, Sarah Harrison et Harry Douglas, habitant le même immeuble, mais aucun d'eux ne put me fournir le moindre renseignement sur l'affaire.
>
> Le 4 de ce mois, l'inspecteur Moore m'a commandé de faire de nouvelles investigations et, si nécessaire, de revoir Packer et de l'emmener à la morgue. Je me suis rendu au 44 Berner Street et j'ai vu M$^{me}$ Packer qui m'informa de ce que deux détectives étaient venus et avaient accompagné son mari jusqu'au dépôt mortuaire. Je m'y suis alors rendu, y retrouvant Packer avec un autre individu. Je lui ai demandé où il était allé. Il dit : « Ce détective m'a demandé d'aller voir si je pouvais identifier la femme. » Je l'ai interrogé : « L'avez-vous fait ? » Il répondit : « Oui, je crois qu'elle a acheté du raisin dans mon magasin, samedi vers minuit. » Juste après, ils furent rejoints par un troisième homme. J'ai demandé à ces inconnus ce qu'ils faisaient avec Packer et ils affirmèrent tous deux être détectives. J'ai exigé de voir leurs références. L'un d'eux a sorti

une carte d'un livre de poche, mais il n'a pas voulu me laisser la toucher. Ils précisèrent alors qu'ils étaient des détectives privés. Ils persuadèrent ensuite Packer de partir avec eux. Vers 16 h, je revis Packer dans son magasin. Alors que je parlais avec lui, nos deux hommes arrivèrent en fiacre et, après être entrés dans le magasin, ils incitèrent Packer à monter dans leur voiture, affirmant qu'ils voulaient l'emmener voir sir Charles Warren à Scotland Yard.

D'après les investigations que j'ai menées, il ne fait aucun doute que ces deux hommes étaient mentionnés dans l'article de journal ci-joint comme ayant participé à la fouille de l'égout de Dutfield's Yard le 2 de ce mois. L'un des individus avait dans sa main une lettre adressée à Le Grand & Co. Strand.

À part montrer que la police pensait que Packer était un témoin important (sinon pourquoi serait-elle allée le voir trois fois et aurait-elle voulu l'emmener à la morgue ?), ce rapport indique également que quelque chose de peu commun était en train de se passer. White fut évidemment surpris de constater que Packer était déjà au dépôt mortuaire et qu'il s'y trouvait en compagnie de deux « détectives » lorsqu'il se présenta à son magasin le 4 octobre. Ne sachant vraisemblablement rien des activités des soi-disant détectives, White se mit en route vers la morgue. Il croisa Packer en chemin, en compagnie de deux hommes qui prétendaient être des détectives privés. *Ils persuadèrent ensuite Packer de partir avec eux.* D'après les mots utilisés par White pour décrire leur sortie, il est évident qu'il avait des doutes sur ces deux énergumènes et leurs méthodes hétérodoxes. Ses soupçons étaient légitimes. Quels détectives privés embarqueraient un témoin avant même que la police chargée des investigations ne l'interroge ? La deuxième fois où White rencontra ces hommes, ils affirmèrent de nouveau qu'ils étaient des détectives privés, mais ils refusèrent de donner leurs papiers à White. Puis ils firent ce qui semblait être la plus outrageante des revendications : conduire Packer jusqu'à sir Charles Warren. Qui étaient ces individus ? Quelle autorité pouvaient-ils avoir pour faire des recherches autour de Packer indépendamment du CID et des officiers en uniforme ? Comment espéraient-ils obtenir une audience de Warren ? Quel intérêt le commissaire général de la police métropolitaine pouvait-il prêter au témoignage d'un modeste marchand de fruits ?

Ces questions pourraient toutes être résolues par la possibilité que ces prétendus détectives étaient en réalité des journalistes dupant le sergent White de façon à avoir une bonne histoire et à publier des nouvelles exclusives. De telles manœuvres n'étaient pas inédites. Une seule chose démontre la fausseté de cette hypothèse : notre deuxième document important des archives de Scotland Yard. Il s'agit d'une déposition officielle de Packer, écrite de la main même de *sir Charles Warren*. C'est très étrange... Cela veut dire que Packer *fut vraiment emmené* à Scotland Yard pour voir Warren avec nos deux détectives. Cela doit aussi signifier que ce n'étaient pas des détectives, mais comme des enquêteurs spéciaux travaillant indépendamment du CID et de la police régulière. Ce qui est plus important, c'est qu'ils auraient agi directement sous les ordres de Warren. Pour une raison ou une autre, ce dernier voulait passer outre ses propres officiers pour retrouver Packer et connaître son témoignage exact avant que les policiers lancés sur l'affaire n'aient une chance de l'interroger. Il n'y a dans le dossier aucune autre déposition ou rapport de la main de Warren. Il n'avait joué aucun autre rôle direct dans l'enquête, sauf pour faire effacer le graffiti mural maçonnique le 30 septembre au matin. Il est important de remarquer que ses hommes de main, discrets, n'étaient pas impliqués dans le reste de l'affaire. Ils n'avaient que deux fonctions. La première était de devancer la prise de témoignage de Packer concernant la vente de raisin à l'Éventreur ; la seconde était de faire disparaître toute trace de raisin du caniveau de Dutfield's Yard.

Si Warren avait employé ces individus pour mieux servir la justice, il se serait assuré de ce que le témoignage de Packer pût être entendu. Mais, comme Schwartz, le seul autre témoin réellement important, il ne fut pas cité à témoigner et ce qu'il savait fut tu.

Pourquoi Warren aurait-il désiré étouffer des faits autour du raisin ? Nous avons montré que toute preuve pouvant permettre d'identifier les tueurs fut soigneusement et délibérément dissimulée pendant les enquêtes. Mais quel usage aurait-on pu avoir du raisin pour identifier Jack l'Éventreur ? Même si cela n'a jamais été admis, le raisin était un indice sérieux pour établir la vérité. Étrange à tant d'égards, sir William Gull n'allait jamais nulle part sans quelques grains de raisin. Dans une lettre écrite 11 ans avant les meurtres, et jamais publiée auparavant, Gull s'incriminait lui-même. Son courrier, aujourd'hui conservé par la bibliothèque du Collège royal de médecine, dit :

> Cher D$^r$ Duckworth,
>
> En lisant vos remarques sur mon témoignage [devant la commission de la Chambre des lords sur l'intempérance], j'ai trouvé que vous vous étiez mépris. Je n'ai pas de copie de la déposition que j'ai faite, mais ce que je voulais dire c'était que lorsque je suis fatigué je me revigore en mangeant du raisin.
>
> J'ai l'habitude de ce faire depuis de nombreuses années. Je ne voyage jamais ni ne peux aller nulle part sans raisin. Il y en a toujours dans mes sacs de voyage et, quand je suis en Écosse ou à la campagne, cela forme mon déjeuner avec un biscuit et de l'eau. Je ne mange pas de sucre de canne, mais le sucre des raisins semble à même de me fournir les substances revigorantes dont j'ai besoin, comme en atteste ma propre expérience. Je ne bois que peu de vin, mais je ne suis en aucun cas un abstinent. Je crois au bon usage du vin, comme je l'ai dit dans mon témoignage, mais je répète que, lorsque je suis fatigué dans ma vie professionnelle, je préfère consommer des grappes de raisin et de l'eau.
>
> Très sincèrement,
> William W. Gull, 16 décembre 1877

*La déclaration de Packer*

*Une partie de la lettre de Gull*

# Chapitre XVI

## *Le troisième homme*

Désormais, nous sommes loin de cette singulière matinée dans le salon de Sickert fils, où il dévoila pour la première fois la teneur de la saga décousue de son père. Une année et demie de recherches avait abouti à la démonstration de ce que l'histoire la plus invraisemblable jamais racontée au sujet des meurtres de Whitechapel était en fait la solution longtemps recherchée. Walter Sickert semblait avoir été transformé, de conteur douteux, en un homme fort de 87 ans de « jackologie » ayant dit la vérité, toute la vérité, et rien que la vérité. Il ne restait plus qu'à examiner sa dernière allégation, la prudente – mais, à l'heure qu'il est, plus très étonnante – désignation de sir Robert Anderson pour troisième homme.

Anderson était un franc-maçon haut gradé, et il fut nommé assistant du commissaire de la police métropolitaine le jour même où Mary Nichols fut assassinée. Comme nous l'avons expliqué dans le chap. X, son prédécesseur (non maçon), James Monro, un détective compétent et dynamique, était depuis des mois la cible des attaques à tous crins de Warren. Ce dernier était déterminé à se débarrasser de Monro et, le jour même où il parvint à le démettre de ses fonctions, Mary Nichols était tuée.

Il n'y a pas de preuve *concrète* impliquant Anderson dans les meurtres. Le pire que l'on puisse dire de lui est qu'il était menteur, et que son attitude à l'époque des meurtres était très suspecte. Il est peut-être, des trois individus nommés, le moins susceptible d'avoir été lié aux crimes de l'Éventreur de façon directe.

Sa conduite étrange commença presque tout de suite après sa prise de poste au CID. Il monta sur scène quelques heures après la mort de Nichols, fit remarquablement bien son boulot pendant une semaine et, le lendemain du meurtre d'Annie Chapman, il partit en vacances en Suisse – ce n'était pas forcément le choix le plus responsable à faire... Le ressort de la police métropolitaine était un chaudron bouillonnant de vices et de crimes. Dans toute l'Angleterre, la violence atteignait des sommets aussi inédits qu'inquiétants, et la situation à Londres était critique. Outre cette agitation constante, un tueur plein de sang-froid qui, à ce stade, était considéré comme dément, était en liberté dans l'est londonien, ayant déjà frappé à deux reprises. Mais sir Robert Anderson déserta de ses nouvelles responsabilités *pour partir en vacances* ! Dans son autobiographie The Lighter Side of My Official Life, Anderson donna pour raison de son départ malvenu sa piètre santé. S'il était trop malade pour pouvoir faire face à son devoir à un moment où c'était plus que nécessaire, il est étonnant qu'il ait été nommé commissaire adjoint. Et il est bizarre qu'avec une telle maladie il fut capable d'encaisser un long trajet vers la Suisse...

Une autre observation nous éclaire sur le caractère d'Anderson, mais – il faut l'admettre – ne l'incrimine en rien. En faisant directement référence à l'affaire Jack l'Éventreur, il mentit effrontément. Dans ses mémoires, il affirma très clairement connaître l'identité du meurtrier :

Il n'y a pas besoin d'être un Sherlock Holmes pour savoir que le criminel était un maniaque sexuel d'un type virulent [...] et la conclusion à laquelle nous sommes arrivés est que lui et ses proches étaient des Juifs polonais des classes populaires. [...] Et l'avenir montra que notre diagnostic était juste en tout point. Car je peux dire de ce pas que les « meurtres non résolus » sont rares à Londres, et les crimes de Jack l'Éventreur ne font pas partie de cette catégorie.

Il poursuivait en disant que la carte postale du « double meurtre » était « l'œuvre d'un journaliste londonien hardi ». Il continuait :

En tenant compte de l'intérêt prêté à cette affaire, je suis presque tenté de dévoiler l'identité de l'assassin et du journaliste qui écrivit la lettre évoquée. Mais il n'y aurait aucun bénéfice public à cela, et les traditions de mon ancienne institution en souffriraient. Je voudrais simplement ajouter que la seule personne qui ait jamais eu une bonne visibilité du meurtrier identifia sans hésiter le suspect à l'instant où il fut mis en sa présence ; mais il refusa de témoigner contre lui. Si je dis que le criminel était un Juif polonais, je ne fais que mentionner un fait avéré.

Ici, nous ne sommes pas seulement censés croire que l'Éventreur devait être quelque immigré, mais aussi qu'il était détenu par la police et avait été identifié par un témoin l'ayant vu la scène d'un crime. Même le plus crédule des lecteurs trouverait ceci difficile à avaler, sans parler de la déclaration grotesque selon laquelle le seul témoin de la police aurait refusé de témoigner contre le tueur... C'est sans aucun doute avec un haussement d'épaules philosophe que l'inspecteur aura regardé Jack l'Éventreur ressortir libre de son commissariat !

Trois ans avant d'écrire cela, Anderson raconta une autre histoire, rapportée dans son livre *Criminals and Crime* : l'Éventreur aurait été « enfermé en sûreté dans un asile ». Au sein de la police, personne à l'époque n'était d'accord avec les opinions d'Anderson, comme en atteste la surabondance des œuvres consacrées à l'affaire par des policiers de tous les grades ; il n'y a pas un seul mot des archives de Scotland Yard et du Bureau de l'Intérieur pour étayer ses allégations ;

aucun des soi-disant « faits » qu'il prétendait être « absolument avérés » n'existait en dehors de ses hypothèses farfelues. Ou bien Anderson inventait ses histoires pour détourner les chercheurs de la piste maçonnique, ou alors il fantasmait pour flatter son *ego*. La fanfaronnade puérile : « Je sais qui était Jack l'Éventreur, mais je ne le dirai pas ! » a été étonnamment très courante chez des hommes prétendument mâtures. En tout cas, sir Robert Anderson, un francmaçon, l'un des policiers les plus éminents en lien avec l'affaire, donnait dans la fiction.

*Sir Robert Anderson*

Peu importe la vérité au sujet d'Anderson et de ses rapports avec les meurtres, car un fait est devenu clair : Sickert avait dit la vérité, mais pas toute la vérité. Tout ce qu'il avait dit du prince Eddy, d'Annie Elizabeth Crook, de sir William Gull et des meurtres en eux-mêmes était vrai. Trop d'éléments indépendants, et des corroborations non évoquées par Sickert, se sont fait jour pour qu'il puisse en être autrement. Mais il en savait trop pour que son histoire s'arrête avec Cleveland Street, comme il le dit à maintes reprises à son fils. Il est évident, d'après l'étendue et la précision de son savoir, que Walter Sickert en savait plus qu'il ne voulait le dire. Pour découvrir avec exactitude *combien* il en savait, il est utile d'examiner certains des aspects les moins tangibles de son histoire.

L'un des mystères de l'art se retrouve dans les tableaux de Walter Sickert. Un maître incontesté, et considéré par beaucoup comme le meilleur d'un petit groupe de peintres anglais de ce siècle, Sickert signa un nombre immense d'œuvres. Sa production aurait été « plus importante que celles de Constable et Corot ensemble ». Le nombre exact est inconnu, car il avait quatre lieux de prédilection – Dieppe, Camden Town, Venise et Bath, et il ne fut jamais précis quant à l'écoulement de ses œuvres. L'énigme de ses tableaux comprend divers détails inexplicables et surprenants, ainsi que les incohérences volontaires qu'ils contiennent, mais aussi les titres en apparence hors sujet de plusieurs de ses toiles. Ceux-ci n'ont jamais été expliqués. Walter confia à son fils qu'il avait évoqué à demi inconscient les principaux événements des meurtres dans certaines de ses peintures, et qu'il avait laissé des indices dans leurs titres. Un exemple parmi d'autres était, précisait-il, son tableau intitulé *Lazarus Breaks His Fast*[20], un portrait impressionniste d'un homme en train de manger du raisin noir avec une cuillère. Le peintre disait que cette toile était une accusation voilée de Gull, qui avait rendu ses victimes inconscientes en leur donnant du raisin empoisonné. C'était vraiment une connaissance d'initié, car il n'y a aucune façon réaliste de découvrir

---

20 « Lazare rompt son jeûne » (N.D.T.).

que les victimes furent empoisonnées avant d'être mutilées. Cette thèse est en partie soutenue par le D$^r$ Llewellyn, qui examina le corps de Nichols. Un rapport d'Abberline dans les archives de Scotland Yard explique :

> L'inspecteur mit au courant le D$^r$ Llewellyn qui réalisa ensuite un examen de plus d'une minute et établit que les blessures à l'abdomen étaient en elles-mêmes suffisantes pour provoquer une mort instantanée, et il exprima l'avis qu'elles furent infligées *avant que la gorge ne fût tranchée*.

Sickert est donc l'un des rares à avoir affirmé que l'égorgement n'était pas à l'origine de la mort, une déclaration confirmée par les rapports d'autopsie officiels. En gardant en tête la précision de l'artiste dans tous les autres points examinés jusqu'ici, et en tenant compte de ce que les archives secrètes (desquelles il ne pouvait rien savoir) incluaient un avis médical selon lequel l'une au moins des victimes était morte avant d'être égorgée, il semble probable que Sickert soit exact dans sa description de la méthode d'exécution retenue par Gull. Il reste encore une maigre chance que la vérité puisse être établie, même à une date si tardive. Si les corps des victimes étaient exhumés, des tests sur leur moelle osseuse pourraient peut-être révéler des traces de poison. Le renvoi précis de Sickert aux grains de raisin concorde également avec le penchant avoué par Gull lui-même pour ce fruit ; avec les grains retrouvés enserrés dans la main morte de Stride, dont l'existence fut soigneusement tue ; et avec l'histoire du marchand de fruits Packer, que sir Charles Warren voulait désespérément étouffer.

*Lazarus breaks his fast*

Si les lumières de Sickert sur la méthode des tueurs sont si exactes, son implication dans l'affaire doit avoir été beaucoup plus importante que ce qu'il prétendait. Walter Sickert, et non sir Robert Anderson, était le troisième membre du trio de l'Éventreur. Psychologiquement, cette explication est extrêmement cohérente avec le besoin de Sickert de raconter cette histoire avant de mourir, et avec les indices laissés au sujet de l'affaire dans ses tableaux. Son récit sur le mobile des meurtres, leur signification maçonnique, et le rôle de Gull ou Netley est entièrement véridique, comme nous l'avons montré. Mais un homme dont l'histoire se serait vraiment arrêtée à Cleveland Street n'aurait pu avoir à sa portée une telle abondance de détails concernant les crimes en eux-mêmes. Et il n'aurait pas été aussi obsédé par l'affaire. Si Sickert avait été directement impliqué, s'il avait pris part à ce crime parfait, cela pourrait expliquer sa fixation sur l'affaire. Car, concrètement, il n'existe aucun crime parfait : si personne n'est jamais arrêté, seul le criminel connaît sa perfection. Les pressions sur un causeur invétéré tel que Sickert contre la révélation de son propre crime « parfait » doivent avoir été immenses. Mais il savait que s'il disait *toute* la vérité, la perfection en aurait été ruinée par sa propre implication. Habilement, il remplaça son rôle dans les opérations par un homme qu'il savait être censé avoir été loin de l'Angleterre pendant une grande partie du règne de l'Éventreur, un individu qui n'avait aucun alibi local. L'inculpation d'Anderson par Sickert, et les événements étranges entourant la nomination d'Anderson comme commissaire adjoint, indiquent qu'Anderson fut impliqué dans le complot. Le fait qu'en tant que franc-maçon il fut l'homme que Warren désirait pour commandant en second tant que les crimes de l'Éventreur dureraient suggère qu'il aida activement son supérieur dans l'étouffement des faits, ce qui était probablement l'unique dessein de Warren en prenant son poste.

Par une coïncidence telle qu'il y en a beaucoup dans les recherches sur l'Éventreur, deux heures après avoir convenu de ce que Sickert était lourdement impliqué dans les meurtres en eux-mêmes, je lus ce passage extrait de The Identity of Jack the Ripper, par McCormick :

> Mais une autre proposition est que Walter Sickert, le peintre, aurait été Jack l'Éventreur. La raison pour laquelle Sickert fut suspecté est qu'il était supposé avoir fait des croquis et des tableaux sur les crimes de l'Éventreur.

Quelqu'un avait déjà pointé un doigt accusateur sur Sickert. Mais qui ? Dans les 15 années qui se sont écoulées après l'écriture de cet ouvrage par McCormick, ses notes sur Sickert furent perdues. Mais le fait demeurait : Sickert avait été accusé pour des raisons totalement déconnectées des indices involontairement laissés dans l'histoire qu'il raconta à son fils.

Au moment des meurtres, Sickert vivait dans divers appartements et meublés de l'East End. C'était la période où il peignit ses célèbres tableaux de music-hall, mettant tous en scène des lieux de l'East End ou de ses abords immédiats. Il sortait chaque nuit et prenait des femmes sur le trottoir pour lui servir de modèles dans ses toiles aux intérieurs misérables et aux personnages frappés par la pauvreté. À cette époque, il lui était impossible de s'offrir des modèles professionnelles qui n'auraient en tout cas pas eu les visages fatigués et souvent tendus si essentiels pour rendre les dures vérités qu'il s'évertuait à dépeindre. Dans *The Life and Opinions of Walter Richard Sickert*, le D$^r$ Robert Emmons écrivait :

> Il avait coutume de se rendre chaque nuit dans des cabarets et de rentrer à pied depuis Hoxton, Shoreditch, Canning Town ou Islington, en passant par Primrose Hill, et ainsi de suite jusqu'à Hampstead. Il portait un manteau à carreaux voyant, descendant jusqu'aux chevilles, et traînait un petit sac pour ses dessins. Une nuit, à Copenhagen Street, un groupe de jeunes filles s'enfuit devant lui en criant : « Jack l'Éventreur, Jack l'Éventreur ! »

Il est facile de comprendre comment un tel incident se produisit : Sickert laissait percer une ressemblance frappante avec Jack l'Éventreur dans l'imaginaire populaire. Rétrospectivement, nous pouvons maintenant voir que l'image que l'on se fait universellement de l'Éventreur repose sur les descriptions données par des témoins qui virent Sickert sur les lieux de deux ou trois meurtres au moins. L'une des descriptions les plus fiables d'un homme aperçu avec une victime peu avant la mort de cette dernière, celle de l'agent Smith à Berner Street, disait que le suspect avait 28 ans environ. Cela fut remarqué par l'œil exercé d'un policier, plutôt précis dans son estimation. En 1888, Sickert avait exactement 28 ans !

À la fin de la décennie 1880, malgré sa réputation croissante en tant que peintre et son grand cercle d'amis haut placés, Sickert vivait avec un petit budget. Bien que ses vêtements fussent toujours bien coupés, il n'avait pas encore les ressources suffisantes pour les remplacer aussi souvent qu'il l'aurait voulu. Il faisait à peu près 1 m 80 et, à ce moment de sa vie, d'après son ami l'écrivain irlandais George Moore, il arborait de petites moustaches blondes, « des mèches d'or ». Comparons l'apparence de Sickert à cette époque avec la description d'un homme vu avec Catherine Eddowes à Duke Street (rue menant à Mitre Square) peut avant son assassinat. Elle est généralement considérée comme l'une des descriptions les plus précises de l'Éventreur. Le *Times* spécifiait :

> Il est d'aspect miteux, âgé d'environ 30 ans et haut d'1 m 75, la peau claire, arborant de petites moustaches blondes, et portant un foulard rouge et un couvre-chef pointu.

Dans tous ses détails essentiels, cette description correspond à Sickert. Serait-ce une coïncidence si un autre témoin digne de confiance, George Hutchinson, qui aperçut un homme accompagner Mary Kelly dans sa chambre, le décrivit lui aussi comme ayant un foulard rouge ? En n'oubliant pas que le rouge est une couleur peu commune pour un tel accessoire, et ce encore plus à l'époque conservatrice de la reine Victoria, une dernière observation sur ce point est cruciale. Sickert avait un foulard rouge qui, selon les propos de son amie Marjorie Lilly, semblait avoir « quelque pouvoir étrange. » M$^{lle}$ Lilly rappelait dans son ouvrage sur Sickert que son étoffe rouge

> était un élément important dans la genèse et création de ses peintures, un fil d'Ariane guidant le fil de ses pensées, aussi nécessaire que la serviette de table que Mozart avait coutume de tripoter lorsqu'il composait.

M^lle Lilly ne connut jamais le mystère entourant le foulard rouge de Sickert. Dans son esprit, il était intimement associé à deux idées semblant contradictoires : de façon vague à l'Église, et plus nettement au meurtre. D'après M^lle Lilly, pour Sickert, *meurtre* signifiait « Jack l'Éventreur ». En peignant sa série *Camden Town Murder*, le meurtre ne quitta pas un seul instant son esprit. M^lle Lilly se le rappelait en train de peindre ces toiles :

> En revivant la scène, il jouait le rôle d'un voyou, attachant sommairement son foulard autour du cou, tirant son couvre-chef sur les yeux et allumant son lanternon. Immobile, profondément enfoncé dans son siège, perdu dans les ombres projetées à travers la pièce, il méditait pendant des heures sur le problème. Lorsque son foulard avait réalisé son but immédiat, il était suspendu à quelque poignée de porte ou patère, restant accessible pour stimuler encore son imagination, faire bouillir son cerveau. Il jouait un rôle important dans la réalisation des tableaux, l'aiguillonnant aux moments critiques, s'entremêlant si étroitement avec l'élaboration réelle de son projet qu'il le gardait en permanence sous les yeux.

Il était important pour lui, parce que c'était le foulard qu'il avait porté les nuits où il était Jack l'Éventreur. À moins que Sickert ne fût pas l'homme au foulard rouge aperçu par deux témoins indépendants les nuits de deux meurtres de Jack, quelle explication y aurait-il pour le lien obsessionnel qu'il faisait entre cet accessoire *et le meurtre* ? La confirmation attendue vint de lui-même, puisqu'il expliqua à son fils que la série *The Camden Town Murder* s'inspirait du meurtre de Mary Kelly.

Des éléments de la personnalité de Sickert ne peuvent être assimilés à l'idée d'un homme connaissant la vérité sur les meurtres de l'Éventreur mais n'étant pas personnellement impliqué. Une chose est incohérente, même pour l'individu dont l'intérêt pour l'affaire est de l'ordre de la passion, sauf si celle-ci reposait sur la complicité. Car, après un AVC à la fin de sa vie, Walter Sickert en vint à penser qu'il était Jack l'Éventreur. Avant d'avoir la moindre idée de mes suppositions sur son vieil ami, Marjorie Lilly me confia :

> Après l'attaque, Sickert avait des "périodes Jack l'Éventreur" pendant lesquelles il s'habillait comme l'assassin et se promenait ainsi plusieurs semaines durant. Il baissait les lumières de son atelier et *devenait* littéralement Jack l'Éventreur dans ce décor et cette ambiance. Il sortit toute sa vie au milieu de la nuit et, comme Dickens, il déambulait simplement dans les rues de Londres jusqu'à l'aube. Il trouvait que l'inspiration si nécessaire à un peintre lui venait mieux en errant entièrement seul dans les rues obscures de Kentish Town ou de l'East End.

On dit, et non sans quelque raison, qu'un criminel retourne toujours sur les lieux de son crime. Les excursions nocturnes de Sickert étaient-elles une sorte de retour psychologique à l'atmosphère qu'il contribua si puissamment à créer ? Et, après son AVC, lorsqu'il n'avait plus assez de présence d'esprit ou de contrôle inconscient pour cacher la vérité, le personnage d'il y a 50 années ne serait-il pas devenu prédominant dans un cerveau bien connu pour sa complexité tortueuse ? Mlle Lilly évoque encore et encore, dans son ouvrage, la compulsion de Sickert, à chaque fois qu'il se promenait dans Londres, à emprunter des ruelles obscures et à explorer toutes sortes de passages inconnus. Cette habitude lui donnait précisément le genre de connaissance précise de la géographie londonienne très souvent prêtée à Jack l'Éventreur.

Étudiés à la lumière de son affirmation de ce qu'ils contiennent des allusions cachées aux crimes de l'Éventreur, les tableaux de Sickert sont un beau témoignage sur sa santé mentale. Il avait généralement coutume de donner à ses peintures des noms qui paraissaient n'avoir aucun rapport avec leur contenu, comme plusieurs toiles assez différentes intitulées *Jack and Jill*. Joseph Sickert a dit que son père avait repris ce titre en se ressouvenant d'une strophe de poésie comique composée par un habitué de Cleveland Street, que nous avons déjà citée :

> Jack et Jill sortirent pour tuer
> Pour des raisons qu'ils ne pouvaient contrecarrer
> Jack tomba et perdit sa couronne
> Et laissa une petite fille.

Que sa mémoire s'ouvrait constamment sur la saga de l'Éventreur et ses origines à Cleveland Street est très clairement montrée dans un tableau en particulier. C'est, de tous, le meilleur élément de preuve démontrant que Sickert sema dans son art des indices concernant l'affaire. C'est une peinture troublante au sujet de laquelle il ne fit aucun commentaire à son fils. Elle dépeint une pièce victorienne des plus tristes, avec de hauts plafonds. Sur le mur, au centre d'une alcôve de cheminée, il y a comme un ornement dont les contours sont peu nets, mais qui ne peut être rien d'autre qu'une tête de mort. Cet antique présage de danger imminent regarde d'en bas une femme pauvrement vêtue, avec une blouse et une longue jupe. Elle détourne son visage de ce regard funeste, sa main est posée sur sa joue en signe de désespoir et une expression d'angoisse traverse ses traits. En supposant que cette femme est Mary Kelly avec la Mort la regardant en face, je pourrais à juste titre être accusé de permettre à mon imagination de m'emmener trop loin, mais il y a autre chose encore : le titre énigmatique de cette peinture. Comme tant d'autres titres de Sickert, on n'a jamais expliqué celui-ci. Il lui donna deux noms : *X's Affiliation Order*[21] et *Amphitryon*. En se figurant qu'une demande de reconnaissance détermine la filiation paternelle d'un enfant illégitime, peut-on éviter de conclure que Sickert évoquait les événements de Cleveland Street ? Et qui est X ? En ayant à l'esprit l'histoire de Sickert au sujet d'un grand de ce

---

21 Traduisible par « Reconnaissance de filiation » (N.D.T.).

monde se faisant passer pour un être inférieur, séduisant de la sorte une jeune fille ordinaire et la mettant enceinte, nous pouvons méditer sur l'autre titre de ce tableau : *Amphitryon*. La légende d'Amphitryon nous raconte comment Jupiter, roi des dieux, *le plus puissant* de l'Olympe, *se déguisa en un être inférieur pour séduire une femme ordinaire, qui tomba enceinte de lui.*

*Amphitryon, ou X's Affiliation Order*

Le vieux Walter parlait d'un autre tableau, auquel il avait donné deux noms. C'était un portrait d'une femme au menton anguleux portant un grand chapeau. Il s'intitule *Blackmail*[22] ou *Mrs Barrett*. Personne n'a pu expliquer pourquoi il choisit chacun de ces titres. Sickert confia à son fils que c'était une représentation de Mary Kelly,

---

22   Ce qui signifie « Chantage » (N.D.T.).

et effectivement Kelly avait un menton carré : le portrait a une grande ressemblance avec les dessins de Kelly parus dans les journaux après son assassinat. Il l'appela comme variante *Mrs Barrett* parce que, quand elle s'installa à Dorset Street, Kelly s'enticha d'un certain Barnett et fut prise pour sa femme. Ici, Sickert se trompait, car le concubin de Kelly s'appelait Joseph *Barnett*, et non Barrett. L'intention du peintre était malgré tout celle qu'il avait évoquée. Il l'intitula *Blackmail* parce que Kelly était au cœur d'un chantage autour de l'enfant naturel du prince.

Il peignit un tableau d'un chœur de filles de music-hall, portant chacune une robe rouge sang et une sorte de foulard. Elles représentaient, expliquait-il, les victimes de l'Éventreur. Les rebords tourbillonnants et colorés de leurs vêtements symbolisaient leurs mutilations, et les foulards leurs blessures à la gorge.

La série *The Camden Town Murder* est parfois appelée *What Shall We Do For The Rent ?* Une fois encore, disait Sickert, ces peintures s'inspiraient de Kelly. Elles montraient une femme nue étendue sur un lit. Sur certaines, elle est assise sur le bord du lit, se tordant les mains ; dans d'autres, un homme se tient au-dessus du corps de la femme. Sickert disait avoir choisi le second titre : *What Shall We Do For The Rent ?* parce que Kelly était en retard pour payer ses loyers. Son cadavre fut de fait découvert par un homme envoyé chercher quelque arriéré de loyer. L'autre titre, *The Camden Town Murder*, est plus facilement compréhensible. Il s'agit d'un meurtre réel qui fut commis en 1907 et où une femme eut la gorge tranchée tandis qu'elle était couchée dans son propre lit. Tout en mentionnant que l'assassin ne fut jamais attrapé, il peut être intéressant de rappeler l'affirmation de Sickert selon laquelle un peintre ne saurait peindre quelque chose qu'il n'a pas expérimenté. Le lien entre la série *The Camden Town Murder* et Mary

Kelly ne s'arrête pas là. D'après Robert Emmons, Sickert disait à tout le monde que le modèle de cet ensemble s'appelait... Marie.

*The Camden Town Murder*

Il est intéressant que Robert Wood, l'homme qui fut poursuivi et acquitté pour le meurtre de Camden Town, était un ami de Sickert, et qu'il servit même de modèle pour cette série. Ce furent les amis de Wood, sans doute poussés par Sickert, qui payèrent un avocat pour sa défense. Le hasard a voulu que ce juriste fût Arthur Newton, celui-là même qui avait comploté avec le gouvernement pour étouffer les liens d'Eddy avec Cleveland Street en 1889.

Un autre tableau intitulé *Blackmail*, celui-ci au pastel, dépeint une jeune femme sagement assise dans un fauteuil à haut dossier. Ses yeux sont vitreux, le bout de son nez semble faire défaut et le manque de précision sur la partie intérieure de son visage rend sa bouche presque inexistante. Dans une large mesure, c'est ce que Jack l'Éventreur infligea à Mary Kelly.

*Blackmail, ou Mrs Barrett*

Mais un indice peut-être plus manifeste sur le psychisme de Sickert se retrouve dans *The Painter In His Studio*, un autoportrait. Une sculpture de femme sans tête occupe le premier plan, les membres sans leurs extrémités. Cependant, à l'inverse d'une véritable statue, cette œuvre ne s'est pas effritée à cause des ravages du temps. Ses membres semblent avoir été brisés ou abîmés en partant du buste, comme si cette femme avait été la victime de quelque boucherie.

*The Painter In His Studio (autoportrait)*

Sa préoccupation quant à la mort est manifeste dans plusieurs œuvres. *Le Journal* en est un bon exemple : il semble que ce soit un simple portrait d'une femme allongée en train de lire un journal qu'elle tient en hauteur au-dessus de sa tête. « Cette femme est morte », confiait Sickert à son fils, et il lui signalait un détail que la plupart des gens manquaient : le bas du journal est en partie dissimulé par les cheveux de la femme. Cela signifie qu'elle n'est pas du tout en train de lire. Le journal tient contre le mur qui se trouve derrière elle. Et, incontestablement, elle est morte.

Dans *Ennui*, un tableau dans le tableau représente la reine Victoria. Ce qui ressemble à un oiseau voletant près de sa tête est en réalité une « *gull* » (mouette), expliqua Sickert à son fils.

*Ennui*

Même dans ses dernières toiles, Sickert ne put oublier Eddy et les événements qu'il avait déclenchés. En 1935, il peignit *King George V and Queen Mary*, un portrait du couple royal en voiture. La moitié avant de la reine est cachée par le cadre de la fenêtre du véhicule. C'était, disait Sickert, en souvenir du fait que la moitié de Mary revenait à Eddy (ils étaient censés se marier quand ce dernier mourut).

Le peintre étale son intérêt constant pour les prostituées dans plusieurs tableaux, peints à toutes les étapes de sa carrière. *Cocotte de Soho* et *The Belgian Cocotte* en sont les deux meilleurs.

*La Hollandaise*

Enfin, sa *Hollandaise* peinte en 1905 et une autre version de *Mrs Barrett* nous ramènent à Miller's Court et au cauchemar du 9 novembre 1888. Cette *Mrs Barrett* s'inspirait encore de Kelly, affirmait Sickert. Elle est plus troublante que les versions mentionnées jusqu'ici. Le sujet est cette fois-ci représenté de profil. Ses yeux disparaissent dans une opacité profonde, à la manière d'un crâne, et son visage est mortellement pâle. *La Hollandaise* est une abomination. Elle représente une femme nue aux cuisses grasses, accoudée sur un lit dans une chambre sinistre. Son visage est totalement invisible, et la difficulté offerte par toute tentative de discerner ses traits est semblable à celle expérimentée en étudiant la photographie du visage mutilé de Kelly prise par Scotland Yard. Le nez de *La Hollandaise* semble avoir été coupé, comme celui de Kelly, ses yeux sont flous et l'effet d'ensemble fait penser qu'il s'agit d'une tête animale plutôt qu'humaine. Le même sentiment nauséeux émane de la photo de Kelly.

Le psychologue Anthony Storr, ancien médecin spécialiste d'Harley Street, est d'accord avec le fait que la façon d'agir de Sickert en laissant dans ses tableaux des indices pourrait indiquer une participation aux meurtres de l'Éventreur. « Il est certain », disait-il, « que des gens gardant des secrets coupables souffrent d'une compulsion à laisser des indices, comme Sickert déclarait l'avoir fait avec ses œuvres. »

Les deux principaux auteurs ayant travaillé sur Sickert, Robert Emmons et Marjorie Lilly, qui comptaient tous deux parmi ses intimes, ont chacun observé une facette mystérieuse et sombre dans son caractère qui, la plupart du temps, demeurait cachée sous son esprit pétillant et son charme, mais qui se montrait – selon les propres mots d'Emmons – dans des accès de froideur. En faisant allusion à l'une de ces manifestations du côté le plus sombre de sa nature, M$^{lle}$ Lilly se rappelait « à quel point le D$^r$ Jekyll avait endossé le rôle de Mr Hyde ». Emmons faisait remarquer que : « Le serpent peut dormir longtemps dans un panier de figues. » Il continuait :

> Parfois, quand il était soumis à une humeur dépressive ou misanthrope, il restait invisible des semaines durant, et il réapparaissait soudain, plus gai et débonnaire que jamais.

En nous intéressant aux éléments de preuve documentaires contre Sickert, deux des meilleures descriptions de l'Éventreur (celles de l'agent Smith et d'Hutchinson) disent qu'il transportait un paquet. Smith le décrivait comme étant « un paquet enveloppé dans du papier journal, d'environ 45 cm de long et 15 à 20 cm de large ». Ses dimensions empêchent qu'il s'agisse d'un couteau, selon ce que certains auteurs ont proposé. Les observations de Smith concordent avec l'assertion de Sickert déclarant que les meurtriers remontèrent jusqu'à Kelly à l'aide d'un portrait. Il omit toutefois d'expliquer où les tueurs avaient pu se fournir un tel portrait... Il semble peu probable que ce fût une photographie de Kelly, de sorte que ce doit avoir été une peinture ou une esquisse – cette dernière option est la plus vraisemblable. Sickert est plus précisément pris dans notre toile quand on se rend compte qu'il était à même de produire une représentation de Kelly, probablement un croquis fait de mémoire. Nous savons déjà que Sickert avait des appartements un peu partout à East End à cette époque, et qu'il utilisait chaque nuit des prostituées pour modèles. Le fait qu'il n'eut pas un mais plusieurs refuges au cœur du territoire de Jack l'Éventreur, et qu'il était un personnage bien connu des péripatéticiennes de l'East End, donnait à Sickert la meilleure des places pour remonter la piste de Kelly et de ses complices pour le compte des conspirateurs.

Le paquet fut vu une seconde fois, par Hutchinson, la nuit du 9 novembre. Il le décrivit comme faisant « à peu près 20 cm de long avec une lanière tout autour, recouvert de toile américaine foncée ». Comme cette description créa naturellement l'illusion qu'il pouvait s'agir d'un couteau, il a été présumé que le paquet aperçu par Hutchinson était *étroit*. Mais Hutchinson ne donna aucun renseignement quant à la largeur du colis, de sorte qu'il pouvait aussi bien faire 15 cm de profondeur. C'est d'ailleurs beaucoup plus vraisemblable, car un petit paquet n'aurait guère nécessité de sangle de transport. À nouveau, il y a avec la description d'Hutchinson un lien avec l'artiste, car un emballage semblable fut utilisé pour couvrir ses tableaux. Il est vrai que, si la description de l'agent Smith coïncide avec

Sickert, ce n'est pas le cas de celle d'Hutchinson. Il a été unanimement conclu que ces deux témoins avaient vu des hommes différents. Mais la description colorée d'Hutchinson, considérée comme authentique par la police, mettait en scène un vaurien plus vrai que nature. Le fard coulait dans les veines de Sickert aussi sûrement que le sang et la peinture à l'huile. Il appréciait le théâtre, il était un acteur chevronné, *et il aimait endosser des déguisements excentriques.*

Le récit de Sickert concernant le meurtre de Stride par Netley (avec Anderson faisant le guet du côté opposé de la route) concorde avec des faits auparavant inédits dévoilés par les archives du Bureau de l'Intérieur, sauf pour un point. La description de l'homme qui surveillait les lieux ne convient pas pour Anderson. Israel Schwartz, qui vit Stride se faire tuer, décrivait le guetteur de cette façon :

> 35 ans [Sickert en avait 28], 1 m 80 [Sickert était juste en dessous des 1 m 83], teint frais [Sickert avait la peau claire], cheveux châtain [comme Sickert], moustaches brunes [Sickert avait des moustaches claires] ; vêtements : manteau sombre, vieux chapeau noir en feutre dur, à bord large, il avait une pipe en écume dans sa main [d'après Marjorie Lilly, Sickert ne fumait que des cigares au moment où elle le côtoyait : il est impossible de découvrir ses habitudes de fumeur quand il était plus jeune].

Ces descriptions ne conviennent pas tout à fait. L'âge, par exemple, diffère de sept années. Dans sa précipitation et sa nervosité, Schwartz ne semble pas avoir gardé une image fidèle de l'homme qu'il aperçut, mais il pouvait être catégorique sur un point, même en manquant de luminosité : la taille de l'individu. Il affirma très précisément que l'homme qu'il avait vu faisait environ 1 m 80, une taille moins courante à l'époque victorienne qu'aujourd'hui. Sickert était légèrement sous la barre des 1 m 83.

Le remplacement d'Anderson par Sickert comme troisième homme résout plusieurs incohérences dans le récit du peintre. Le fait que lord Salisbury soit entré dans son atelier de Dieppe en lui donnant 500 £ pour une toile dont il n'aurait autrement sans doute pu tirer que 3 £ prend tout son sens. L'incident pourrait bel et bien s'être produit. Salisbury partait fréquemment en vacances à Dieppe dans la décennie 1880, et Osbert Sitwell fit référence à cette anecdote dans son introduction à *A Free House* ! Mais lorsque Sickert raconta son histoire à Sitwell, il n'impliqua pas sa personne dans l'intrigue. Il disait que l'objet de la générosité de Salisbury fut l'artiste Vollon. Ce n'est que quand il en vint à ébruiter le vrai fond de l'affaire Jack l'Éventreur à son fils qu'il expliqua aussi la réalité de l'épisode avec Salisbury. Jusqu'alors, il avait utilisé une version modifiée à peu près de la même façon qu'il avait emprunté l'histoire de l'étudiant vétérinaire. Il satisfaisait son besoin de parler de l'affaire, mais il ne faisait pas la lumière sur les faits véritables, ce qu'il considérait, jusqu'à quelques années avant sa mort, comme trop dangereux. Il est inconcevable que Salisbury ait acheté le silence de Sickert. Il est beaucoup plus plausible que cet argent était la *rétribution* de son rôle dans l'histoire, et de son aide dans l'accomplissement des meurtres. Pour être juste, il est probable que Sickert fut contraint d'aider les francs-maçons et qu'il était terrible pour lui d'avoir participé à l'exécution de Kelly qu'il avait personnellement tirée de l'East End pour seconder Annie Elizabeth. Mais, selon les propres mots de son fils, « le vieil homme aurait fait n'importe quoi pour survivre ». Il est certain qu'il aurait fait le nécessaire pour s'épargner la sorte de fatalité qui fut réservée à Annie Elizabeth. Il était, après tout, le moteur premier de l'épisode de Cleveland Street et en savait beaucoup trop pour être laissé tranquille. Dans ses actions, il y eut peut-être même un genre de tentative de réparation : le désir de sauver Kelly. Une opération telle que celle que dirigeait Gull n'aurait jamais dû déboucher sur une erreur aussi élémentaire qu'une confusion d'identités, selon ce que Sickert prétendait s'être passé la nuit où Eddowes trouva la mort. Si les conspirateurs crurent qu'Eddowes était Kelly, ce n'est pas qu'ils avaient fait erreur, mais qu'ils avaient été volontairement trompés. Sickert doit en avoir été le responsable, et une tentative tardive de sauver Kelly paraît en être la seule explication possible[23].

*Le graffiti sur le mur de Goulston Street et un exemple de l'écriture de Sickert*

Trois épisodes portent en particulier la marque spécifique de Sickert et déploient la même mentalité que celle qui présida à l'ajout d'indices d'un meurtre dans des œuvres d'art. Ces éléments sont les bijoux et pièces soigneusement déposés aux pieds de Chapman, le graffiti à la craie sur le mur, et l'abandon de grains de raisin dans la

---

23 Parallèlement, il y a la question du loyer de Kelly. Le loyer hebdomadaire moyen pour un homme et sa famille était d'environ 2 shillings 10 pence, mais l'appartement de Kelly coûtait 4 shillings et 6 pence pour une semaine – une somme qu'elle n'aurait certainement jamais pu se permettre. Qui donc payait pour la mettre à l'abri ?

main de Stride. Ces gestes ont dû être réalisés par l'un des trois membres du trio ; le premier, semble-t-il, fut tu par le D$^r$ Phillips et les deux derniers furent tous deux étouffés par Warren parce qu'ils pointaient du doigt les maçons en général et, dans le cas du raisin, Gull en particulier.

Pour que l'un des tueurs ait pu écrire le graffiti sur le mur, il aurait dû partir *vers l'est* depuis Mitre Square, parce que Goulston Street se situe au cœur de Whitechapel. Cela ne colle pas avec le récit de Sickert disant que Gull serait sûrement rentré directement à West End. Mais Sickert avait plusieurs appartements à East End à cette époque. Après l'assassinat de Mitre Square, il est possible qu'il se soit séparé de ses complices pour se précipiter vers l'un de ses refuges. Avait-il quelque chose dans les Wentworth Dwellings de Goulston Street, où le graffiti fut découvert ? C'est impossible à dire. Mais, dans son message mural, « Les Juwes sont des hommes qui ne seront pas accusés pour rien », l'Éventreur faisait exactement ce que fit par la suite Sickert dans ses tableaux. Et la copie appliquée de l'écriture laissée sur le mur a une ressemblance certaine avec la graphie de Sickert.

Sickert est presque certainement celui qui disposa les bagues et pièces de monnaie aux pieds de Chapman et qui acheta du raisin à Packer pour en mettre dans la main de Stride et pointer discrètement du doigt Gull. Sans surprise, ses indices furent à chaque fois mal interprétés ou supprimés. Ainsi, il se mit à peindre des allusions cachées du même genre dans ses toiles.

Évidemment, Joseph Sickert trouva impossible d'accepter que son père ne fût pas le chevalier dans son armure étincelante qui, seul, transmettait le flambeau de la vérité aux générations futures. Il aurait été difficile d'attendre qu'il pût immédiatement croire que l'histoire qu'il avait couvée en secret la plus grande partie de sa vie faisait l'impasse sur un élément majeur : Sickert ne fut pas un spectateur impuissant, mais un complice des crimes les plus abominables de son temps.

C'est en toute innocence, pour ne pas dire *naïveté*, qu'un jour seulement après que j'ai considéré l'implication du vieil homme dans les meurtres en eux-mêmes Joseph Sickert me montra certaines affaires de son père. Il y avait un sac de médecin marron foncé qui avait beaucoup servi au vieux Sickert et dans lequel il avait coutume de transporter ses œuvres. Ce devait être le « sac de voyage bosselé auquel il était grandement attaché » et dont se souvenait Marjorie Lilly. Un sac identique à celui qui contribua à la fabrication de la légende de l'Éventreur. Nombre de personnes portant de tels sacs à cette époque prenaient le risque d'être lynchées parce que la populace était convaincue, conformément à plusieurs descriptions des suspects, qu'un tel accessoire était la marque de fabrique de l'Éventreur. Je ne sais où Sickert allait avec son sac. C'était vraiment une sacoche de médecin, divisée en plusieurs compartiments pour le rangement des médicaments et des instruments de chirurgie. Le second objet que j'ai remarqué dans la pile d'affaires fut une petite boîte en métal d'environ 15 cm de longueur et de 4 cm de largeur. Il y avait dessus une petite tache ressemblant à du sang. J'ai demandé à la prendre et Joseph me la remit. L'étui contenait trois couteaux de chirurgien, à lame tranchante.

« Je ne sais pas où le vieil homme les a eus, ni même ce qu'il en faisait », dit-il ingénument. « Je pense qu'on les lui a donnés quand il était encore assez jeune. »

Ces objets peuvent n'avoir aucune signification. Je ne les mentionne que comme des détails supplémentaires dans notre portrait plus que coloré d'un meurtre presque parfait que je vais laisser à ce stade, après avoir répété un dernier commentaire laissé par le fils même de Walter : « C'était un homme étrange. Il pouvait parfois commencer à pleurer sans raison, terriblement ému par quelque chose d'ancien. »

*Un portrait affectueux de Walter Sickert, peint par son fils en 1975*

# ÉPILOGUE DE
# Joseph Sickert

Lorsque ma mère est morte, elle était sourde, presque aveugle et paralysée. Elle a hérité de cette surdité de son père, le duc de Clarence, dont le sang a je pense transmis cette tare à notre famille. Des descendants de têtes couronnées trouvent une source de fierté dans leur ascendance ; je la trouve quant à moi répugnante. Si j'avais été un plombier descendant d'une longue lignée de plombiers, j'aurais été un homme beaucoup plus heureux ; aucun des faits si méticuleusement décrits par Stephen Knight ne se serait produit. Si la surdité de ma mère était une conséquence directe de l'intrusion de Clarence dans notre famille, sa cécité et son impotence peuvent être indirectement attribuées à la même cause : ce furent les contrecoups de ses accrochages avec John Netley. Hormis les séquelles physiques des blessures qu'elle écopa des deux fois où Netley essaya de la tuer, elle souffrit également d'un stress et d'une nervosité terribles pour tout le restant de sa vie. À l'adolescence, cette tension recula un peu mais, après ses 20 ans, elle devint chaque année plus silencieuse, plus introvertie, plus intimidée par les inconnus et plus préoccupée par l'idée de ce que sa vie était en danger. J'ai vu ma mère être lentement détruite, pas seulement physiquement, mais également mentalement. Croyez-moi, il n'y a aucune joie ou fierté à être un descendant illégitime du duc de Clarence.

Finalement, le fardeau du savoir que j'ai porté si longtemps m'a en effet été arraché. D'une certaine façon, ma mère et ma grand-mère ont été vengées. Ceux qui ont provoqué leurs souffrances sont désormais démasqués. Ils ne peuvent plus cacher leurs visages coupables. Même s'il m'a fallu beaucoup de temps pour l'accepter entièrement, il est vrai qu'une vérité telle que celle-ci devrait être portée à la connaissance de tous.

*Walter Sickert et sa troisième femme Thérèse Lessore en 1939, trois ans avant sa mort*

En outre, les familles d'individus suspectés d'avoir été les tueurs de Whitechapel par divers auteurs sont désormais lavées de tout soupçon – des hommes tels que Montague Druitt, J. K. Stephen, Frank Miles et, bien sûr, le duc de Clarence. Les familles de toutes ces personnes doivent avoir de la gratitude envers Stephen Knight, qui a mis sur le devant de la scène les faits véridiques.

Lorsque l'auteur me communiqua ses conclusions concernant l'implication de mon père dans l'affaire, j'en fus troublé. Il serait vain de nier que j'étais également fâché. J'ai cru qu'il me traitait avec mépris et trahissait ma confiance. Mais, ensuite, j'ai dû admettre que mon père peut en avoir su davantage que ce qu'il m'avait dit. C'est un fait dont je n'avais eu qu'à moitié conscience pendant tout ce temps. L'une des raisons pour lesquelles je permis au départ que l'on fît des recherches sur mon histoire était peut-être que j'espérais que de nouveaux faits pussent être découverts et dissiper d'une façon ou d'une autre mes pires craintes au sujet de mon père. Dans les faits, l'enquête a obtenu un effet inverse et mes peurs ont été confirmées.

J'aimerais préciser que ma prévenance a été durant tout ce temps pour ma mère et ma grand-mère. Le vieil homme s'était toujours débrouillé tout seul et j'ai toujours pensé qu'il était, dans un sens, un intrus du même acabit que Clarence. Enfant, je ne voyais pas tout ceci en lui, car nous nous aimions et je lui faisais confiance. Si Stephen Knight a raison dans sa conclusion et si je suis forcé d'admettre, à regret, que son raisonnement est juste, je ne cherche pas à causer du tort à mon père. Selon ce qu'il est indiqué dans le dernier chapitre de cet ouvrage : « il est probable que Sickert fut contraint d'aider les francs-maçons et qu'il était terrible pour lui d'avoir participé à l'exécution de Kelly ». Outre la peur pour ses propres jours, ce qui *pouvait* – j'en conviens – l'avoir incité à prendre part à l'élimination des cinq femmes de l'East End, je pense qu'il aura vraisemblablement fait l'objet de menaces encore plus convaincantes que celle-ci. Comment les monstres qui montèrent cette affaire répugnante pourraient avoir formulé leurs folles menaces, je ne sais ; mais si l'aide de mon père était si cruciale pour eux je suis porté à croire que l'idée principale de leur message était : *Aide-nous, Sickert, ou nous ne nous contenterons pas de ta mort... Nous tuerons aussi l'enfant.*

Rien de ceci ne peut justifier un crime, mais cela constitue un début d'explication de la façon dont un homme essentiellement bon pourrait être amené à faire ce que mon père semble avoir fait.

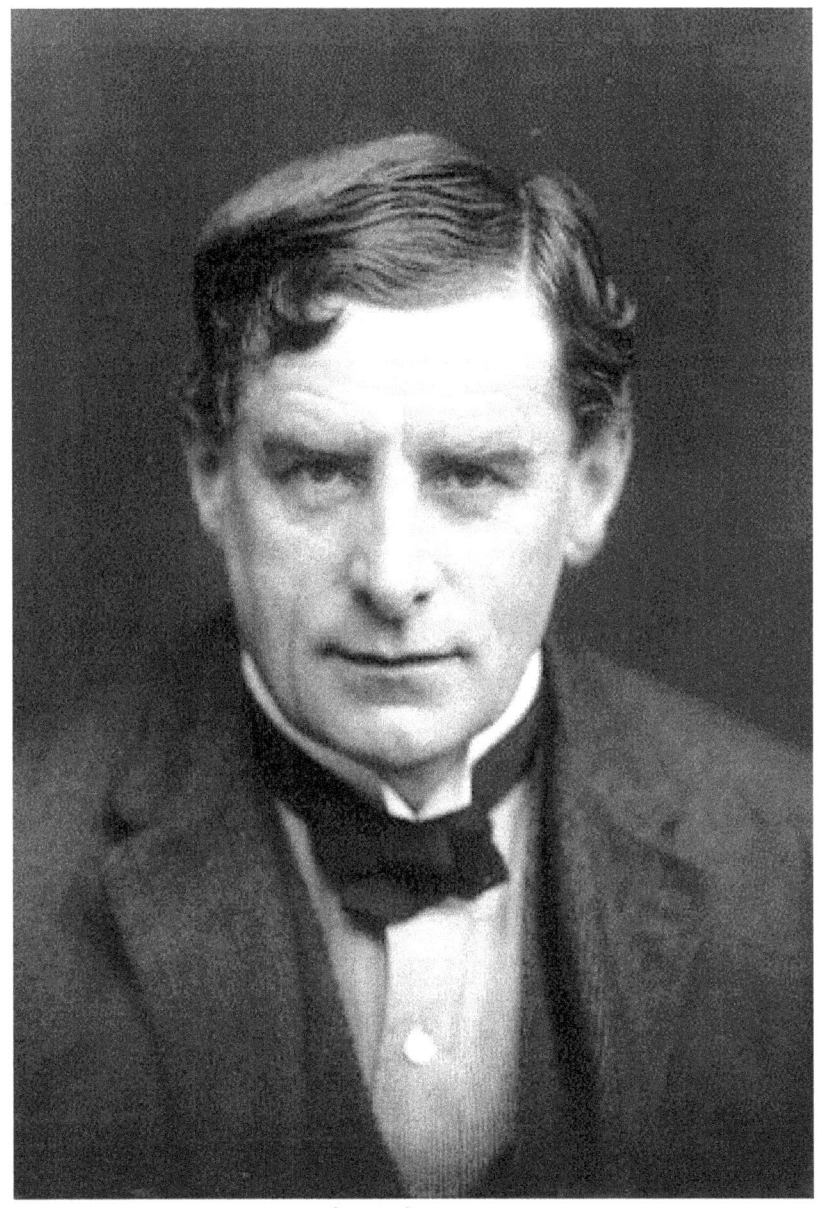

*Walter Sickert en 1911*

# POST-SCRIPTUM

Les faits entourant la mort du prince Eddy en 1892 ont suscité l'envoi d'un grand nombre de lettres après la parution de la première édition de ce livre. À l'époque de sa mort, beaucoup de rumeurs prétendaient qu'Eddy avait été victime d'un meurtre – perpétré pour que quelqu'un de plus convenable pût monter sur le trône. Il y eut même des témoignages selon lesquels ses ongles noircirent dans ses dernières heures, ce qui pourrait signaler un empoisonnement.

Un ancien employé d'Osborne House, le refuge de la reine Victoria sur l'île de Wight, m'a contacté et appris qu'un bruit répandu au sein du personnel d'Osborne plusieurs années durant disait qu'Eddy n'était pas mort en 1892 mais que, fou à lier, il avait été relégué à Osborne et y était mort en 1930. Une simple plaque de marbre dans le sous-sol est censée être son seul mémorial. Mais nous sommes ici en train d'entrer dans le monde fascinant, mais peu fiable quant aux faits, du ouï-dire. Rien de ceci ne peut être pris comme preuve, mais la légende – comme je l'ai suggéré au chap. IV – gagne en intérêt lorsqu'elle est située dans un contexte et elle mérite d'être mentionnée. Elle s'appuie souvent sur quelque réalité obscure.

C'est pour cette raison que cela vaut la peine d'évoquer l'histoire qui m'a été transmise par M$^{me}$ Anita Adams de Wanstead dans l'Essex. Je ne la présente pas à la façon d'un élément de preuve, mais d'une anecdote intéressante bien plus ancienne que le récit de Sickert et tout à fait indépendante, qui pourrait – j'insiste lourdement dessus – avoir quelque fondement véridique.

M^me Adams explique que son arrière-grand-père Charles Wingrove dirigeait une entreprise à East End dans les années 1880-1890. Sa société louait des équipages, des wagonnettes, des cabriolets et des voitures de tout type. Le prince de Galles était l'un de leurs fidèles clients, ce dont se vantait une publicité de l'époque.

De nombreuses années durant, ce fut une tradition dans la famille Wingrove de penser que l'un des meurtres de l'Éventreur avait été commis à l'intérieur d'un véhicule loué par la compagnie. L'attelage, disait-on, fut ensuite brûlé pour cette raison.

D'autres éléments, qui exigent des recherches plus poussées pour ne pas se cantonner aux légendes invérifiables citées ci-dessus, ont également refait surface. Je suis en train de les examiner et j'espère atteindre de nouvelles conclusions à rendre publiques dans une prochaine édition.

# BIBLIOGRAPHIE

## Livres

ACLAND (Theodore Dyke), *William Withey Gull. A Biographical Sketch*, Allard and Son, 1896.

ANDERSON (sir Robert), *Criminals and Crime*, J. Nisbet, 1907 ; *The Lighter Side of My Official Life*, Hodder and Stoughton, 1910.

ARCHER (Fred), *Ghost Detectives. Crime and the psychic world*, W. H. Allen, 1970.

BARKER (Richard H.) (dir.), *The Fatal Caress and Other Accounts of English Murders from 1551 to 1881*, Duell, Sloan and Pearce, 1947.

BARNARD (Allan) (dir.), *The Harlot Killer. The Story of Jack the Ripper in Fact and Fiction*, Dodd Mead, 1953.

BARON (Wendy), *Sickert*, Phaidon, 1973.

BATTISCOMBE (Georgina), *Queen Alexandra*, Constable, 1969.

BESANT (sir Walter), *East London*, Chatto and Windus, 1901.

BLAKE (Robert), *The Conservative Party from Peel to Churchill*, Eyre and Spottiswoode, 1970.

BREWER (John Francis), *The Curse Upon Mitre Square A.D. 1530-1888*, Simpkin Marshall, 1888.

BRIDGES (Yseult), *How Charles Bravo Died*, Jarrolds, 1956.

BROWNE (Douglas Gordon), *The Rise of Scotland Yard. A History of the Metropolitan Police*, Harrap, 1956.

BROWSE (Lillian), *Sickert*, Hart-Davis, 1960.

BUCKLE (George Earle) (dir.), *The Letters of Queen Victoria. Third Series*, vol. I, Murray, 1930.

CARTER (D$^r$ Alan Barham), *All About Strokes*, Nelson, 1968.

CROWLEY (Aleister), *The World's Tragedy*, Paris, 1910.

CULLEN (Tom), *Autumn of Terror*, Bodley Head, 1965.

EMMONS (D$^r$ Robert), *The Life and Opinions of Walter Richard Sickert*, Faber and Faber, 1941.

FARSON (Daniel), *Jack the Ripper*, Michael Joseph, 1972.

GAUNT (William), *The Pre-Raphaelite Tragedy*, Cape, 1965.

GRIFFITHS (major Arthur), *Mysteries of Police and Crime*, Cassell, 1898.

HALSTED (Dennis), *Doctor in the Nineties*, Johnson, 1959.

HANNAH (Walton), *Darkness Visible. A Revelation and Interpretation of Freemasonry*, Augustine Press – aujourd'hui Britons Publishing Co. –, 1952.

HARRISON (Michael), *Clarence*, W. H. Allen, 1972.

HIRSCHFELD (Magnus), *Sexual Anomalies and Perversions*, Encyclopaedic Press, 1938.

HYDE (H. Montgomery), *Their Good Names*, Hamish Hamilton, 1970.

JONES (Elwyn) et LLOYD (John), *The Ripper File*, Weidenfeld and Nicolson, 1975.

LILLY (Marjorie), *Sickert. The Painter and His Circle*, Elek, 1971.

LONGFORD (Elizabeth), *Victoria R. I.*, Weidenfeld and Nicolson, 1964.

MACKENZIE (Norman) (dir.), *Secret Societies*, Aldus, 1967.

MACNAGHTEN (sir Melville), *Days of My Years*, Edward Arnold, 1915.

MCCORMICK (Donald), *The Identity of Jack the Ripper*, Jarrolds, 1959 ; Pan, 1962 ; Arrow and J. Long, 1970.

MAGNUS (sir Philip), *King Edward the Seventh*, John Murray, 1964.

MATTERS (Leonard), *The Mystery of Jack the Ripper*, Hutchinson, 1929 ; W. H. Allen, 1949.

MORGAN (William), *Freemasonry Exposed*, Glasgow, 1836.

NEWTON (Joseph Fort), *The Builders. A Story and Study of Masonry*, Hogg, 1917 ; Allen and Unwin, 1918.

ODELL (Robin), *Jack the Ripper In Fact and Fiction*, Harrap, 1965 ; Mayflower, 1966.

RUMBELOW (Donald), *The Complete Jack the Ripper*, W. H. Allen, 1975.

SITWELL (sir Osbert), *Noble Essences or Courteous Revelations*, Macmillan, 1950 ; *A Free House ! or The Artist as Craftsman, being the Writings of Walter Richard Sickert*, Macmillan, 1947.

SPARROW (Gerald), *Vintage Edwardian Murder*, Arthur Barker, 1971.

STEWART (William), *Jack the Ripper. A New Theory*, Quality Press, 1939.

STOW (John), *Survey of London*, 1598.

VAN THAL (Herbert) (dir.), *The Prime Ministers. Volume Two*, Allen and Unwin, 1975.

WHITTINGTON-EGAN (Richard), *A Casebook on Jack the Ripper*, Wildy, 1976.

WILKS (Samuel) et BETTANY (George Thomas), *Biographical History of Guy's Hospital*, Ward Lock, 1892.

WILSON (Collin), *A Casebook of Murder*, Leslie Frewin, 1969.

## Annuaires et répertoires

*Dictionary of British Surnames*

*Dictionary of National Biography*

*Masonic Records 1717-1894*

*The Medical Directory*

*The Medical Register*

*Post Office Directory of London*

## Journaux

*The Criminologist*

*Daily Express*

*Daily News*

*Daily Telegraph*

*East London Advertiser*

*Evening News*

*Freemasons' Magazine and Masonic Mirror*

*Freemasons' Monthly Remembrancer*

*Freemasons' Quarterly Review*

*Illustrated Police News*

*The Lancet*

*Marylebone Mercury and West London Gazette*

*Marylebone Times*

*The Nineteenth Century*

*North London Press*

*The Observer*

*Pall Mall Gazette*

*The People*

*Reynolds' News*

*The Star*

*The Sun*

*Sunday Times-Herald*, Chicago

*The Times*

*Truth*

## Pamphlets

*The Coming K...*

*What Does She Do With It ?*

## Documents

Dossier DPP/1/95 du Bureau des archives publiques concernant le scandale de Cleveland Street de 1889.

Dossiers MEPOL 3/140, MEPOL 3/141 et MEPOL 3/142 des archives de Scotland Yard au sujet des meurtres de Whitechapel.

Dossiers A49301, 144/220 A49301A, B, C, D, E, F, G, H, J et K des archives du Bureau de l'Intérieur sur les meurtres de Whitechapel.

*Protocols of the Learned Elders of Zion*, Eyre and Spottiswoode, 1920.

# Déjà parus

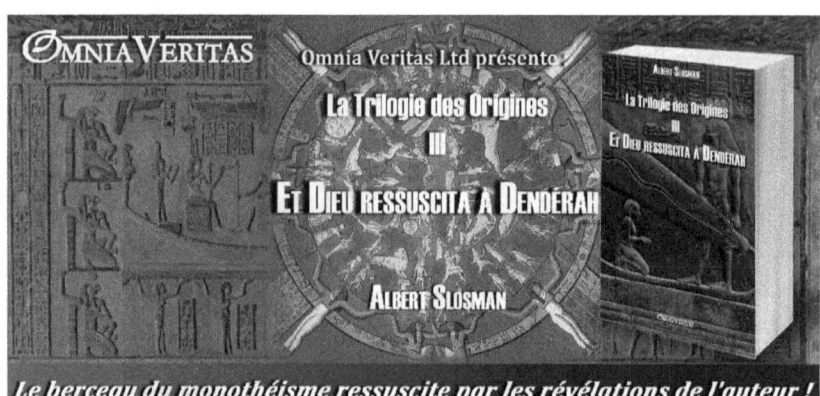

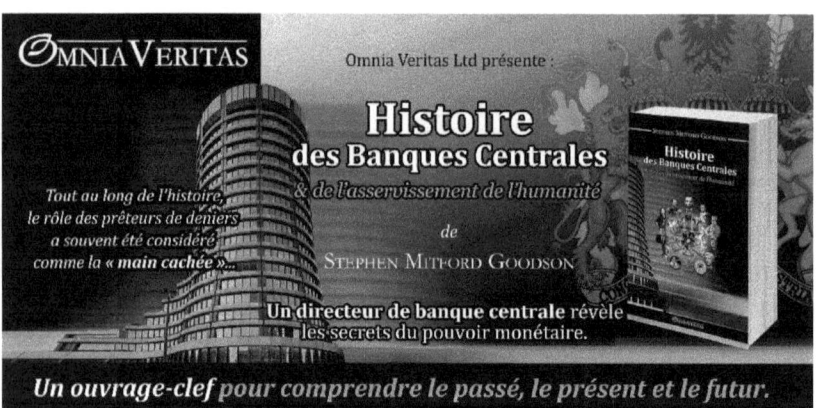

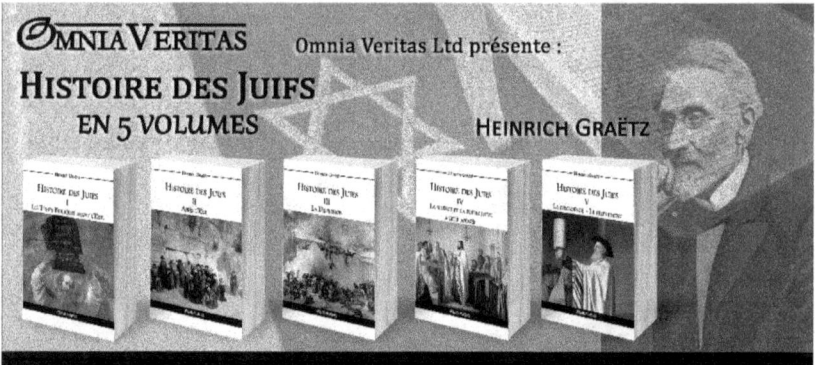
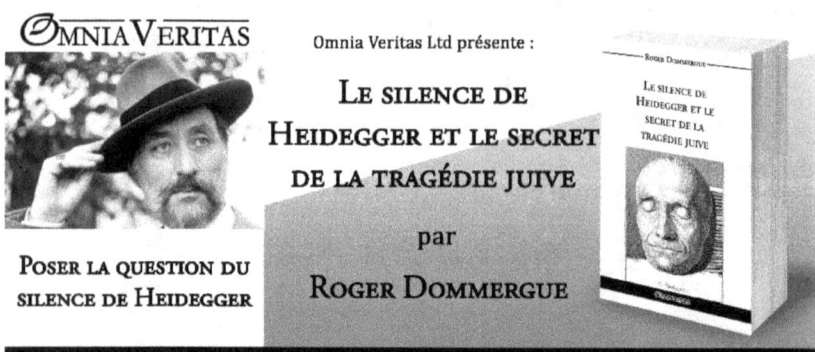

«La civilisation occidentale moderne apparaît dans l'histoire comme une véritable anomalie...»

... cette civilisation est la seule qui se soit développée dans un sens purement matériel

« Il y a, à notre époque, bien des « contrevérités », qu'il est bon de combattre... »

Parmi toutes les doctrines « néo-spiritualistes », le spiritisme est certainement la plus répandue

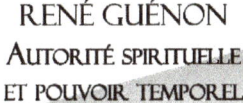

« la distinction des castes constitue, dans l'espèce humaine, une véritable classification naturelle à laquelle doit correspondre la répartition des fonctions sociales »

L'égalité n'existe nulle part en réalité

OMNIA VERITAS LTD PRÉSENTE :

RENÉ GUÉNON
LE RÈGNE DE LA QUANTITÉ
ET LES SIGNES DES TEMPS

« Car tout ce qui existe en quelque façon que ce soit, même l'erreur, a nécessairement sa raison d'être »

... et le désordre lui-même doit finalement trouver sa place parmi les éléments de l'ordre universel

OMNIA VERITAS LTD PRÉSENTE :

RENÉ GUÉNON
APERÇUS SUR
L'ÉSOTÉRISME CHRÉTIEN

« Ce changement qui fit du Christianisme une religion au sens propre du mot et une forme traditionnelle... »

Les vérités d'ordre ésotérique, étaient hors de la portée du plus grand nombre...

OMNIA VERITAS LTD PRÉSENTE :

RENÉ GUÉNON
APERÇUS SUR L'ÉSOTÉRISME
ISLAMIQUE ET LE TAOÏSME

« Dans l'Islamisme, la tradition est d'essence double, religieuse et métaphysique »

On les compare souvent à l'« écorce » et au « noyau » (el-qishr wa el-lobb)

www.ingramcontent.com/pod-product-compliance
Lightning Source LLC
Chambersburg PA
CBHW050121170426
43197CB00011B/1667